Jost Hindersmann

# Der britische Spionageroman

Jost Hindersmann

# Der britische Spionageroman

## Vom Imperialismus bis zum Ende des Kalten Krieges

Wissenschaftliche Buchgesellschaft
Darmstadt

Einbandgestaltung: Neil McBeath, Stuttgart.

Die Deutsche Bibliothek – CIP-Einheitsaufnahme

**Hindersmann, Jost:**
Der britische Spionageroman: vom Imperialismus bis zum Ende des Kalten Krieges / Jost Hindersmann. –
Darmstadt: Wiss. Buchges., 1995
ISBN 3-534-12763-3

Bestellnummer 12763-3


Gedruckt auf säurefreiem und alterungsbeständigem Werkdruckpapier
Gesamtherstellung: Wissenschaftliche Buchgesellschaft, Darmstadt
Printed in Germany
Schrift: Times, 9.5/11

ISBN 3-534-12763-3

# Inhalt

Vorwort . . . . . . . . . . . . . . . . . . . . IX

Einleitung . . . . . . . . . . . . . . . . . . . 1

I. Der Spionageroman im Zeitalter des Imperialismus 1871–1914 . . . . . . . . . . . . . . . 9
1. Die Warnung vor einer Invasion: G. T. Chesney, Erskine Childers, William le Queux, E. Phillips Oppenheim . . . . . . . . . . . . . . . 9
2. Der Wechsel des Feindbildes von Frankreich zu Deutschland: G. T. Chesney, Erskine Childers, William le Queux, E. Phillips Oppenheim . . . . . 14
3. Der Gentleman-Spion als Bewahrer der sozialen Ordnung: G. T. Chesney, Erskine Childers, William le Queux, E. Phillips Oppenheim . . . . . . . 18

II. Der Spionageroman im Ersten Weltkrieg 1914–1918 . . 21
1. Der Gentleman-Spion als Erziehungsideal: John Buchan . . . . . . . . . . . . . . . 21
2. Die Darstellung des Krieges: John Buchan . . . 25
3. Die Haltung zum Kriegsgegner Deutschland: William le Queux, John Buchan . . . . . . . . . 27
4. Der Kampf an der Heimatfront: John Buchan . . 29

III. Der Spionageroman in der Zwischenkriegszeit 1918–1933 . . . . . . . . . . . . . . . . 34
1. Der Gentleman-Spion als Leitbild: Sapper . . . 34
2. Der Wechsel des Feindbildes von Deutschland zum Bolschewismus: Sapper, John Buchan . . . . . 36

IV. Zeitgenössische Spionageromane über den Nationalsozialismus und den Zweiten Weltkrieg . . . . . . 43
1. Individualisten und *Popular Front*: Geoffrey Household, Eric Ambler . . . . . . . . . . 43
2. Die Fehleinschätzung des Nationalsozialismus: Geoffrey Household, Eric Ambler . . . . . . . . 47

V. Retrospektive Spionageromane über den Nationalsozialismus und den Zweiten Weltkrieg . . . . . . . . 55
1. *Secret Histories of the War*: Jack Higgins, Ken Follett, Len Deighton, Colin Forbes . . . . . . . . 56
2. *As if Narratives*: Len Deighton, Robert Harris . . 61
3. *The Nightmare That Wouldn't Die* . . . . . . 66
a) Nazis in der Bundesrepublik Deutschland: Frederick Forsyth, Adam Hall, John le Carré, Ted Allbeury, Len Deighton . . . . . . . . . 66
b) Nazis im Ausland: Nicolas Freeling, John Gordon Davis, Phillip Kerr, John Gardner, Michael Spicer, Ted Allbeury, Brian Freemantle, Len Deighton, Ian Fleming . . . . . . . . . . . . 80

VI. Der Spionageroman im Kalten Krieg 1945–1989 . . . 90
1. Die britische Nachkriegsgesellschaft . . . . . 90
a) *Affluent Society* und *Welfare State*: Ian Fleming . 90
b) Der Geheimdienst als Mikrokosmos einer orientierungslosen Gesellschaft: John le Carré . . . 102
c) Der Kampf gegen das Establishment: Len Deighton . . . . . . . . . . . . . . . 118
2. Großbritanniens Stellung in der Welt nach 1945 . . 125
a) "There's nothing wrong with the British people": Ian Fleming . . . . . . . . . . . . 127
b) "The days before Empire became a dirty word": John le Carré . . . . . . . . . . . . 135
c) Atombomben, Micky-Mäuse und *Damned Huns*: Len Deighton . . . . . . . . . . . . 142
3. Der Kalte Krieg . . . . . . . . . . . . 147
a) *Cashing in on the Cold War*: Ian Fleming . . . 148
b) *A Society Worth Defending?*: John le Carré . . 155
c) Das Spiel der Spione: Len Deighton . . . . 164
4. Exkurs: Reale und fiktionale Spionage . . . . . 171

VII. Zwischenspiel: Der Spionageroman im Zeichen von *glasnost* . . . . . . . . . . . . . . . 177
1. „Ein Augenblick, den wir nutzen müssen“: John le Carré . . . . . . . . . . . . . . 178
2. James Bond trifft Gorbatschow: John Gardner . . 182
3. Gorbatschow ungeschminkt: Frederick Forsyth . . 184
4. Attentat auf Gorbatschow: Colin Forbes, Adam Hall 186

VIII. Ausblick: Der Spionageroman nach dem Ende des Kalten Krieges . . . . . . . . . . . . . . 189

Schlußbetrachtung . . . . . . . . . . . . . . 204

Anmerkungen . . . . . . . . . . . . . . . 207

Auswahlbibliographie . . . . . . . . . . . . . 227
1. Primärliteratur . . . . . . . . . . . . . 227
2. Sekundärliteratur . . . . . . . . . . . . 232

Personenregister . . . . . . . . . . . . . . 249

# Vorwort

Ohne Unterstützung von DozentInnen, KommilitonInnen und FreundInnen hätte ich die Arbeit nicht in dieser Form verwirklichen können. Mein besonderer Dank geht daher an folgende Personen und Institutionen: Herrn Prof. Dr. Harald Husemann (Osnabrück) und Herrn Prof. Dr. Rüdiger Griepenburg (Osnabrück), die mich sowohl im wissenschaftlichen als auch im persönlichen Bereich jederzeit beispielhaft und tatkräftig unterstützt haben, Herrn Dr. Jens-Peter Becker (Kiel), der bereit war, meine Arbeit mit mir zu diskutieren und mir sachkundige Anmerkungen gegeben hat, Frau Ulrike Coldewey M. A. (Steinhude), die mir die Idee zu dieser Arbeit vermittelt hat, Frau Maria Knoll (Osnabrück), die die Arbeit mit konstruktiver Kritik begleitet hat, Frau Dipl.-Psych. Kerstin Schilg (Osnabrück), Frau Monika Glaßner M. A. (Recke) und Frau Marion Bederna (Hannover) für Korrekturarbeiten und sonstige Unterstützung, die Universität Osnabrück und das Land Niedersachsen für die Gewährung eines Graduiertenstipendiums.

Osnabrück, Dezember 1994 — Jost Hindersmann

# Einleitung

Im Februar 1992 wurde zum ersten Mal in der Geschichte des britischen Geheimdienstes MI5 eine Frau zur Generaldirektorin ernannt: Stella Rimington, 56, zuvor in der Abteilung F2 „Innere Subversion“ tätig. Obwohl Fotos von Mrs. Rimington in der Presse veröffentlicht wurden und sie sogar im Fernsehen aufgetreten ist, hat sie doch längst nicht einen so hohen Bekanntheitsgrad wie ihre fiktionalen Kollegen James Bond und George Smiley. Wie die *Sunday Times* konstatierte, ist das Bild des britischen Geheimdienstes in der Öffentlichkeit mehr von den Spionageromanautoren als von der Realität geprägt:

> The image of the British spy has been formed largely by le Carré, Deighton and Fleming. He is the cynical, often world-weary operator living a lonely neurotic existence, surrounded by disloyal and frequently traitorous colleagues who are united by their fear of life and acceptance of death.[1]

In Großbritannien, dem „Land der Geheimniskrämer“[2], hat die Beschäftigung der Schriftsteller mit dem Thema Geheimdienst eine große Tradition. Zu Recht stellt Julian Symons fest: “Whatever the reasons, British spy stories, like our biscuits, and chocolate, and, as advertisements more doubtfully claim, our beer, have for more than a decade been the best.”[3] Daß diesen Autoren daher auch eine Bedeutung als nationale Kulturträger zukommt, hat nicht zuletzt der British Council erkannt, der die Autoren zur kulturellen Selbstdarstellung Englands im Ausland benutzt.[4] Daneben hat der Spionageroman eine große Bedeutung im kommerziellen Bereich. Romane von Ian Fleming und John le Carré gehörten in den sechziger und siebziger Jahren zu den meistverkauften Büchern überhaupt,[5] und heutzutage sind Romane von le Carré, Frederick Forsyth oder Ken Follett derartig sichere Verkaufserfolge, daß die Verlage den Autoren Vorschüsse in Millionenhöhe zahlen, bevor diese auch nur einen Satz geschrieben haben.[6]

Auch die akademische Forschung hat sich in den letzten Jahren stärker dieses Themas angenommen. In den siebziger und achtziger Jahren erschien eine Vielzahl von Monographien zum Spionageroman. Inzwischen kann man wohl behaupten, daß der Spionageroman ein fester Bestandteil der englischen Literatur des 20. Jahrhunderts ist. So wird in neueren Gesamtdarstellungen und Bibliographien zum englischen Roman meist auch der Spionageroman berücksichtigt.[7] Und wenn zwei deutsche Anglistik-Professoren einen Lektürekanon für eine Staatsexamensprüfung zum englischen Roman nach 1945 entwerfen, nehmen sie darin selbstverständlich auch Romane von Ian Fleming, John le Carré und Frederick Forsyth auf.[8] Auch in den Literaturlexika wird der Spionageroman berücksichtigt: John le Carré, Len Deighton und Ian Fleming haben Einträge im *Cambridge Guide to Literature in English*.

Für das Genre Spionageroman gibt es in der Literaturwissenschaft noch keine einheitliche Terminologie. Begriffe wie *spy novel*[9], „Spionageroman"[10], *spy story*[11], *spy fiction*[12], *spy thriller*[13], *secret agent fiction*[14] oder „Agentenroman"[15] werden weitgehend deckungsgleich benutzt. Daher soll kurz erläutert werden, welche Begriffe in dieser Arbeit verwendet werden. „Spionageroman" wird als Oberbegriff für alle Spionageromane verwendet. „Thriller" bezeichnet die unrealistischen, melodramatischen Spionageromane, z.B. von John Buchan, Sapper und Ian Fleming. „Realistischer Spionageroman" bezeichnet die anderen Spionageromane, z.B. von John le Carré und Len Deighton.

Als problematisch erweist sich der Versuch, das Genre Spionageroman, d.h. den Untersuchungsgegenstand dieser Arbeit, genau zu definieren. Im *Oxford Companion to English Literature* wird der Spionageroman als "spy, conspiracy, or gang story, which is concerned with a battle of wits and violence between two sides known to the reader from the start"[16] definiert. Diese kurze Definition sei an zwei Beispielen überprüft. Ian Flemings *From Russia with Love* befaßt sich mit einem Kampf zwischen zwei Seiten, dem britischen Geheimdienst und dem sowjetischen Geheimdienst SMERSH. Freund und Feind sind dem Leser von Anfang an bekannt (im Gegensatz zu James Bond weiß er, daß Red Grant für SMERSH arbeitet), und Gewalt wird in großem Maße geschildert. In John le Carrés *Tinker, Tailor, Soldier, Spy* hingegen wird Gewalt kaum beschrieben, und es gibt auch keine dem Leser von Anfang an bekannte Aufteilung in zwei Seiten; denn ein vermeintlicher Vertreter der eigenen Seite erweist sich als *mole*, d.h. Agent der Gegenseite. Die kurze Definition des *OCEL* erfaßt also nicht alle Spionageromane.

Einen detaillierteren Versuch zu einer Definition des Spionageromans und eine terminologische Abgrenzung unternimmt Peter Nusser. Er benutzt „Kriminalroman" als Oberbegriff für die Literatur, die sich mit Verbrechen und den Anstrengungen zu ihrer Aufklärung befaßt. Der Kriminalroman unterteile sich in zwei idealtypische Stränge. Da ist zunächst der „Detektivroman", den Nusser als analytischen Roman definiert, in dem durch Verhöre und Reflexion ein vorher unbekannter Täter ermittelt werde. Der zweite Strang ist der „Thriller". Hier gehe es um die Ergreifung eines schon bekannten Täters. Das Verbrechen werde in Planung und Ausführung gezeigt und bedrohe den Helden. Die analytischen Elemente werden durch "action"-Elemente ersetzt, und alle Personen seien sehr schnell als Angehörige der *ingroup* oder der *outgroup* zu erkennen. Den Spionageroman sieht Nusser als eine Unterkategorie des Thrillers, denn er sei „thematisch, nicht aber strukturell von anderen Erscheinungsformen des Thrillers unterschieden"[17]. Diese Definition soll unter den gleichen Bedingungen wie oben überprüft werden. In Ian Flemings *From Russia, With Love* wird das Verbrechen (der Versuch, James Bond zu ermorden) in Planung und Ausführung dargestellt, und der Held James Bond wehrt es durch Aktionen ab. Freund und Feind sind dem Leser von Anfang an bekannt. Auf Flemings Roman trifft Nussers Definition also zu. In John le Carré's *Tinker, Tailor, Soldier, Spy* ist das Verbrechen (der Verrat am englischen Geheimdienst) bereits begangen, und der Protagonist, George Smiley, klärt es rückblickend durch Analyse und nicht durch Aktionen auf. Auch die *ingroup/outgroup*-Unterscheidung trügt, weil Smiley einen scheinbaren Vertreter der *ingroup* als Angehörigen der *outgroup* enttarnt. Auch Nussers Definitionsversuch umfaßt also nicht alle Spionageromane.

An dieser Stelle muß man sich die Frage stellen, ob eine umfassende Definition des Spionageromans überhaupt möglich bzw. sinnvoll ist. Jens-Peter Becker verneint dies. Er gelangt zu dem Schluß: „Der Spionageroman entzieht sich – wie der Detektivroman – den Definitionsversuchen."[18] Julian Symons äußert sich ähnlich. In seinem Werk *Bloody Murder* betont er, daß der Versuch einer genauen Abgrenzung eher kontraproduktiv sei:

> It has been said already that crime fiction is a hybrid, and that too much categorization is confusing rather than helpful, but within the hybrid form detective stories and crime novels are of a different strain from spy stories and thrillers. The lines of demarcation are uncertain, but everybody recognizes their existence.[19]

Diese Erkenntnis hat sich in der Forschung inzwischen weitgehend durchgesetzt. So verzichtet beispielsweise Bruno Schultze in seinen *Studien zum politischen Verständnis moderner englischer Unterhaltungsliteratur* bewußt auf genauere definitorische Eingrenzungen.[20] Auch Bernd Lenz unternimmt in *FACTIFICTION* keinen Definitionsversuch. Er betont lediglich, daß die Literaturwissenschaftler Schwierigkeiten bei der Definition hätten, der Spionageroman sich aber zweifellos

> ... im kommunikativen Verständnis zwischen Autoren und Lesern als eigenständige Gattung etabliert hat und in der Praxis seinen Gattungscharakter durch zahlreiche Hinweise (Titelgebung, Protagonist, Thematik, Werbung) auch immer wieder signalisiert.[21]

Auch hier wird daher auf den Versuch verzichtet, eine möglichst genaue Definition des Begriffs „Spionageroman" zu liefern. Als Arbeitsgrundlage für diese Untersuchung dient eine bewußt weit gefaßte Definition: Ein Spionageroman ist ein Roman, der von Spionage handelt. Diese Definition ermöglicht es, ein breites Spektrum von Romanen zu untersuchen, ohne einzelne künstlich auszugrenzen.

In der Sekundärliteratur zum Spionageroman ist es mittlerweile schon zu einem Topos geworden, sich darüber zu wundern, daß die Literaturwissenschaft sich dieses Untersuchungsgegenstandes relativ spät angenommen hat. Erst in den siebziger Jahren erschienen die ersten Monographien zum Spionageroman. Inzwischen ist dieses Genre mehrfach von verschiedenen Ansätzen aus untersucht worden, und es liegen sogar Bibliographien und Lexika vor, die sich ausschließlich mit dem Spionageroman befassen.[22]

Einen der existierenden Ansätze könnte man als genregeschichtlich bezeichnen. Die erste wissenschaftliche Monographie zum Spionageroman ist die Dissertation von Jens-Peter Becker, *Der englische Spionageroman: Historische Entwicklung, Thematik, literarische Form* (1973). Becker liefert einen informativen Überblick über die Geschichte des britischen Spionageromans von Erskine Childers bis Len Deighton und untersucht die Zusammenhänge zwischen den einzelnen Autoren. Er konzentriert sich dabei vor allem auf die Figur des Helden und zeigt an ihr die Entwicklungen und den ideologischen Gehalt der Spionageromane auf. Beckers genregeschichtlichen Ansatz haben in der Folgezeit mehrere britische und amerikanische Literaturwissenschaftler übernommen. 1981 veröffentlichte Leroy L. Panek sein Buch *The Special Branch: The British Spy Novel, 1890–1980*, in dem er einen Überblick von le Queux bis Forsyth gibt. 1984 legte John Atkins sein Buch *The British Spy Novel: Styles in Treachery* vor, in dem er auch auf übergreifende Themen wie Sex und Ethik im Spionageroman eingeht.

Untersuchungen zur Struktur des Spionageromans erschienen ab Mitte der siebziger Jahre: 1976 veröffentlichte Bruce Merry seinen

Aufsatz "The Spy Thriller" und ein Jahr später seine Monographie *Anatomy of the Spy Thriller.* Merry bezeichnet es als Ziel seiner Arbeit, "to describe the ground rules of this literary *genre* and establish its recurrent pattern of characterisation and structure"[23]. Darüber hinaus analysiert er die Beziehungen zwischen Spionageroman und archetypischen Mythen. Den Spionageroman sieht Merry als die moderne Version dieser alten Märchen und Mythen:

The fit between the standard pattern of the folktale and the modern spy thriller is a strikingly precise one. What it illustrates once again – and this has been the prime motive behind the present study – is the universality of popular literature and the atemporality of its appeal. The epic quest, the magic mission, the fairy-tale encounter and the espionage assignment, appeal to the larger-than-life fantasy needs of the plebeian audience and the imagination of popular readership in every age. The spy thriller caters to the same need in urbanised, technology-conscious modern man.[24]

Etwa zur gleichen Zeit wie Merry setzte sich auch der Däne Lars Ole Sauerberg mit strukturellen Eigenheiten des Spionageromans auseinander. In seinem Aufsatz "The Novel of Espionage: An Attempt at Generic Criticism" (1977) versucht er, "to show some of the possibilities of a structuralist-inspired criticism of a genre which is not normally a target of critical interest"[25]. In seinem sieben Jahre später erschienenen Buch *Secret Agents in Fiction* (1984) wendet er dann – auf Ergebnissen von John G. Cawelti aufbauend[26] – den strukturalistischen Ansatz auf die Romane von Ian Fleming, John le Carré und Len Deighton an. Sauerberg versteht den Spionageroman als *formula fiction* und weist nach, daß es fünf Formeln gibt, deren Verwendung für den Spionageroman charakteristisch ist:

The modern secret-agent story shows five formula elements which are genre-distinctive: a dichotomy structure reminiscent of romance, a characteristic concern for ethics, a fixed role structure metonymically arranged around the hero and his adversary, a formula plot consisting of a departure-and-return pattern and a series of ordeals in between, and, finally, a persistent thematic concern for the British loss of power in international affairs.[27]

Die bislang neueste Arbeit auf diesem Gebiet stammt von John G. Cawelti und Bruce A. Rosenberg. In ihrem Buch *The Spy Story* (1988) verbinden sie den strukturalistischen mit dem literaturhistorischen Ansatz. So porträtieren sie die führenden Vertreter des Spionageromans und arbeiten gleichzeitig – wie Merry und Sauerberg – die typischen Strukturelemente des Genres heraus. Dabei konzentrieren sie sich vor allem auf die sogenannten "patterns of clandestinity"[28].

Cawelti und Rosenberg argumentieren, daß der Spionageroman in unserem "Age of Clandestinity"[29] dem Leser die Möglichkeit bietet, sich selbst als Teil einer geheimen Welt zu fühlen und seine Phantasien auszuleben:

Thus, the spy story has become a primary twentieth-century genre by drawing on the archetypal power of the patterns of clandestinity to express a compelling vision of contemporary life into which readers can project their own fears and frustrations.[30]

Einen biographischen Ansatz verfolgt Anthony Masters. In seinem Buch *Literary Agents: The Novelist as Spy* (1987) beschreibt er die Geheimdienstkarrieren von 12 Spionageromanautoren. Ihre Tätigkeit beim Geheimdienst ist zwar eine Episode, über die die Autoren im allgemeinen nur sehr spärlich Auskunft geben (dürfen). Masters gelangt aber dennoch zu interessanten Ergebnissen und kann nachweisen, wie die Autoren Details aus ihrer Geheimdienstarbeit in ihre Romane einfließen lassen.

Daneben gibt es einige Arbeiten, die sich mit dem Zusammenhang zwischen Spionageroman und Zeitgeschichte befassen. Dies ist das Gebiet, in das die vorliegende Darstellung eingeordnet werden soll. Die Beziehungen zwischen der zeitgeschichtlichen Situation und dem englischen Roman sind bereits mehrfach Gegenstand von Untersuchungen gewesen.[31] Die Beziehung zwischen Spionageroman und Zeitschichte ist bisher allerdings nur in Einzelpunkten untersucht worden. Einen ersten wichtigen Beitrag lieferte die Habilitationsschrift von Bruno Schultze, *Studien zum politischen Verständnis moderner englischer Unterhaltungsliteratur* (1977), in der er die Entwicklung des britischen Spionageromans bis 1930 analysiert. Schultze gelangt zu dem Ergebnis, daß der Spionageroman bis Mitte der zwanziger Jahre eine Reaktion auf politische und soziale Probleme darstellt und zur Beruhigung des bürgerlichen Lesepublikums dient:

Die Analyse der ersten Blüte des Spionagethrillers (in den Romanen von John Buchan und "Sapper") wird diesen als eine bedingte Reaktion auf die politischen und wirtschaftlichen Probleme seiner Entstehungszeit erweisen. Es wird sich zeigen, daß die Gegenspieler von Buchans und "Sappers" Helden zu einem guten Teil nur personifizierte Popanze einer sozialen Beunruhigung sind, deren fiktionaler Reiz für das Lesepublikum nicht zuletzt darin besteht, daß ihr bürgerlicher Held sie erschlagen kann.[32]

Auf die ab Ende der zwanziger Jahre entstandenen realistischen Spionageromane geht Schultze leider nur sehr kurz ein und begründet lediglich die Andersartigkeit von Somerset Maughams *Ashenden*:

> Das Phänomen der vorläufigen Versandung des Thrillers seit etwa 1924 sowie des neuen Vitalitätsschubes durch das Erscheinen von Somerset Maughams *Ashenden* im Jahre 1928 ist von der Sekundärliteratur bisher nicht erklärt. ... Die ... hierzu entwickelte These lautet: In Somerset Maughams *Ashenden* überschneidet sich die Entwicklung des englischen Spionageromans mit der des englischen Kriegsromans. Die in Maughams Roman festzustellende Eigenart der Behandlung seines Themas, eben sein Realismus, der das Buch im Rahmen der *spy novel* zu etwas Besonderem macht, wird sich ohne Schwierigkeiten aus der Entwicklung der *war novel* erklären lassen.[33]

Wenngleich Schultzes Erklärung auch in diesem Einzelfall zutrifft, so reicht sie doch nicht aus, um die Andersartigkeit der in den dreißiger Jahren entstandenen Spionageromane von Eric Ambler oder Geoffrey Household zu begründen, die weder als Kriegsromane noch als Romane zur sozialen Beruhigung verstanden werden können.

Breiter angelegt als Schultzes Untersuchung ist die Habilitationsschrift von Bernd Lenz, *FACTIFICTION: Agentenspiele wie in der Realität* (1987). Lenz untersucht nicht nur die Beziehung des Spionageromans zur Zeitgeschichte, sondern allgemeiner den Zusammenhang zwischen Spionageroman und Wirklichkeit. Er will Wirklichkeit dabei nicht „von einem späteren Wissenstand aus rekonstruieren, sondern Kenntnisse und Aussagen der betreffenden Zeit zu Rate ziehen“[34]. Daher schließt er in seine Untersuchung Artikel aus verschiedenen Zeitschriften mit ein, um so „eine durchschnittliche Erfahrungswirklichkeit theoretisch aus den nichtfiktionalen Texten zu konstruieren“[35]. Die so gewonnene Erfahrungswirklichkeit vergleicht er dann mit den Spionageromanen, die zur gleichen Zeit erschienen sind. Insgesamt weist Lenz eindrucksvoll nach, daß die These, der Spionageroman sei realitätsfremd und eskapistisch, nicht haltbar ist. Ganz im Gegenteil: Es ist typisch für den Spionageroman, „daß er sich immer wieder der Wirklichkeit bedient, sich an sie anlehnt, ‘fact’ und ‘fiction’ zu der im einzelnen nicht mehr genau durchschaubaren Mischung ‘Factifiction’ zusammenschließt“[36]. Ein Nachteil von Bernd Lenz’ Arbeit besteht allerdings darin, daß er mit seiner detaillierten Untersuchungsmethode nur kurze Zeiträume zu erfassen vermag. Er beschränkt sich daher darauf, zwei Schnitte in den fünfziger und siebziger Jahren vorzunehmen.

In der vorliegenden Arbeit soll die Darstellung zeitgeschichtlicher Vorgänge in britischen Spionageromanen nicht nur am Beispiel kleiner Zeiträume, sondern anhand der gesamten Gattungsgeschichte untersucht werden. Da die Spionageromane in Bezug zur Geschichte gesetzt werden, wurde für den Hauptteil eine chronologische Vorgehensweise gewählt. Die Romane werden gemäß ihrem Erscheinungsjahr zeitgeschichtlichen Epochen zugeordnet, und dann wird untersucht, wie außenpolitische Ereignisse und innergesellschaftliche Entwicklungen in diesen Romanen dargestellt werden.

Dabei werden britische Spionageromane von 1871 bis 1994 berücksichtigt. Angesichts dieser Fülle der Primärliteratur ist eine Beschränkung auf die wichtigsten Spionageromane erforderlich. Deshalb werden vor allem diejenigen Romane analysiert, die nach breitem Konsens als die Meilensteine des Genres gelten. G. T. Chesneys *The Battle of Dorking* aus dem Jahr 1871 bildet den Anfang. Wenngleich man dieses Pamphlet auch bei großzügiger Auslegung nicht als Spionageroman klassifizieren kann, so ist es doch – wie Schultze nachgewiesen hat – für das Verständnis der frühen Spionageromane von Erskine Childers und John Buchan unerläßlich. Insgesamt reicht das Textkorpus der zu untersuchenden Romane bis Ende des Jahres 1994. Schwerpunkte liegen bei den Spionageromanen über den Kalten Krieg (Kapitel VI) und bei den retrospektiven Spionageromanen über den Nationalsozialismus und den Zweiten Weltkrieg (Kapitel V).

Was die Darstellung der historischen Fakten betrifft, so sind hier durch die Vielzahl der behandelten Themen einerseits und den Umfang der Arbeit andererseits enge Grenzen gesetzt. Untersucht man nur einen kleinen Zeitraum, so ist es möglich, zuerst die historischen Fakten ausführlich zu referieren. In dieser Arbeit werden jedoch zeitgeschichtliche Vorgänge vom Deutsch-Französischen Krieg 1870/71 bis zum Golfkrieg thematisiert. All diese Ereignisse auch nur annähernd umfassend darzustellen, ist verständlicherweise unmöglich. Deshalb wurden die historischen Abrisse in dieser Untersuchung kurz gefasst. Auch in den Anmerkungen sollen nur wenige Titel genannt werden. So erhält der interessierte Leser zumindest einen groben Eindruck und kann sich bei Bedarf anhand der angegebenen geschichtswissenschaftlichen Handbücher näher in das Thema einarbeiten.

# I. Der Spionageroman im Zeitalter des Imperialismus 1871–1914

## *1. Die Warnung vor einer Invasion: G. T. Chesney, Erskine Childers, William le Queux, E. Phillips Oppenheim*

Der Spionageroman verdankt seine Entstehung einem Gefühl der nationalen Bedrohung. I. F. Clarke weist anhand einer Vielzahl von Beispielen nach,[1] daß die britische Öffentlichkeit seit 1840 zunehmend um die Sicherheit der Nation besorgt war und sich die Stimmen mehrten, die einen Krieg prophezeiten. Der Grund hierfür lag vor allem in neuen waffentechnischen Entwicklungen im Bereich der Marine. Dampfschiffe, Torpedos und Minen führten dazu, daß die *Royal Navy* keine absolute Sicherheit mehr bieten konnte und auch der Kanal kein unüberwindbares Hindernis mehr darstellte. Einen erneuten Aufschwung erhielten diese warnenden Stimmen, als 1870/71 Frankreich, die bis dahin stärkste Militärmacht auf dem Kontinent, von Deutschland überraschend besiegt wurde. Als Reaktion auf diese neue militärische Lage verfaßte der britische General Sir George T. Chesney bereits 11 Tage nach dem Waffenstillstand die Kurzgeschichte *The Battle of Dorking*.

In seiner Geschichte beschreibt Chesney eine fiktive deutsche Invasion Großbritanniens, die sich kurz nach dem Deutsch-Französischen Krieg ereignet. Der Ich-Erzähler ist ein Freiwilliger, der an der erfolglosen Verteidigung Großbritanniens teilgenommen hat und nun, 50 Jahre später, seinen Enkeln davon erzählt. Zum Erzählzeitpunkt ist Großbritannien nur noch eine unbedeutende Macht. Ausgangspunkt von Chesneys Geschichte ist der aktuelle Anlaß, der Deutsch-Französische Krieg, den er als Präzedenzfall und Warnung für Großbritannien interpretiert. So wie Frankreich sich zu sehr auf seine Armee verlassen habe, argumentiert Chesney, verließe sich Großbritannien zu sehr auf seine Flotte und könne das gleiche Schicksal erleiden. In seiner retrospektiven Darstellung betont der Erzähler eindringlich, daß das Unheil von Großbritannien hätte abgewendet werden können, wenn man Lehren aus der französischen Niederlage gezogen hätte. Im folgenden entwirft Chesney ein für die Briten bedrückendes

Szenario: Die Versuche der Regierung, eine Armeereform durchzuführen, scheitern, und als Großbritannien Deutschland den Krieg erklärt, zeigen sich die Defizite der britischen Verteidigung. Die Flotte, auf die Großbritannien sich so sehr verlassen hat, wird von neuartigen Waffen versenkt. Neben "torpedoes" (*BD* 13) kommen mysteriöse "fatal engines which sent our ships, one after the other, to the bottom" (*BD* 13) zum Einsatz; wahrscheinlich Minen. Die Verteidigung zu Land ist völlig unzureichend. Der Ich-Erzähler erlebt als Freiwilliger den katastrophalen Zustand der Armee aus erster Hand. Der generelle Eindruck ist der, daß Großbritannien sich durch seine mangelhafte Vorbereitung selbst besiegt. Dieser Eindruck wird noch verstärkt durch eine Unterhaltung deutscher Soldaten, die der Erzähler belauscht. Sie loben den Mut der Briten, kritisieren aber deren schlechte Ausbildung (*BD* 57f.). Am Schluß des Textes greift der Erzähler erneut die Schuldfrage auf:

After all, the bitterest part of our reflection is, that all this misery and decay might have been so easily prevented, and that we brought it about ourselves by our own shortsighted recklessness. There, across the narrow Straits, was the writing on the wall, but we would not choose to read it. *(BD* 63)

Die Schrift an der Wand zu lesen, d. h. die notwendigen Konsequenzen aus dem Deutsch-Französischen Krieg zu ziehen, ist Chesneys Anliegen. *The Battle of Dorking* ist ein offenes Plädoyer für eine Armeereform und verstärkte Verteidigungsanstrengungen. Clarke betont, daß Offiziere sich schon früher mit Publikationen an die Öffentlichkeit gewandt haben. In entscheidender Hinsicht weicht Chesney jedoch von seinen Vorgängern ab:

His plan for calling the attention of the nation to problems of defence had been common practice with the many officers who had been writing pamphlets on evereything from the menace of screw-steamers to the need for coastal fortifications ever since the Prince de Joinville caused the first major alarm in 1844. Chesney's originality, however, and his greater effectiveness lay in the medium he selected for his propaganda.[2]

Chesneys innovative Leistung besteht darin, daß er die Lehren aus dem Krieg und die militärreformerischen Theorien fiktionalisiert und für eine breite Leserschaft verständlich und interessant aufarbeitet. Durch die Verwendung geschickt gewählter realer Ortsnamen sichert er sich zudem die Betroffenheit seiner Rezipienten.[3] *The Battle of Dorking* wurde so zu einem ungeahnten Verkaufserfolg. Die Mai-Ausgabe von *Blackwood's Magazine*, in der die Geschichte ursprünglich abgedruckt worden war, wurde noch im gleichen Monat siebenmal aufgelegt, und dann wurde sie sogar als eigenständiges Pamphlet publiziert und in fast alle europäischen Sprachen übersetzt.[4]

Chesneys Pamphlet löste ein breites Echo aus: Die Angst vor einer Invasion nahm derartige Ausmaße an, daß Premierminister Gladstone sich gezwungen sah, öffentlich gegen Chesneys Geschichte Stellung zu beziehen.[5] Im gleichen Jahr erschienen dann auch mehrere literarische Antworten auf Chesney. Diese Autoren, von denen einige ebenfalls ranghohe Militärs waren, veröffentlichten nun ihre Versionen einer erfolgreich abgewehrten Invasion. Bereits die Titel dieser Romane und Pamphlete sind vielsagend: *After the Battle of Dorking: Or, What Became of the Invaders. The Battle of Dorking a Myth: England Impregnable, Invasion Impossible. What Happened After the Battle of Dorking: Or, The Victory of Tunbridge Wells. Army Speech Dedicated to Those Who Have Been Frightened by the Battle of Dorking. The Other Side at the Battle of Dorking.*[6]

Auch nach 1871 wurden mehrere Romane veröffentlicht, die sich mit einer drohenden Invasion befaßten. In einigen dieser Romane wurde Spionen eine entscheidende Funktion für Erfolg oder Mißerfolg der Invasion zugeschrieben. In *The Battle of Dorking* war die deutsche Invasion nur deshalb erfolgreich, weil Großbritannien unvorbereitet war und keine Informationen über die Pläne des Gegners besaß. Eine Invasion aber muß langfristig geplant werden. Wenn es britischen Spionen nun gelänge, diese Pläne auszukundschaften, könnten sie Großbritannien warnen, damit es rechtzeitig Gegenmaßnahmen treffen könne.

Genau diese Konstellation liegt Erskine Childers' *The Riddle of the Sands* (1903) zugrunde. Childers Roman gilt nach breitem Konsens in der Sekundärliteratur als erster Spionageroman.[7] Wenn man jedoch die Invasionsromane seit 1871 mit in Betracht zieht, wird deutlich, daß Childers' Roman literaturgeschichtlich eindeutig in dieser Tradition steht. Deshalb erscheint es zutreffender, wenn man *The Riddle of the Sands* nicht als Beginn eines völlig neuen literarischen Genres begreift, sondern sich Bruno Schultzes These anschließt, daß der Spionageroman aus den Invasionsromanen hervorgeht und sich um die Jahrhundertwende als eigenständiges Genre zu entwickeln beginnt.[8]

*The Riddle of the Sands* ist der einzige Roman von Erskine Childers (1870–1922). Childers ist eine tragische Figur in der Geschichte des britischen Spionageromans. Am Burenkrieg nahm er als Freiwilliger teil, und während des Ersten Weltkrieges diente er als Korvettenkapitän im Marinegeheimdienst. Die Tragik seines Lebens liegt in der irischen Frage begründet: Childers, der irischer Abstammung war, setzte sich vehement für die irische Unabhängigkeit ein und trat aus Enttäuschung über die britische Politik der IRA bei. 1922 wurde er standrechtlich erschossen.[9] Childers war ein Amateurstratege, der ähnlich wie Chesney um die Sicherheit der Nation besorgt war und mit seinem Roman zu verstärkten Verteidigungsanstrengungen aufrufen wollte. Auf ausgedehnten Segelreisen vor der deutschen Küste war er zu der Befürchtung gelangt, Deutschland könne Großbritannien erobern. Was Childers nicht wissen konnte: Der deutsche Admiralstab hatte tatsächlich eine Invasion Großbritanniens erwogen, diese Pläne ironischerweise aber kurz vor dem Erscheinen von Childers' Buch aufgegeben, weil sie undurchführbar schienen.[10] In *The Riddle of the Sands* schildert Childers (basierend auf persönlichen Erlebnissen) den Segeltörn zweier britischer Freunde, die Vorbereitungen für eine deutschen Invasion entdecken. Die beiden Helden Carruthers und Davies, die beide als Sprachrohr für Childers Ideen fungieren, sind in gewisser Hinsicht komplementäre Charaktere. Carruthers wird als Experte für Außenpolitik dargestellt, während Davies Experte für Marinepolitik ist, über die er seinem Freund – und damit auch dem Leser – lange Vorträge hält. Davies ist besonders über die deutsche Flottenrüstung besorgt. Deutschland müsse nämlich, so Davies' Argumentation, eine starke Flotte aufbauen, um sein Kolonialimperium zu vergrößern und den Handel zwischen Mutterland und Kolonien zu sichern. Childers läßt seinen Helden hier die militärtheoretischen Überlegungen von Alfred Thayer Mahan referieren. Am Ende seines Vortrages gibt Davies seine Quelle auch bekannt: "I say, don't think these are my ideas ... It's all out of Mahan and those fellows." (*RS* 74)[11] *The Riddle of the Sands* ist somit wie *The Battle of Dorking* primär eine populärliterarische Fiktionalisierung militärreformerischer Theorien, die der Autor so seinem Leserpublikum näher bringen will. Als Konsequenz der deutschen Flottenrüstung müsse es verstärkte Verteidigungsanstrengungen auf britischer Seite geben. Gerade hieran aber, so Davies, mangele es. Die Schuldigen sind leicht zu finden:

> It's not the people's fault. We've been safe so long, and grown so rich, that we've forgotten what we owe to it. But there's no excuse for those blockheads of statesmen, as they call themselves, who are paid to see things as they are. They have to go to an American to learn their A B C, and it's only when kicked and punched by civilian agitators, a mere handful of men who get sneered at for their pains, that they wake up, do some work, point proudly to it, and go to sleep again, till they get another kick. (*RS* 90)

Aus dieser kurzen Textstelle lassen sich Rückschlüsse auf Childers' Selbstverständnis ziehen. Er übernimmt diese undankbare, aber äußerst wichtige Funktion eines *civilian agitator*, der die Behörden aufwecken und zur Handlung drängen will. Folgerichtig finden sich im Roman dann auch mehrere Textstellen, in denen Kritik an den für die Sicherheit der Nation Verantwortlichen geübt wird. Schon im Vorwort ist von der "pitiful inadequacy" (*RS* 3) der zuständigen Stellen die Rede, und Davies betont: "Those Admiralty chaps want waking up." (*RS* 80) Um seine Botschaft zu unterstreichen, wählt Childers eine literarische Technik, die auch schon in *Robinson Crusoe* und *Gulliver's Travels* benutzt wird: Er gibt seinen Roman als wahren Bericht aus, den er nur ediert. Schon im Vorwort läßt er erkennen, daß er mit diesem Roman eine propagandistische Absicht verfolgt. Carruthers und Davies hätten, so der Editor, ihn zu der Veröffentlichung gedrängt, weil sie glaubten, die nationale Sicherheit werde vernachlässigt. Im Nachwort legt der Editor noch einmal seine Botschaft dar. Anhand des angeblich authentischen Invasionsplanes, den Carruthers und Davies gestohlen haben, analysiert er die mangelhafte britische Verteidigungssituation. Der Roman endet bezeichnenderweise mit einem offenen Appell für die allgemeine Wehrpflicht: "Is it not becoming patent that the time has come for training all Englishmen systematically either for the sea or the rifle?" (*RS* 268)

Mit seinem Spionageroman erzielte Childers den gewünschten Erfolg: Die zuständigen Stellen verfielen in hektische, teilweise aberwitzige Reaktionen. Besonders der Geheimdienst war von dem Roman beeindruckt: Dem *Director of Naval Intelligence* wurde befohlen, das Buch zu kaufen und zu untersuchen, ob die Invasion so möglich sei. Der *Director of Military Operations* sandte sogar Spione nach Deutschland, um den Plan zu überprüfen. Diese Spione verhielten sich jedoch nicht so klug wie Carruthers und Davies und wurden von den deutschen Behörden festgenommen.[12]

Ungleich produktiver als Childers waren William le Queux (1864–1927) und E. Phillips Oppenheim (1866–1946), die zu der Zeit wohl bekanntesten Repräsentanten des britischen Spionageromans. Beide verfaßten je über 150 Romane, von denen heute allerdings kaum noch ein Titel lieferbar ist. Die Sekundärliteratur ist sich in der Geringschätzung ihrer literarischen Qualitäten denn auch weitgehend einig.[13] Beide Autoren waren aufrichtig davon überzeugt, daß Großbritannien in Gefahr sei, und sie benutzten ihre Spionageromane als Propaganda für größere Verteidigungsanstrengungen. Darüber hinaus waren sie Mitglieder der *National Service League*, einer Organisation, die die Wehrpflicht einführen wollte, und stimmten ihre Romane auf die Propaganda dieser Organisation ab.[14]

Zusammenfassend läßt sich festhalten, daß die frühen Spionageromane als Reaktion auf internationale politische Ereignisse entstanden sind. Die Autoren wollten die Nation vor den Gefahren warnen, die ihr von fremden Mächten drohten, und wählten dazu die Romanform. Diese Romane waren "unashamedly didactic"[15] mit einer offenkundigen propagandistischen Absicht.

## *2. Der Wechsel des Feindbildes von Frankreich zu Deutschland: G. T. Chesney, Erskine Childers, William le Queux, E. Phillips Oppenheim*

Ein Überblick über die Spionageromane bis 1914 läßt erkennen, daß sie fast seismographisch auf die jeweilige politische Realität reagierten und die wechselnden Allianzen widerspiegelten. Lange Zeit übernahm Frankreich die Rolle des Feindbildes und wurde erst nach der Jahrhundertwende von Deutschland abgelöst. Dieser Übergang zum Feindbild Deutschland war kein abrupter Wechsel, sondern ein Prozęß, der sich aufgrund der politischen Entwicklung beschleunigte.

Im 19. Jahrhundert wurde Frankreich als der wahrscheinlichste Feind angesehen. Es war nicht nur die stärkste Militärmacht auf dem Kontinent und Großbritanniens kolonialpolitischer Rivale, auch die napoleonische Bedrohung war in der Erinnerung vieler Briten noch wach. Der Staatsstreich Napoleons III. im Dezember 1851 und die darauf folgende Kaiserwahl lösten daher bei vielen Briten alte Befürchtungen aus. Bereits kurz darauf erschien die Schrift eines anonymen Autors *A History of the Sudden and Terrible Invasion of England by the French in the Month of May, 1852*, die eine Invasion Englands durch napoleonische Truppen beschreibt. Die Titelseite des dreiundzwanzigseitigen Groschenheftes trug die ominöse Warnung: "Coming events cast their shadows before."

Erst der Deutsch-Französische Krieg 1870/71, der die europäischen Machtverhältnisse entscheidend änderte, führte zu einem – allerdings nur kurzzeitigen – Wechsel. In Chesneys *The Battle of Dorking* (1871) sind die Invasoren die Deutschen. Chesneys Deutschlandbild ist noch ganz von dem Eindruck des deutschen Sieges über Frankreich geprägt. Deutsche treten kaum als individuelle Charaktere auf, sondern fast ausschließlich in Form der Armee, deren Ausbildung, Organisation und Effizienz den Erzähler beeindrucken. Der Vergleich der deutschen Armee mit der britischen fällt für die Briten beschämend aus: "We could not but depict to ourselves the enemy as carrying out all the while firmly his well-considered scheme of attack, and contrasting it with our own uncertainty of purpose." (*BD* 23) Der Blick auf Deutschland eröffnet hier vor allem die Erkenntnis eigener Mängel.

In den Jahren nach 1871 wurde Deutschland als Feindbild wieder von Frankreich abgelöst. In William le Queux' *The Great War in England in 1897* (1894) ist Deutschland sogar mit Großbritannien verbündet. Die Rolle der Agressoren wurde Frankreich und Rußland zugewiesen, die in der Realität zwei Jahre zuvor einen Militärpakt geschlossen hatten. In welchem Maße einzelne politische Ereignisse Auswirkungen auf die Publikation von Romanen hatten, läßt sich sehr gut am Beispiel des Kanaltunnelprojektes darlegen. 1882, als das britisch-französische Verhältnis wegen der britischen Okkupation Ägyptens ohnehin strapaziert war, wurde im britischen Parlament der Plan eines Tunnelbaus unter dem Ärmelkanal vorgetragen. Die Vorstellung, mit dem Kontinent verbunden zu sein, löste sofort eine hitzige Debatte aus. In den Jahren 1882 und 1883 erschien eine Vielzahl von Pamphleten und Invasionsromanen mit beziehungsreichen Titeln wie *The Seizure of the Channel Tunnel* (1882), *How John Bull Lost London: Or, The Capture of the Channel Tunnel* (1882), *The Surprise of the Channel Tunnel* (1883). Die Autoren malten genau aus, wie französische Soldaten bei Nacht oder als Touristen getarnt durch den Tunnel nach Großbritannien kamen und das Land überfielen.[16] Aber auch Deutschland wurde im Zusammenhang mit dem Kanaltunnelprojekt als potentieller Feind gesehen. Ein Autor mit dem Pseudonym "Vindex" geht in seinem Pamphlet *England Crushed: The Secret of the Channel Tunnel Revealed* (1882) davon aus, daß Deutschland das südliche Großbritannien okkupieren wolle und den Tunnel dazu benutzen werde, die Versorgung der Besatzungstruppen zu sichern.

Insgesamt war das Deutschlandbild in der britischen Literatur im 19. Jahrhundert jedoch noch weitgehend positiv. Die Deutschen wurden von den Briten lange Zeit als *our german cousins* gesehen, zu denen ja auch die britische Monarchie verwandtschaftliche Beziehungen pflegte. Führende Persönlichkeiten des britischen Geisteslebens wie George Eliot, Matthew Arnold und Thomas Carlyle besuchten Deutschland und waren Bewunderer der deutschen Kultur.[17] Das ursprünglich positive Deutschlandbild änderte sich allerdings in dem Maße, in dem sich Deutschland zu Großbritanniens weltpolitischem Rivalen aufschwang. Das Deutsche Reich war nicht länger damit zufrieden, nur eine europäische Großmacht zu sein, sondern wollte eine Weltmacht sein und forderte ultimativ seinen „Platz an der Sonne". Vorgänge wie das Krüger-Telegramm (1896), der Burenkrieg (1899–1902), die Verabschiedung der Flottengesetze im deutschen Reichstag (1898, 1900) und das endgültige Scheitern deutsch-britischer Bündnisverhandlungen (1901) führten dazu, daß Deutschland sich zunehmend in der britischen Öffentlichkeit als Feindbild etablierte.[18]

Erskine Childers' *The Riddle of the Sands* (1903) war eine Reaktion auf die Spannungen im deutsch-britischen Verhältnis. Deutschland wird in diesem Spionageroman als eine Militärmacht porträtiert, die Großbritanniens Rivale im Kampf um die Weltmachtposition ist und Großbritannien sogar erobern könnte. Childers' Deutschlandbild ist aber dennoch nicht so negativ, wie man es angesichts der Zeitumstände erwarten könnte. Childers glaubt an einen naturgegebenen Konkurrenzkampf der Völker um die Vorherrschaft, den der Bessere gewinne. Sein Blick auf Deutschland ist daher zwiespältig: Einerseits erscheint es aufgrund seiner Flottenpolitik als Bedrohung, andererseits übernimmt es eine Vorbildfunktion, weil es besser auf den Konkurrenzkampf vorbereitet ist. Der Ich-Erzähler Carruthers, der wegen seiner Tätigkeit im *Foreign Office* als Autorität in außenpolitischen Fragen gelten kann, empfindet sogar Sympathie und Bewunderung für Deutschland. In einem langen Vortrag lobt er

> ... the strength and wisdom of her rulers; her intense patriotic ardour; her seething industrial activity, and, most potent of all, the forces that are moulding modern Europe, her dream of a colonial empire, entailing her transformation from a land-power to a sea-power. (*RS* 90)

Der Blick auf Deutschland ist bei Childers wie schon bei Chesney in erster Linie der Blick in den Spiegel, der Großbritanniens Defizite deutlich hervortreten läßt. Childers' Ambivalenz gegenüber Deutschland, seine "mixed message of warning and admiration"[19], wird besonders bei der Beschreibung des Repräsentanten der deutschen Kriegsmarine, Kommandeur von Brüning, deutlich. Einerseits ist er Vorbild für Davies: "He looked a real good sort, and a splendid officer, too – just the sort of chap I should have liked to be." (*RS* 73) Andererseits aber geht von ihm auch eine Gefährlichkeit aus, die Carruthers an den Augen erkennt: "I am bound to say I liked him at once, as Davies had done; but I feared him, too, for he had honest eyes, but abominably clever ones." (*RS* 129) Auch die deutschen Politiker werden von Carruthers und Davies gelobt. Gegenüber den britschen Politikern, die die Vormachtstellung ihrer Nation verspielen, erscheint Kaiser Wilhelm II. als Vorbild:

> He's a fine fellow, that emperor. (*RS* 88)
>
> By Jove! we want a man like this Kaiser, who doesn't wait to be kicked, but works like a nigger for his country, and sees ahead. (*RS* 90)

Die einzige Figur, die ausschließlich negativ beschrieben wird, ist der deutsche Spion Dollmann. Für Carruthers und Davies ist er "the vilest creature on God's earth". (*RS* 143) Bezeichnenderweise ist Dollmann aber gar kein Deutscher, sondern ein Brite, der zu den Deutschen übergelaufen ist. Insgesamt ist Childers' Spionageroman denn auch nicht als deutschfeindlich zu bewerten. Seine Hauptintention liegt vielmehr darin, die britischen Politiker zu verstärkten Verteidigungsanstrengungen zu bewegen. Wie sein Held Davies betont: "Let [the Germans] hate us, and say so; it'll teach us to buck up; and that's what really matters." (*RS* 91)

*The Riddle of the Sands* markiert nicht den endgültigen Übergang zum Feindbild Deutschland. Wenn man diesen Wechsel an einem Zeitpunkt festmachen kann, so ist 1904/05 der wahrscheinlichste. Nachdem Briten und Franzosen ihre Differenzen in der Entente Cordiale von 1904 beilegten und Deutschland andererseits 1905 die erste Marokkokrise provozierte, wurde Deutschland zum erklärten Feindbild im britischen Spionageroman.

Den Wechsel in der Einstellung Deutschland gegenüber kann man am besten an zwei Romanen William le Queux' aufzeigen. Waren die Deutschen in *The Great War in England in 1897* (1894) den Briten noch zu Hilfe gekommen, so übernahmen sie jetzt in *The Invasion of 1910* (1906) selbst die Rolle der Invasoren und verübten unsägliche Greueltaten an der britischen Bevölkerung. Le Queux serialisierte seinen Roman in der *Daily Mail* des extrem deutschfeindlichen Lord Northcliffe. Jeglicher Anspruch auf Realismus wurde dabei der Propagandazielsetzung geopfert: Le Queux hatte nach Konsultation von Militärexperten den wahrscheinlichsten Verlauf einer Invasion beschrieben; auf Drängen von Northcliffe mußte er den Verlauf ändern. Die deutsche Armee marschierte nun durch jedes Dorf an der englischen Küste von Chelmsford bis Sheffield, um möglichst viele Leser anzusprechen.[20]

Dieser Roman spiegelt eindrucksvoll die Germanophobie und die *spy scare* wider, die Großbritannien ab 1904/05 zunehmend erfaßte. Le Queux war aber nicht nur daran gelegen, die Stimmung widerzuspiegeln. Er war besessen von der angeblichen deutschen Gefahr und wollte ganz offen Paranoia und Deutschenhaß schüren. In einem seiner nächsten Spionageromane, *Spies of the Kaiser: Plotting the Downfall of England* (1909), behauptete er, im Besitz geheimer Unterlagen zu sein, aus denen hervorgehe, daß sich bereits Zehntausende deutscher Spione in Großbritannien befänden, meist als Kellner oder Bäcker getarnt. Der Roman wurde in der *Weekly News* serialisiert.

Die Zeitung forderte ihre Leser auf, deutsche Spione zu melden und bot £10 für Hinweise. Als Reaktion erhielt le Queux eine große Zahl von Briefen, in denen Unschuldige denunziert wurden. Mit Hilfe dieser Briefe gelang es le Queux dann, den Geheimdienst von der deutschen Gefahr zu überzeugen und den Aufbau eines neuen Geheimdienstbüros zu erreichen.[21] Diese Rückwirkung von *fiction* auf *fact*, die wir auch schon bei Erskine Childers gesehen haben, ist charakteristisch für den frühen Spionageroman.

War das Deutschlandbild bis zu Beginn des Jahrhunderts noch von Bewunderung und Furcht geprägt, so herrschten jetzt Paranoia, Germanophobie und Jingoismus. Autoren wie le Queux und Oppenheim bereiteten die britische Öffentlichkeit mit der Darstellung des stereotypen deutschen Bösewichtes psychologisch auf den Ersten Weltkrieg und die antideutschen Ausschreitungen vor.

### *3. Der Gentleman-Spion als Bewahrer der sozialen Ordnung: G. T. Chesney, Erskine Childers, William le Queux, E. Phillips Oppenheim*

Analysiert man die Protagonisten der Invasionsromane und frühen Spionageromane, so wird deutlich, daß sie stets einer bestimmten sozialen Gruppe zugehören: Sie sind Vertreter der britischen Führungsschicht; Gentlemen, die patriotisch und loyal gesinnt sind.[22]

Der erste Repräsentant dieses Typus ist der Ich-Erzähler in *The Battle of Dorking*. Über ihn erfährt der Leser, daß er ein Gentleman ist, der auf dem Land lebt und als Regierungsbeamter in Whitehall arbeitet, und daß sein Vater Bankier in der City ist.

Zwischen diesem Ich-Erzähler und den Helden von Erskine Childers' *The Riddle of the Sands* bestehen signifikante Ähnlichkeiten. Auch Childers' Ich-Erzähler Carruthers ist ein Gentleman, der als Regierungsbeamter tätig ist. Er selbst verdeutlicht seine soziale Position gleich im ersten Absatz des Romans: "I – well, a young man of condition and fashion, who knows the right people, belongs to the right clubs, has a safe, possibly a brilliant future in the Foreign Office". (*RS* 11)

Literaturgeschichtlich gesehen bilden Childers' Helden nur die qualitative Spitze eines Eisberges. Die Vielschreiber le Queux und Oppenheim kreierten in dieser Zeit Dutzende von stereotypen Gentleman-Spionen. Ein typischer Oppenheim-Held ist etwa Hardross Courage (ein *speaking name*) aus *The Secret* (1907), der in dem Landhaus Saxby Hall wohnt und Cricket-Auswahlspieler ist. Le Queux' Helden leben ebenfalls in Landhäusern und verhalten sich loyal zu Gott und Vaterland. Auffällig sind ihre immer gleich klingenden, prägnanten Namen wie Duckworth Drew, Jack Jardine, Cuthbert Croom, John James Jacox oder Ray Raymond.[23]

Offensichtlich stehen die Autoren vor dem Problem, diesen Gentleman-Status ihrer Helden mit der Spionagetätigkeit in Einklang zu bringen. In der Vorstellung der damaligen Zeit ist ein Spion ein schmutziges Werkzeug in den Händen einer fremden Macht. Davies in *The Riddle of the Sands* verdeutlicht sehr genau die ablehnende Haltung gegenüber Spionen: "I don't think 'spy' is the right word; but I mean something pretty bad." (*RS* 68) Für Childers' Helden ist ein Spion eine Figur aus der Trivialliteratur, "some chap in a shilling shocker" (*RS* 80), "one of those romantic gentlemen that one reads of in sixpenny magazines, with a kodak in his tie-pin, a sketch-book in the lining of his coat, and a selection of disguises in his hand luggage". (*RS* 76) Ein Spion in diesem Sinne ist der Brite Dollmann, der sein Vaterland verrät. Als Carruthers ihn zum ersten Mal aus der Nähe sieht, erkennt er in dessen Augen "the impression of malignant perfidy and base passion, exaggerated to caricature" (*RS* 200f.). Im Laufe ihres Abenteuers müssen sich Childers' Helden aber dann doch fragen, ob sie nicht auch Spione genau wie Dollmann sind. Davies verwirft derartige Einwände: "I look at it like this. The man's an Englishman, and if he's in with Germany he's a traitor to us, and we as Englishmen have a right to expose him. If we can't do it without spying we've a right to spy, at our own risk –." (*RS* 80) Durch diese Anwendung eines doppelten Standards löst Childers das moralische Problem. Überläufer und ausländische Spione sind niederträchtige und böse Spione, während „unsere“ Helden aufrechte Gentlemen sind: "The fictional British agent, in direct contrast with his foreign opponent, was and remained, despite his activities, quintessentially a gentleman."[24]

Die Feststellung, daß die Helden der frühen Spionageromane stets als Gentlemen dargestellt werden, ist für das Verständnis dieser Romane von größter Bedeutung. Mark Girouard hat in seiner Untersuchung *The Return to Camelot* nachgewiesen, daß um die Jahrhundertwende ein neues Konzept des "Gentleman" propagiert wurde. Der ritterliche, patriotische Gentleman wurde zum "new model for the ruling classes"[25]. Darüber hinaus übernahmen die Romane sozialgeschichtlich gesehen die Funktion, die Leser in ihrer sozialen Ordnung zu bestätigen. Historiker stellen für das Edwardianische Zeitalter eine Beunruhigung im britischen Bürgertum fest. Die Angst war weitverbreitet, daß das Empire wie das Römische Reich durch die Schwäche der Führungsschicht und soziale Spannungen von innen heraus zerfallen könnte.[26] Denjenigen Lesern, die Angst vor einer Bedrohung ihrer sozialen Position empfanden, offerierte der Spionageroman ein beruhigendes Weltbild. In einer Gesellschaft im Umbruch wird der Gentleman-Spion zum "symbol of stability"[27]. Der Kampf zwischen ihm und seinen Gegnern wird zu einem Wertekonflikt. Der Reiz für den Leser besteht darin, daß der Gentleman, der seinen sozialen Status offenkundig zur Schau stellt, siegt und alle diejenigen, die diese soziale Ordnung bedrohen, verlieren.

Besonders das Protestpotential der städtischen Arbeiterschaft löste in großen Teilen der *middle class* Befürchtungen aus. Die überzeugten Anti-Sozialisten le Queux und Oppenheim thematisierten diese Bedrohung in ihren Spionageromanen. Beide gingen davon aus, daß Arbeiterunruhen vom Ausland gesteuert würden oder den Invasoren zumindest in die Hände spielen würden. Diese Furcht wird beispielsweise in le Queux' *The Great War in England in 1897* ausgedrückt, in dem sich parallel zur französisch-russischen Invasion die Arbeiterschaft erhebt.[28] Dieser Roman belegt am eindrucksvollsten, daß die frühen Spionageromane eine Reaktion auf die Bedrohung von außen *und* von innen sind. Der siegreiche Gentleman-Spion wird zum "hero who defeated not only the threatening foreigner, but also exorcised the demons of social disorder and political unrest which troubled the imaginations of so many in Edwardian England"[29]. Diese Romane haben somit im doppelten Sinne eine didaktische Zielsetzung: Sie fordern nicht nur zur verstärkten Landesverteidigung auf, sondern propagieren auch innenpolitisch die Meinung der Tories.

# II. Der Spionageroman im Ersten Weltkrieg 1914–1918

## *1. Der Gentleman-Spion als Erziehungsideal: John Buchan*

Der bei weitem wichtigste und literarisch hochwertigste Autor von Spionageromanen während des Ersten Weltkrieges ist John Buchan (1875–1940). Nach einem Studium, das er sich größtenteils durch schriftstellerische Tätigkeiten finanzierte, arbeitete er von 1901 bis 1903 für den *High Commmisssioner for South Africa* Lord Milner und wurde in dieser Zeit zum begeisterten Anhänger des britischen Imperialismus. Wieder in Großbritannien war er als Verlagsdirektor erfolgreich. Bei Kriegsbeginn meldete er sich freiwillig, wurde aber wegen Krankheit abgelehnt. 1915 fungierte er als Kriegsberichterstatter für *The Times*, 1916 wurde er Offizier im Nachrichtendienst und ein Jahr später *Director of Information* im Außenministerium, zuständig für die britische Kriegspropaganda. An seiner Person läßt sich somit am deutlichsten die Verbindung von frühem Spionageroman und Propaganda aufzeigen. Nach Kriegsende war er Abgeordneter für die Konservativen, wurde zum Lord Tweedsmuir geadelt und zum Generalgouverneur in Kanada ernannt.[1] Buchans literarisches Werk ist reichhaltig und vielfältig: Spionageromane, historische Romane, Reden, Gedichte und historische Sachbücher. Diese Untersuchung beschränkt sich auf seine vier bekanntesten Spionageromane mit dem Helden Richard Hannay, die auch heute noch alle als Penguin-Taschenbücher lieferbar sind: *The Thirty-Nine Steps* (1915), *Greenmantle* (1916), *Mr. Standfast* (1919) und *The Three Hostages* (1924).

In der Sekundärliteratur hat Buchans Werk eine unterschiedliche Bewertung erfahren: Lange Zeit mit Sympathie betrachtet, geriet es ab 1960 unter ideologiekritischen Beschuß. Ab Mitte der siebziger Jahre zeigt sich dann wiederum verstärkt das Bemühen von Buchans Bewunderern, ihn gegen derartige Vorwürfe in Schutz zu nehmen und sein Andenken zu würdigen.[2]

Buchans Einfluß auf eine ganze Generation britischer Jugendlicher kann kaum unterschätzt werden. Richard Usborne spricht aus eigener Erfahrung, wenn er in seiner Studie *Clubland Heroes* konstatiert:

If, in my schooldays, not exactly the author set for homework, Buchan was certainly strongly recommended to the schoolboy by parent, uncle, guardian, pastor and master. Buchan backed up their directives and doctrines. Buchan wrote good English. Buchan taught you things. Buchan was good for you.[3]

Buchans Romane genossen große Zustimmung bei den verschiedenen pädagogischen Instanzen, weil seine Romanhelden das Erziehungsideal der *public school* verkörperten. Hierzu gehören etwa Werte wie der Glaube an harte Arbeit, Sportsgeist und *fair play.* Diese Grundeinstellung, die man zusammenfassend als *public school*-Geist bezeichnen kann, ermöglichen es dem Helden Richard Hannay erst, seine Aufträge erfolgreich abzuschließen.

Mit der Figur des Richard Hannay lieferte Buchan seinen jugendlichen Lesern ein Rollenmodell, das sie übernehmen sollten. Usborne berichtet, daß später im Zweiten Weltkrieg sich fast jeder britische Geheimdienstoffizier für Richard Hannay hielt.[4] Buchans Leserschaft bestand jedoch nicht nur aus Schuljungen. Auch Persönlichkeiten wie der Gründer der *boy scouts*, Lord Baden-Powell, Premierminister Balfour und sogar King George V. waren von seinen Romanen begeistert.[5] Der Grund für diese Zustimmung des Establishments liegt darin, daß Richard Hannay die Philosophie der britischen Elite in bezug auf Klasse, Rasse, Nation und Empire vertritt. Im Laufe der Romanhandlung begegnet Hannay zwar Repräsentanten aller Klassen, bringt dabei aber nicht allen ein gleiches Maß an Verständnis entgegen:

A man of my sort, who has travelled about the world in rough places, gets on perfectly well with two classes, what you may call the upper and the lower. He understands them and they understand him. I was at home with herds and tramps and roadmen, and I was sufficiently at my ease with people like Sir Walter and the men I had met the night before. I can't explain why, but it is a fact. (*TS* 129)

Diese etwas euphemistische Beschreibung bedarf einer Erläuterung. Mit der *upper class* versteht Hannay sich eben deshalb so gut, weil er selbst dieser Klasse angehört und ihre Wertvorstellungen teilt. Was die *lower class* betrifft, so hat er für sie nur Verständnis im Rahmen einer patriarchalischen Sozialbeziehung, in der die Mitglieder der *lower class* sich ihm freiwillig unterordnen. Beispiele hierfür stellen in *The Thirty-Nine Steps* etwa die Schäferin dar, die ihn verpflegt und ihm Kleidung schenkt (*TS* 90), oder der Straßenarbeiter, der ihn unentgeltlich aufnimmt und gesund pflegt (*TS* 91–93); in *Mr. Standfast* ein Landarbeiter, der ihn aufnimmt und verpflegt (*MRS* 97–99). Derartigen Bauern und Arbeitern, die zu Recht als "conservative" (*MRS* 99) charakterisiert werden, begegnet Hannay mit großer Sympathie; verhält sich ein Arbeiter jedoch unbotmäßig und stellt die herrschende Sozialordnung in Frage, zeigt Hannay Unverständnis und Haß. Zur *middle class* steht er in einem ambivalenten Verhältnis. Einerseits gibt er offen zu, sie nicht zu verstehen:

> But what fellows like me don't understand is the great comfortable, satisfied middle-class world, the folk that live in villas and suburbs. He doesn't know how they look at things, he doesn't understand their conventions, and he is as shy of them as of a black mamba. (*TS* 129)

Andererseits muß John Buchan jedoch seinen Lesern, die überwiegend eben aus der *middle class* stammen, die Identifikation mit dem Helden Richard Hannay ermöglichen. Deswegen betont Hannay mehrfach im Text seine angebliche Normalität: "I am an ordinary sort of fellow" (*TS* 22), "Here was I, a very ordinary fellow" (*TS* 106). Derartige Beteuerungen können aber nicht darüber hinwegtäuschen, daß Hannay kein reales Abbild seiner Leser, sondern deren Wunschprojektion darstellt.

Auch die Wahrnehmung Großbritanniens – oder wie es in Buchans Romanen genauer heißt: Englands – ist durch das Bewußtsein Richard Hannays gefiltert. Die großen Metropolen werden aufgrund der übersteigerten Zivilisation und des revolutionären Potentials der Arbeiterschaft negativ gesehen. In kleinen Dörfern hingegen, in denen die patriarchalischen Sozialbeziehungen noch bestehen, fühlt Hannay sich heimisch. Diese Landschaft, die wie in Thomas Hardys Wessex-Romanen einen pastoralen Charme ausstrahlt, ist das eigentliche England, für das gekämpft wird. Angesichts eines Dorfes in den Cotswolds erlebt Hannay eine fast religiöse Eingebung:

> In that moment I had a kind of revelation. I had a vision of what I had been fighting for, what we all were fighting for. ... I understood what a precious thing this little England was, how old and kindly and comforting, how wholly worth striving for. The freedom of an acre of her soil was cheaply bought by the blood of the best of us. ... I saw not only victory after war, but a new and happier world after victory, when I should inherit something of this English peace and wrap myself in it till the end of my days. (*MRS* 21)

Was Hannay hier verklärend als neue und glücklichere Welt sieht, ist in der Realität der anachronistische Wunsch nach dem England vergangener Tage.

Bedeutungsvoll ist in diesem Zusammenhang die Tatsache, daß Richard Hannay aus Südafrika, d. h. aus den Kolonien, in das britische

Mutterland kommt. Hier, im Herzen des Empire, fühlt er sich nicht zufrieden: “I had been three months in the Old Country, and was fed up with it.” (*TS* 7) Die Erwartungen des Kolonisten an London haben sich nicht erfüllt; vielmehr erscheint ihm die Zivilisation hohl und brüchig. In seiner Autobiographie *Memory Hold-the-Door* wird Buchan noch deutlicher:

The historic etiquette was breaking down; in every walk money seemed to count for more; there was a vulgar display of wealth, and a *rastaquouère* craze for luxury. I began to have an ugly fear that the Empire might decay at the heart.[6]

Wie schon in den Spionageromanen vor 1914 spiegelt sich auch in Buchans Werk die Furcht wider, das Empire könne von innen heraus zerfallen. Buchan setzt dem Zentrum des Empire die ursprüngliche britische Landschaft entgegen. Richard Hannay flieht denn auch nicht etwa in das urbane London, sondern wählt einen scheinbar unbegreiflichen Umweg nach Schottland. Nur hier im schottischen Hochland abseits der übersteigerten Zivilisation fühlt er sich sicher.

Angesichts Buchans Begeisterung für den britischen Imperialismus erscheint es nur folgerichtig, daß in seinen Spionageromanen das Empire ausschließlich unkritisch und positiv geschildert wird; die Aufgaben des weißen Mannes werden glorifiziert und die Schwarzen werden negativ dargestellt. Aber sogar seine Kritiker müssen eingestehen, daß Buchan in dieser Hinsicht nur Spiegelbild seiner Zeit ist:

The familiar racist sentiments of Buchan, Kipling, even Conrad, were a reflection of a common attitude. They were descriptive, not prescriptive; not an incitement to novel political action, but an attempt to express differences of culture and colour in terms that had been unquestioned for generations.[7]

Ein anderer Aspekt, der heutzutage viele Leser im Werk von John Buchan stört, ist sein Antisemitismus. Immer wieder machen einzelne Charaktere – wenn auch nicht Richard Hannay selbst – abwertende Äußerungen über vermeintliche “Jew-anarchists” (*TS* 12) oder “a little white-faced Jew in a bathchair with an eye like a rattlesnake” (*TS* 12), der angeblich die Welt beherrsche. Wenngleich Buchans Bewunderer verschiedentlich den Versuch unternommen haben, derartige Aussagen zu relativieren[8], so bleibt doch auch der Antisemitismus Bestandteil des Wertesystems, das Buchan seinen Lesern vermittelte.

## 2. *Die Darstellung des Krieges: John Buchan*

Hatten die britischen Spionageromanautoren schon vor 1914 vor Deutschland als potentiellem Feind gewarnt, so wurde diese Freund-Feind-Konstellation ab August 1914 zur Realität. Der Kriegsausbruch schürte die *spy scare* noch einmal beträchtlich und führte bei Teilen der Bevölkerung zu einer Psychose. In mehreren Städten kam es zu gewalttätigen antideutschen Ausschreitungen, sogar Dackel wurden gesteinigt, und die britische Königsfamilie mußte ihren Namen von Sachsen-Coburg-Gotha in Windsor ändern.

Die meisten Spionageromanautoren zögerten nicht, die Germanophobie auszunutzen und weiter zu schüren. In vorderster Front stand dabei wieder einmal William le Queux, der inzwischen zum Opfer seiner eigenen Paranoia geworden war.[9] Schon im September 1914 veröffentlichte er *The German Spy: A Present-Day Story*, einen Spionageroman, in dem er die Furcht vor deutschen Spionen schürte. Auch in Spionageromanen mit vielsagenden Titeln wie *The Zeppelin Destroyer: Being Some Chapter of a Secret History* (1916), *Number 70, Berlin: A Story of Britain's Peril* (1916), *The Spy Hunter* (1916) und *The Bomb Makers* (1917) beschrieb er die Aktivitäten deutscher Spione in Großbritannien. Neben diesen Spionageromanen, die angeblich auf nur ihm bekannten Fakten beruhten, publizierte er auch *Non-fiction*-Bücher, in denen er die gleiche Botschaft verkündigte: *German Atrocities: A Record of Shameless Deeds* (1914), *German Spies in England: An Exposure* (1915), *Britain's Deadly Peril: Are We Told the Truth?* (1915). Le Queux sah in den Ausländern, die in Großbritannien lebten, potentielle Spione und forderte scharfe Maßnahmen zu ihrer Überwachung. Und darüber hinaus informierte er seine Leser dann auch noch über die *Love Intrigues of the Kaiser's Sons* (1918). Die Verkaufszahlen dieser Bücher sind ein Indiz dafür, daß le Queux die Stimmung der Bevölkerung traf. *German Spies in England* verkaufte allein in einer Woche 40000 Exemplare und wurde in 18 Tagen sechsmal aufgelegt.[10]

Die Spionageromane John Buchans bildeten einen Kontrast zu diesen reißerischen Romanen. In Buchans Werk wird eine Entwicklung dahingehend deutlich, daß er sich bemüht, die Germanophobie abzubauen und ein differenzierteres Deutschlandbild zu zeichnen. Seinen ersten Spionageroman, *The Thirty-Nine Steps*, schrieb er während einer Krankheit in den ersten Wochen nach Kriegsbeginn. Richard Hannay stößt hierin per Zufall auf eine deutsche Spionageorganisation, die die Pläne der britischen Küstenverteidigung stehlen will, um eine deutsche Invasion zu ermöglichen. *The Thirty-Nine Steps* steht in dieser Hinsicht noch eindeutig in der Tradition der Invasionsromane. Bei der Darstellung dieser deutschen Spione verfällt Buchan in Stereotypen. Besonders der deutsche *master criminal* wird zur unfreiwilligen Karrikatur, weil seine Unmenschlichkeit an seinen Augen erkennbar ist:

> There was something weird and devilish in those eyes, cold, malignant, unearthly, and most hellishly clever. They fascinated me like the bright eyes of a snake. (*TS* 79)
>
> They had been hooded like a bird of prey, and now they flamed with a hawk's pride. A white fanatic heat burned in them, and I realised for the first time the terrible thing I had been up against. (*TS* 137)

Mit diesem Roman schürte Buchan ähnlich wie le Queux die Furcht, Großbritannien sei bereits mit deutschen Spionen infiltriert. Schuld an der Spionagegefahr sei, so auch Buchan (*TS* 80), die zu liberale Haltung gegenüber Immigranten.

Nach diesem Roman, der die aufgeheizte Stimmung der ersten Kriegstage widerspiegelt, hat Buchan sich in *Greenmantle* intensiver mit Deutschland befaßt. Hannay bereist hier als Bure getarnt das Land des Kriegsgegners. Einer der ersten Deutschen, denen er begegnet, ist der Offizier Stumm, der Buchan als Sprachrohr dient, um die Bedrohlichkeit der deutschen Kriegsziele zu verdeutlichen:

> I'm not merciful. ... If any man stands in my way I trample the life out of him. That is the German fashion. That is what has made us great. We do not make war with lavender gloves und fine phrases, but with hard steel and hard brains. We Germans will cure the green-sickness of the world. (*G* 76)

Stumm wird vollends zur negativen Figur, als Hannay dessen "perverted taste" (*G* 78), d. h. dessen Homosexualität, erkennt – ein schwerer Verstoß gegen den *public school*-Code. Stumm wird so zur Karikatur des „bösen" Deutschen, und Buchan gibt diese Karikatur als wahr aus: "Here was the German of caricature, the real German, the fellow we were up against." (*G* 50) Diese Gleichsetzung von Realität und Karikatur hat Buchan verschiedentlich den Vorwurf eingebracht, er betreibe Schwarzweißmalerei zu propagandistischen Zwecken.[11] Derartige Vorwürfe erweisen sich jedoch als nicht zutreffend. Stumm ist nur einer unter mehreren Deutschen aus John Buchans Figurenarsenal. Er repräsentiert die eine Seite Deutschlands; er ist "an incarnation of all that makes Germany detested". (*G* 65) Neben Stumm treten noch weitere Deutsche auf, die positiver gezeichnet werden. Ein deutscher Offizier etwa wird von Hannay wie folgt vorgestellt: "That fellow gave me the best 'feel' of any German I had yet met. He was a white man and I could have worked with him. I liked his stiff chin and steady blue eyes." (*G* 47) Auffallend ähnlich ist Hannays Charakterisierung des deutschen Ingenieurs Gaudian: "Gaudian was clearly a good fellow, a white man and a gentleman. I could have worked with him for he belonged to my own totem." (*G* 65) Der Begriff "white man" und die Vorstellung, mit jemandem zusammen arbeiten zu können, sind in Buchans fiktionalem Universum Ausdruck höchster Wertschätzung. Hannay erkennt in diesen beiden Deutschen eher gefühlsmäßig denn rational Mitglieder seiner eigenen Klasse. Nach diesen Beschreibungen erscheint es dann auch nicht mehr überraschend, daß auch Kaiser Wilhelm II. – immerhin ein Verwandter des britischen Königshauses – mit Sympathie und Mitleid gesehen wird (*G* 74f.). Zu den „guten" Deutschen gehört auch die Frau eines Holzfällers, die Hannay bei sich aufnimmt, ihn gesund pflegt und ihm unentgeltlich Hilfsleistungen erbringt (das gleiche Motiv hatte Buchan schon in *The Thirty-Nine Steps* benutzt). Angesichts dieser Erfahrung vollzieht Hannay endgültig einen Wandel in seiner Einstellung gegenüber Deutschland:

> That night I realized the crazy folly of war. When I saw the splintered shell of Ypres and heard hideous tales of German doings, I used to want to see the whole land of the Boche given up to fire and sword. I thought we could never end the war properly without giving the Huns some of their own medicine. But that woodcutter's cottage cured me of such nightmares. I was for punishing the guilty but letting the innocent go free. (*G* 98)

Diese Beispiele belegen, daß Buchan seine Sicht der britischen Gesellschaft auf die deutsche projiziert. Die positive Bewertung der Deutschen erstreckt sich nur auf Gentlemen und Mitglieder der unteren Klasse, sofern sie auf dem Lande wohnen und sich Hannay gegenüber wohl verhalten. Klassenloyalität hat für Buchan Vorrang vor nationalen Unterschieden.

## *3. Die Haltung zum Kriegsgegner Deutschland: William le Queux, John Buchan*

Drei der vier Richard-Hannay-Romane entstanden während des Ersten Weltkrieges. Buchan kannte diesen Krieg aus erster Hand. Als *Times*-Korrespondent an der Westfront berichtete er unter anderem über die Schlachten von Ypres und Loos, und schon während des Krieges begann er, seine vierbändige *History of the Great War* zu verfassen. Gleichzeitig fiktionalisierte er das Kriegsgeschehen und änderte es gemäß seinen propagandistischen Absichten in entscheidenden Punkten ab.

Im ersten Roman der Serie, *The Thirty-Nine Steps*, dessen Handlung kurz vor dem Krieg spielt, thematisiert Buchan die Kriegsschuldfrage. Sein Held Richard Hannay erhält zufällig das Notizbuch eines Geheimagenten und gerät so in den Besitz höchst geheimer Informationen, aus denen hervorgeht, daß es unweigerlich zum Krieg kommen wird. Der äußere Anlaß zum Kriegsausbruch, so erfährt Hannay, werde die Ermordung eines Politikers im Sommer 1914 sein, der eigentliche Anlaß aber sei, daß Deutschland den Krieg wolle: "The first thing I learned was that it was no question of preventing a war. That was coming, as sure as Christmas: had been arranged, said Scudder, ever since February 1912." (*TS* 45) Buchan legt seinen Lesern auf diese Weise nahe, daß das Attentat auf den österreichischen Thronfolger in Sarajevo kein Zufall war und die europäischen Mächte nicht in den Krieg hineingeschlittert sind, sondern daß Deutschland den Krieg von langer Hand geplant hat. Indem er Deutschland eindeutig die Rolle des Aggressors zuweist, liefert er gleichzeitig die nachträgliche Rechtfertigung für den britischen Kriegseintritt.

Nachdem Buchan so die Kriegsschuld geklärt hat, befaßt er sich in den beiden folgenden Romanen *Greenmantle* und *Mr Standfast* direkt mit dem Krieg. In *Greenmantle* fiktionalisiert er die Kämpfe im Osten, besonders die russische Einnahme von Erzerum und in *Mr Standfast* die letzten Schlachten an der Westfront. Mehrere Charaktere in den Romanen sind nach realen Vorbildern gestaltet: Hannay nach dem britischen General Ironside[12], Peter Pienaar nach Buchans Freund Audrey Herbert[13] und Sandy Arbuthnot nach Lawrence of Arabia und Audrey Herbert[14]. Buchans Darstellung des Krieges ist ambivalent. Einerseits bildet er ihn realitätsnah ab, andererseits entwirft er ein heroisches Wunschbild des Krieges, wie er ihn gern hätte. Der Erste Weltkrieg, der erste industriell geführte Massenkrieg in der Geschichte, wird zutreffend als "a big machine where the parts are standardized" (*G* 12) charakterisiert. Diese Art des Krieges sagt dem ritterlichen Gentleman Richard Hannay überhaupt nicht zu: "This isn't just the kind of war I would have picked myself. It's a comfortless, bloody business." (*G* 10) Hannay selbst kämpft in *Greenmantle* und *Mr Standfast* eine andere Art des Krieges. Für ihn ist der Krieg ein "great game" (*G* 11), ein Abenteuerspiel für Gentlemen, in dem jeder seine "sporting chance" (*MRS* 297) hat und sich auch der Gegner als "good sportsman" (*MRS* 19) erweist. Schon in den *assignment*-Szenen der beiden Romane, in denen Richard Hannay seine Aufträge erhält, wird ihm von seinem Vorgesetzten gesagt, daß seine Mission über den Ausgang des Krieges entscheiden werde. Dieses Motiv, daß nur der Held Großbritannien retten kann, ist zwar ein typisches Thriller-Motiv, vor dem Hintergrund des Ersten Weltkrieges gewinnt es aber eine neue Bedeutung. Buchan porträtiert hier einen Krieg, in dem nicht Tausende sinnlos geopfert werden und der einzelne nicht nur ein standardisiertes Rädchen in einer Maschine ist, sondern in dem Heroismus und Charakterstärke eines einzelnen den Verlauf des Krieges ändern können. Der offizielle Kriegspropagandist John Buchan setzte so seine hauptberufliche Tätigkeit quasi nebenberuflich weiter fort. Mit diesen Romanen, die er in erster Linie als Unterhaltung für die Soldaten konzipiert hatte, spiegelte er ihnen vor, daß jeder einzelne eine wichtige Aufgabe erfülle. Der einfache Soldat, in der Realität nur Befehlsempfänger, wird zum wahren Helden des Krieges glorifiziert: "The hero of this war is the plain man out of the middle classes, who wants to get back to his home and is going to use all the brains and grit he possesses to finish the job soon." (*MRS* 222) Krieg wird so bei Buchan zur Antithese dessen, was die Soldaten an den Fronten erlebten, er wird zum "war as many fighting men felt somehow it ought to be: ... It was war without the mud, the lice, the boredom, the anonymity, the unimaginative strategy and mass casualties of the frontal assault"[15]. Buchans Strategie war erfolgreich: Seine Spionageromane wurden von den Soldaten sehr gern gelesen, gerade weil die Realität des Krieges durch ein eskapistisches Wunschbild weitgehend überlagert wurde. Seine Biographin berichtet, daß er besonders aus den Reihen der Soldaten viele begeisterte Leserbriefe erhielt, über die er sehr erfreut war.[16]

## *4. Der Kampf an der Heimatfront: John Buchan*

Ebenso große Aufmerksamkeit wie dem Kriegsgeschehen schenkte John Buchan der Situation an der Heimatfront. Obwohl bei Kriegsausbruch die meisten kritischen Stimmen verstummten, gab es doch einzelne Gruppen, die sich gegen Großbritanniens Kriegseintritt wandten. Mit drei dieser Gruppen setzt Buchan sich in seinen Spionageromanen auseinander: den Liberalen, den Pazifisten und den Sozialisten. Er verfolgt dabei eine analoge Strategie. Zuerst diskreditiert er sie, indem er unterstellt, ihre Aktivitäten nützten nur dem Kriegsgegner Deutschland, und dann bringt er als positives Beispiel eine

Figur, die von ihren Zielen abkehrt und zu Richard Hannays Helfer wird.

Die erste Gruppe, mit der sich John Buchan kritisch auseinandersetzt, sind die Liberalen, die teilweise gegen Großbritanniens Kriegseintritt opponierten. *The Thirty-Nine Steps*, in dem der Tory Buchan Deutschland die alleinige Kriegsschuld zuweist, übernimmt unter diesem Gesichtspunkt auch die Funktion, mit dem politischen Tagesgegner abzurechnen. Auf seiner Flucht durch Schottland trifft Richard Hannay auf einen dieser Liberalen, den Abgeordneten Sir Harry, der schon in der Kapitelüberschrift pejorativ als "radical candidate" (*TS* 44) bezeichnet wird. Dieser als linkisch und ungeschickt dargestellte junge Mann hält eine Rede gegen den Krieg. Hannay empfindet tiefen Abscheu vor derartigen Ansichten:

> It was the most appalling rot, too. He talked about the "German menace", and said it was all a Tory invention to cheat the poor of their rights and keep back the great flood of social reform, but that "organised labour" realised this and laughed the Tories to scorn. He was all for reducing our Navy as a proof of our good faith, and then sending Germany an ultimatum telling her to do the same or we would knock her into a cocked hat. He said that, but for the Tories, Germany and Britain would be fellow workers in peace and reform. I thought of the little black book in my pocket! A giddy lot Scudder's friends cared for peace and reform. (*TS* 53)

Sir Harrys Ansicht wird von Buchan doppelt widerlegt. Zum einen besitzt Hannay – und mit ihm der Leser – bereits die geheime Information, daß Deutschland den Krieg will. Zum anderen spielt die Handlung zwar zwei Wochen vor dem Kriegsausbruch, das Buch ist aber erst danach geschrieben, so daß sich Sir Harrys Ideen bereits durch die Wirklichkeit als falsch erwiesen haben. Da sich Sir Harry aber wie ein britischer Gentleman verhält, kann Hannay zumindest auf einer gesellschaftlichen Ebene mit ihm verkehren. Unter diesem Eindruck fällt er auch ein positives Urteil über ihn: "Altogether a very clean, decent, callow young man." (*TS* 52). Geschickt verzichtet Buchan darauf, die Liberalen auszugrenzen. Liberale sind für Buchan weniger gefährlich als vielmehr schlecht informiert. Sobald Hannay Sir Harry seine Sicht vermittelt hat, nimmt dieser von seinen früheren Ideen Abstand und bietet Hannay seine Dienste an.

Die gleiche Strategie verfolgt Buchan auch in Hinblick auf die zweite Gruppe, die Pazifisten. In *Mr Standfast* erhält Hannay den Auftrag, sich in eine Pazifistenkolonie einzuschleusen. Das Urteil des begeisterten Soldaten Hannay über sie ist, wie zu erwarten war, abfällig. Der Konflikt zwischen ihm und den Pazifisten liegt in der Unterschiedlichkeit ihrer Weltbilder begründet. Die Pazifisten sind Liberale, Künstler, die ihr Haar lang tragen, sich nicht für die Natur interessieren, nicht zur Kirche gehen und das Militär ablehnen. Zwei Pazifisten, die ihm besonders negativ auffallen, sind ein jüdischer Schriftsteller – “the worst kind of blighter” (*MRS* 37) – und ein “great buck nigger who had a lot to say about ‘Africa for the Africans’”. (*MRS* 40) Hannay reagiert auf diese Andersartigkeit, indem er sich für überlegen hält. Daher empfindet er sie auch nicht als Gefahr, sondern sieht sie als kindliche Wirrköpfe:

Yet I found it impossible to be angry with them for long, they were so babyishly innocent. Indeed, I couldn't help liking them, and finding a sort of quality in them. I had spent three years among soldiers, and the British regular, great fellow that he is, has his faults. His discipline makes him in a funk of red-tape and any kind of superior authority. Now these people were quite honest and in a perverted way curageous. (*MRS* 39)

Die eigentliche Gefahr liegt darin, daß sich hier unter dem Deckmantel des Pazifismus der deutsche *master criminal* Graf Schwabing versteckt hält. Die Pazifisten sind eine potentielle „fünfte Kolonne“ und werden von den deutschen Spionen benutzt. Gelänge es jedoch, einen Pazifisten diesem verderblichen Einfluß zu entziehen und ihm statt dessen sein, Hannays, Weltbild zu vermitteln, so hätte er Verwendung für ihn: “He was forty-five; if he had been thirty and in my battalion I could have made a soldier out of him.” (*MRS* 38) Als Testperson für diese Entwicklung kann man den Pazifisten Launcelot Wake (ein *speaking name*) ansehen, den Richard Hannay mehrmals unter verschiedenen Umständen trifft und dabei jedesmal charakterisiert. Hannays erster Eindruck des Pazifisten ist negativ. Wake erscheint als ein erregter, unruhiger Mann, was, typisch für den Thriller, an seinen Augen auffällt: “But the remarkable feature was his eyes. I can best describe them by saying that they looked *hot* – not fierce or angry, but so restless that they seemed to ache physically and to want sponging with cold water.” (*MRS* 23) Ein weiteres Treffen findet bezeichnenderweise an der Front statt. Wake hat sich als Nichtkombattant freiwillig gemeldet. Deswegen ist Hannays Einschätzung Wakes positiver, was wiederum an der Beschreibung der Augen deutlich wird: “I noticed that his lean face had lost its pallor and that his eyes were less hot than they used to be.” (*MRS* 182) Unter Hannays Führung und dem Einfluß harter Arbeit macht Wake seinem Namen schließlich alle Ehre: Er „erwacht“ und wird zum Lanzelot. In einer entscheidenden Schlacht opfert er sein Leben, um den Sieg der britischen Soldaten sicherzustellen. Einen derartigen „Pazifismus“ kann Hannay nur begrüßen.

Die dritte Gruppe, gegen die John Buchan in seinen Romanen Stellung bezieht, ist die organisierte Arbeiterschaft. Diese war für den Kriegsverlauf von entscheidender Bedeutung. Trotz eines von Regierung, Unternehmen und Gewerkschaften beschlossenen *Industrial Truce* kam es beispielsweise im Frühjahr 1915 in den Munitionsfabriken am Clyde zu einem Streik, was zu Munitionsmangel an der Westfront führte. Als Reaktion hierauf läßt Buchan seinen Helden Richard Hannay in *Mr Standfast* zum Clyde fahren und sich dort unter den Arbeitern umhören. Hier trifft er auf eine für ihn schreckliche Bedrohung: den Sozialismus. Der Konservative Hannay erkennt, daß es einen schlimmeren Feind als Liberale und Pazifisten gibt: "I mean that the really dangerous fellows are those who want to close up the war at once and so get on with their blessed class war, which cuts across nationalities." (*MRS* 50) Der Sozialismus erscheint Hannay vor allem deswegen gefährlich, weil es sich dabei um "foreign trash" (*MRS* 62) handelt, d. h. um eine unbritische, von außen gesteuerte Idee. Derartige Zitate lassen deutlich Buchans Angst vor dem Sozialismus erkennen. Seine Spionageromane werden so zu einer „allegorische[n] Überhöhung einer Klassenkampfsituation“[17]. Hannay befürchtet, die Sozialisten könnten die Gewerkschaften unterwandern und die Arbeiter negativ beeinflussen. In der Tat wird er dann auch Zeuge einer Versammlung, auf der einige Sozialisten einen Arbeiter- und Soldatenrat bilden wollen. Diese Aufrührer erscheinen als personifizierte Schreckgespenster bürgerlicher Mentalität. Der Vorsitzende ist "a fierce little rat of a man, who spoke with a cockney accent and addressed me as 'Comrade'“. (*MRS* 71) Einer der Redner ist ein rothaariger polnischer Jude und ein anderer "a noted agitator" (*MRS* 72). Diese Redner beziehen Front gegen alles, was Hannay heilig ist: die Offiziere, die Regierung, den Kapitalismus und das Klassensystem. Für den bürgerlich-konservativen Hannay sind derartige Klassenkampfparolen "pure anarchism“. (*MRS* 73) In seinem Roman läßt Buchan die Versammlung dann so enden, wie er es in der Wirklichkeit für wünschenswert hält: Die Arbeiter und Soldaten weisen die Reden empört zurück und verprügeln die Sozialisten dafür. In Buchans Wunschvorstellung sind die britischen Arbeiter und Soldaten konservativ; empfänglich für sozialistische Parolen seien nur Trunkenbolde, "soft-heads" und "riff-raff" (*MRS* 63). Im Vergleich zu Liberalen und Pazifisten ist der Tonfall hier deutlich schärfer. Für Hannay ist bei Sozialisten keine Nachsicht angebracht; statt dessen wird er von dem Wunsch nach Lynchjustiz ergriffen. Als positives Beispiel dient Buchan der *shop steward* Andrew Amos, der zwar ein Radikaler ist, sich vom Sozialismus jedoch entschieden distanziert: "But I'm no socialist, and I would have ye keep mind of that." (*MRS* 62) Dieser Amos hat bei Kriegsbeginn sein Feindbild gewechselt:

> When the war started, I considered the subject calmly for three days, and then I said: "Andra Amos, ye've found the enemy at last. The ones ye fought before were in a manner o' speakin' just misguided friends. It's either you or the Kaiser this time, my man!"(*MRS* 63)

So hätte John Buchan die Arbeiterschaft gerne: Die Arbeitgeber werden jetzt als "friends" gesehen, und jegliche innenpolitische Auseinandersetzungen werden zugunsten des Krieges aufgegeben.

In diesem Zusammenhang wird auch kurz die irische Frage thematisiert. Der Osteraufstand 1916, den die irische Unabhängigkeitsbewegung unter Ausnutzung von Großbritanniens Kriegsengagement anzettelte, wird von Buchan als Bruch des inneren Friedens scharf verurteilt. Der positiv gezeichnete Andrew Amos äußert sich sehr einseitig über diesen Aufstand:"But the men that will not do a hand's turn to help the war and take the chance of our necessities to set up a bawbee rebellion are hateful to Goad and man. We treated them like pet lambs and that's the thanks we get." (*MRS* 64) In der Richard Hannay-Trilogie wird so immer wieder Buchans Bestrebung sichtbar, den inneren Burgfrieden zu bewahren und die Front gegen Deutschland zu schließen.

# III. Der Spionageroman in der Zwischenkriegszeit 1918–1933

## *1. Der Gentleman-Spion als Leitbild: Sapper*

Der neben John Buchan bekannteste, aber auch umstrittenste Spionageromanautor dieser Zeit ist Herman Cyril McNeile (1888–1937), der unter dem Pseudonym "Sapper" (d.h. „Pionier") schrieb. McNeile war ein Berufssoldat bei den Royal Engineers, der am Ersten Weltkrieg teilnahm und sich 1919 als Lieutenant Colonel ins Privatleben zurückzog. Seine ersten literarischen Werke waren Kurzgeschichten über seine Kriegserlebnisse, die in der *Daily Mail* abgedruckt wurden. Sappers bedeutendster Beitrag zur Geschichte des Spionageromans sind die vier Romane mit dem Helden Hugh "Bulldog" Drummond, die er von 1920 bis 1926 verfaßte: *Bulldog Drummond* (1920), *The Black Gang* (1922), *The Third Round* (1924) und *The Final Count* (1926). Die Sekundärliteratur ist sich in der vernichtenden Kritik seines Werkes weitgehend einig.[1] John Atkins beispielsweise charakterisiert es wie folgt:

> One of the great mysteries of popular literature is how Bulldog Drummond ever became a folk hero. Sapper is indisputably the worst of all the popular authors, in the literary sense, and also the most distasteful. ... Sapper's work is dead, a compilation of cliché.[2]

Diese Geringschätzung in der Forschung steht in einem umgekehrt proportionalen Verhältnis zum Erfolg bei seinen Lesern. Sapper erzielte bis zum Zweiten Weltkrieg hohe Auflagen, und bereits 1922 wurde der erste seiner Romane verfilmt. Sein Held Bulldog Drummond war derart populär, daß nach Sappers Tod ein anderer Autor Drummond-Romane veröffentlichte – ein Vorgang, den man in der Geschichte des Spionageromans nur noch bei den James Bond-Romanen findet.

Wie Buchans Richard Hannay war auch Bulldog Drummond Vorbild für eine ganze Generation. Seine Leser lernten aus den Romanen aber nicht nur, wie man einen Martini in einem West-End-Club bestellt oder eine Messerstecherei in einer Hafenspelunke in Valparaíso gewinnt, Sapper hat auch ihr Weltbild beeinflußt, ihre Einstellung zu

England, den Fremden, der *working class*, usw. Die Identifikationsfigur für den Leser ist Hugh "Bulldog" Drummond, ein Durchschnittsengländer, der entscheidend vom *public school*-Geist geprägt ist. Drummond, Paradebeispiel eines pubertären *public school bully*, verhält sich auch im richtigen Leben wie auf den *playing fields* von Eton. Sein bevorzugter Sport ist allerdings nicht Cricket, sondern vielmehr die Jagd auf Bolschewisten und Verbrecher: "Was it not sport in a land flowing with strikes and profiteers; sport such as his soul loved?" (*BD* 77)

Drummond selbst gehört der *upper middle class* an und stellt seine soziale Position demonstrativ zur Schau. Bei dem ersten Treffen mit seiner Klientin fährt er einen Sportwagen, und sein Anzug "looked the last word in exclusive tailoring". (*BD* 17) Eigentlich bedarf er derartiger Statussymbole aber gar nicht; denn schon seine Augen zeigen seine Qualitäten an: "they showed the man for what he was – a sportsman and a gentleman". (*BD* 14) Und der Erzähler fügt hinzu: "And the combination of the two is an unbeatable production." (*BD* 14) Drummonds England ist das England der *upper middle class* mit einer kapitalistischen Wirtschaftsordnung und einer festgefügten sozialen Hierarchie. Angehörige der *working class*, die ihren Platz kennen und Drummond als Hausdiener oder Burschen helfen, werden von ihm patronisiert; jegliche Anzeichen von Sozialneid hingegen werden scharf verurteilt. So werden beispielsweise drei Schurken in *The Black Gang* wie folgt beschrieben:

> They were representatives of the poorer type of clerk – the type which Woodbines its fingers to a brilliant orange; the type that screams insults at a football referee on Saturday afternoon. And yet to the close observer something more might be read on their faces: a greedy, hungry look, a shifty, untrustworthy look – the look of those who are jealous of everyone better placed than themselves ... (*BG* 3)

Wie seine literarischen Vorgänger kämpft auch Drummond an zwei Fronten: nach innen zur Verteidigung der sozialen Hierarchie und nach außen gegen jegliche Fremde, die England bedrohen. Der Wertegegensatz zwischen England und den Fremden wird von Sapper besonders kraß herausgearbeitet. Drummond ist weiß, anglikanisch, *upper middle class*, und sauber, wohingegen die Fremden oft jüdisch und bolschewistisch, schmutzig (im buchstäblichen und im übertragenen Sinn) und unfair sind, englische Frauen belästigen, schlechtes Englisch sprechen und vor allem nie auf einer *public school* waren.

## 2. *Der Wechsel des Feindbildes von Deutschland zum Bolschewismus: Sapper, John Buchan*

Das Kriegsende 1918 bedeutete einen Einschnitt in der europäischen Geschichte. Das deutsche Kaiserreich, seit über einem Jahrzehnt Hauptfeind Großbritanniens, war militärisch besiegt worden. Dieser historische Kontinuitätsbruch hatte auch Konsequenzen für den britischen Spionageroman: Die Figur des deutschen Spions wirkte nun eher anachronistisch als gefährlich.

Die Tatsache, daß Deutschland eine besiegte Nation war, kommt in Sappers *Bulldog Drummond* (1920) gleich im ersten Satz zum Ausdruck:

> In the month of December, 1918, and on the very day that a British Cavalry Division marched into Cologne, with flags flying and bands playing as the conquerors of a beaten nation, the manager of the Hotel Nationale in Berne received a letter. (*BD* 1)

Das Feindbild in diesem Roman ist denn auch nicht mehr Deutschland, sondern sind die Bolschewisten. Sein Mißtrauen gegenüber den Deutschen hat Sapper aber noch nicht ganz abgelegt. Zu den Hintermännern des bolschewistischen Komplotts gehören immerhin auch zwei Deutsche und ein Deutsch-Amerikaner und zu den Helfershelfern ein "filthy Boche" (*BD* 163) namens Heinrich.

Positiver ist dagegen das Deutschlandbild John Buchans. In seinem Nachkriegsspionageroman *The Three Hostages* (1924) trifft Richard Hannay erneut auf den Deutschen Gaudian, dem er bereits in *Greenmantle* begegnet war. Gaudian steht Hannay jetzt aber nicht mehr als Feind gegenüber, sondern bietet ihm seine Hilfe an. Dieses Beispiel stimmt Hannay versöhnlich: "I liked him so much that because of him I was prepared to think better of the whole German race." (*TH* 143)

Zu den Autoren, die immer noch deutsche Spione benutzten, gehörte E. Phillips Oppenheim. In seinem wohl bekanntesten Spionageroman *The Great Impersonation* (1920) schildert er den Versuch, einen deutschen Spion in die britische Führungsschicht einzuschleusen. Oppenheim ließ die Handlung jedoch nicht 1920 spielen, sondern schon 1914. Zwei weitere Romane mit dem Feindbild Deutschland, *The Wrath to Come* (1925) und *Matorni's Vineyard* (1929), datierte er in ferne Zukunft vor, in eine Zeit, in der – so seine Befürchtung – Deutschland wieder Macht erlangt habe.[3] Das Nachkriegsdeutschland war als Feindbild für den britischen Spionageroman offenbar ungeeignet und wurde von dem Feindbild Bolschewismus abgelöst.

Das britische Bürgertum mußte nach 1918 die Erfahrung machen, daß trotz des Sieges über Deutschland der Vorkriegs-Status quo nicht wieder hergestellt werden konnte. Es fürchtete nun ein Erstarken der Arbeiterklasse. Nachdem der innere Burgfriede aufgekündigt worden war, wurde Großbritannien von einer Welle von Streiks erschüttert, die teilweise gewaltsam aufgelöst wurden. Die Gewerkschaften, die ihre Mitgliederzahlen gegenüber 1914 auf acht Millionen verdoppelt hatten, drohten der Regierung mit einem Generalstreik. Besondere Befürchtungen löste die Russische Revolution aus. Vorgänge wie die Bildung eines Aktionsrates von Gewerkschaften und Labour Party, um eine britische Intervention im polnisch-russischen Krieg zu verhindern, oder ein prosowjetischer Streik Londoner Dockarbeiter nährten Anfang der zwanziger Jahre in den Köpfen vieler Bürger das Gespenst einer bolschewistischen Revolution in Großbritannien.[4] Nur vor diesem sozialgeschichtlichen Hintergrund sind die Spionageromane dieser Zeit verständlich. Die Bösewichter, die von den Helden besiegt werden, sind in vielen Fällen „nur personifizierte Popanze einer sozialen Beunruhigung“[5]. Die beiden wichtigsten Thrillerautoren der Zeit, Sapper und John Buchan, thematisieren diese Beunruhigung in ihren Romanen auf unterschiedliche Weise.

In Sappers *Bulldog Drummond* (1920) hat das Kriegsende auch für Hugh "Bulldog" Drummond Konsequenzen. Als demobilisierter Offizier sucht er per Annonce eine neue Stelle. Er wählt diesen Schritt allerdings nicht, weil er seinen Lebensunterhalt verdienen muß, sondern weil er Aufregung sucht. Der Krieg war für ihn ein willkommenes Abenteuer; den Frieden hingegen findet er langweilig. In *Bulldog Drummond* stößt er per Zufall auf ein Komplott, Großbritannien mit Hilfe eines Generalstreiks zu bolschewisieren. Diese Vorstellung löst bei ihm Entsetzen aus:

> Starvation, misery, ruin, utter and complete, lurked in his mental picture; spectres disguised as great ideals, but grinning sardonically under their masks. And once again he seemed to hear the toc-toc of machine guns, as he had heard them night after night during the years gone by. But this time they were mounted on the pavement of the towns of England, and the switch of the bullets, which had swept like swarms of cockchafers over No Man's Land, now whistled down the streets between rows of squalid houses... (*BD* 146)

Sapper ist von der Angst besessen, nach dem Kampf gegen Deutschland stünde nun der Klassenkampf in England bevor. Derartige Horrorvisionen spiegeln die Furcht des britischen Bürgertums vor den Auswirkungen der Russischen Revolution wider. Die Anstifter des Komplottes sind keine Briten, sondern russische Bolschewisten.

Einer dieser gefährlichen Aufrührer, der in dem Roman auftritt, wird negativ beschrieben. Er hat fanatische Augen und ein "unbalanced brain". (*BD* 111) Ihm gegenüber drückt Drummond seine Abscheu vor der neuen Politik in Rußland aus:

> You poor damned boob! You – and your new earth! In Petrograd to-day bread is two pounds four shillings a pound; tea, fifteen pounds a pound. Do you call that freedom? Do you suggest that we should wade to *that*, through rivers of blood? (*BD* 111)

Hinter den Bolschewisten steht der internationale *master criminal* Carl Peterson, angeblich der gefährlichste Mann in England. In Sappers fiktionaler Welt, die dem bürgerlichen Leser Ordnung vorspiegeln soll, sind auch die Bösewichter hierarchisch strukturiert: "She looked at Drummond quietly. 'Henry Lakington is the second most dangerous man in England.' 'Only the second,' murmured Hugh. 'Then hadn't I better start my new career with the first?'" (*BD* 20) Auch Peterson wird von Drummond für verrückt erklärt: "Some kink in the brain, some little cog wrong in the wonderful mechanism, and a great man had become a great criminal." (*BD* 118) In der heilen Welt Sappers hat Verbrechen keine sozialen Ursachen, sondern beruht einzig und allein auf der geistigen Anormalität des Verbrechers. Mit anderen Worten: Wer die soziale Ordnung Großbritanniens umstürzen will, kann nur verrückt sein.

Petersons Plan besteht darin, mit Hilfe von ausländischen Kapitalisten und Bolschewisten eine Revolution in Großbritannien anzuzetteln, um daraus persönlichen Profit zu ziehen. In Großbritannien kann er sich dabei auf die Hilfe von Gewerkschaftlern und Labour-Politikern verlassen. Diese sind für Drummond nur "idle, foolish men" (*BD* 143), die blindlings falschen Idealen nacheifern. Auf diese Weise diffamiert Sapper die Interessen der Arbeiterschaft. Wer für soziale Veränderungen eintritt, so die Botschaft, ist nur ein nützliches Werkzeug für ausländische Kriminelle und Verrückte. Die Diskussion darüber, ob die Forderungen der Arbeiterschaft berechtigt sind, wird vermieden.

Das Problem für Drummond besteht nun darin, den Arbeitern klarzumachen, daß diese Ziele falsch und verbrecherisch sind. Bulldog Drummond scheint um den einfachen Arbeiter jedenfalls sehr besorgt: "'Why can't they be made to understand, Mr. Green?' he cried bitterly. 'The working man – the decent fellow –'". (*BD* 195) Das Wohl des Arbeiters, so Sapper, liegt nicht in einer Revolution, sondern in der Beibehaltung des sozialen Systems. Drummond gibt zwar selbst zu, in bezug auf soziale Fragen "supremely ignorant" (*BD* 203) zu sein, hat aber dennoch eine genaue Vorstellung, was für den Arbeiter gut und schlecht ist:

Not by revolutions and direct action will you make this island of ours right – though I am fully aware that this is the last thing you could wish to see happen. But with your brains, and for your own unscrupulous ends, you gull the working-man into believing it. And he, because you can talk with your tongues in your cheeks, is led away. He believes you will give him Utopia; whereas, in reality, you are leading him to hell. And you know it. Evolution is our only chance – not revolution; but you, and others like you, stand to gain more by the latter ... (*BD* 204f.)

Da die Sicherheitsorgane nicht gegen die Revolutionäre vorgehen können, muß Bulldog Drummond zur Selbsthilfe greifen. Er heuert eine Gruppe von demobilisierten Soldaten an, die ihm im Krieg unterstellt waren. Der Übergang vom Kampf gegen die *Huns* zum Kampf gegen die *Reds* gelingt nahtlos. Für diese Soldaten besteht das patriarchalische Sozialsystem des Krieges auch jetzt noch: "Which is why there are in England to-day quite a number of civilians who acknowledge only two rulers – the King and Hugh Drummond. And they would willingly die for either." (*BD* 65f.) In *Bulldog Drummond* beseitigt Hugh die bolschewistische Gefahr, indem er die Bolschewisten verprügeln läßt. Da Peterson jedoch fliehen kann und seine Pläne weiterverfolgt, muß Drummond sich ihm erneut stellen.

1922, in dem Jahr, in dem die schwarz gekleideten italienischen Faschisten auf Rom marschierten, erschien Sappers zweiter Roman. In *The Black Gang* gründet Bulldog Drummond mit anderen demobilisierten Soldaten eine Privatarmee und interniert Bolschewisten, Juden und Gewerkschafter in einem privaten Straflager. Polizei und Regierung können Drummonds Privatarmee zwar nicht öffentlich unterstützen, hegen aber insgeheim große Sympathien für die *Black Gang*:

But we also came to the conclusion that the ideals and objects of this gang were in every way desirable. Such a thing, of course, could not be admitted officially: the abduction of anyone is a criminal offence. But we came to the conclusion that the Black Gang was undoubtedly an extrtemely powerful and ably led organisation whose object was simply and solely to fight the Red element in England. The means they adopted were undoubtedly illegal – but the results were excellent. Whenever a man appeared preaching Bolshevism, after a few days he simply disappeared. In short, a reign of terror was established among the terrorists. (*BG* 183f.)

Für eine solche Vorgehensweise gibt es in der britischen Geschichte der Zeit kein Vorbild. Sappers Roman dokumentiert, daß aber auch in Großbritannien ideologische Versatzstücke populär waren, die in anderen Staaten in die Praxis umgesetzt wurden.

Dadurch wird Sapper aber noch nicht zu einem Vorläufer des Nationalsozialismus. Drummonds Aktivitäten zielen einzig und allein auf eine Abwehr der vermeintlichen bolschewistischen Bedrohung ab. In dem Maße, in dem diese Bedrohung in der Realität nachläßt, wird sie auch in Sappers Romanen nicht länger thematisiert. Schon in seinem 1924 erschienenen Roman *The Third Round* wendet sich Sapper vom Feindbild Bolschewismus ab.[6] Als 1926 der lange gefürchtete Generalstreik nach nur neun Tagen kläglich zusammenbrach, verlor dieses Feindbild endgültig an überzeugender Glaubwürdigkeit. In dem 1926 veröffentlichten Roman *The Final Count* ist Peterson denn auch nicht mehr mit den Bolschewisten verbündet, sondern will durch den Einsatz von Giftgas die Welt erobern. Dieses Verbrechen bleibt die Tat eines Größenwahnsinnigen ohne Bezug zur politischen Realität in Großbritannien. Bezeichnenderweise gelingt es Drummond in diesem Roman auch endlich, Peterson zu töten.

John Buchans Nachkriegsspionageroman *The Three Hostages* (1924) erscheint im Vergleich zu Sappers Romanen weniger radikal und vor allem weitaus weniger direkt. Von der Forschung wurde er deshalb bislang kaum in bezug zu zeitgeschichtlichen Problemen gebracht. Ein deutscher Rezensent etwa urteilt:

> Schon bei Buchan flüchtet der Spionageroman in dem Augenblick in eine fantastische Märchenhandlung, in dem die Wirklichkeit, die politische und soziale Realität selbst, so beschaffen ist, daß in ihr das große Abenteuer ... nicht verfügbar erscheint.[7]

Diesen Roman als eskapistisches Märchen zu charakterisieren, bedeutet jedoch, ihn gründlich zu verkennen. *The Three Hostages* ist genau wie Sappers Spionageromane "an extended metaphor for the struggles of the West against the forces of disorder unleashed by the Bolshevik Revolution"[8].

Zu Beginn des Romans führt Richard Hannay ein scheinbar geruhsames Landleben. Er hat sich seinen Traum verwirklicht und sich nach dem Krieg eine Farm in den Cotswolds gekauft, auf der er mit seiner Frau und seinem Sohn lebt. In diese Idylle platzt ein Freund der Hannays, der von Chaos und Barbarei im Osten berichtet:

> He had a notion that something very odd might happen there in the long run. "Think of it!" he cried. "All the places with names like spells – Bokhara, Samar-

kand – run by seedy little gangs of communist Jews. It won't go on for ever. Some day a new Genghis Khan or a Timour will be thrown up out of the maelstrom. Europe is confused enough, but Asia is ancient Chaos." (*TH* 11)

Derartige Äußerungen zeugen wie bei Sapper von einer – mit Rassismus und Antisemitismus gepaarten – Angst vor den Auswirkungen der Russischen Revolution. Chaos und Anarchie zeigen sich nicht nur im Osten, sondern auch im Westen. Der Freund, ein Nervenarzt, ist besorgt über die Auswirkungen des Krieges: "Have you ever realized, Dick, the amount of stark craziness that the war has left in the world?" (*TH* 12) Das Erlebnis des Krieges hat nach Meinung des Arztes auch dazu geführt, daß bei den Menschen die dünne Schicht der Zivilisation aufgebrochen ist und sich die darunter liegenden Kräfte der Barbarei und des Chaos durchsetzen:

The barriers between the conscious and the subconscious have always been pretty stiff in the average man. But now with the general loosening of screws they are growing shaky and the two worlds are getting mixed. It is like two seperate tanks of fluid, where the containing wall has worn into holes, and one is percolating into the other. The result is confusion, and, if the fluids are of a certain character, explosions. (*TH* 14)

Dieser Gegensatz zwischen dem Bewußten und dem Unterbewußten ist zugleich der Gegensatz zwischen Ordnung und Anarchie:

All history has been an effort to make definitions, clear rules of thought, clear rules of conduct, solid sanctions, by which we can conduct our life. These are the work of the conscious self. The subconscious is an elementary and lawless thing. (*TH* 14f.)

Diese Veränderungen in der Psyche stellen eine existentielle Bedrohung für die bürgerliche Welt dar, denn sie setzen das bisherige Wertesystem außer Kraft. Hannay selbst übersetzt diese psychologische Interpretation seines Freundes in seine Gedankenwelt. Für ihn, den überzeugten Calvinisten, gibt es einen anderen Grund: "I observed that the poor old War seemed to be getting blamed for a good deal that I was taught in my childhood was due to original sin." (*TH* 12f.) Hiermit bezieht Hannay sich auf die Erbsünde, das Böse, das gemäß christlicher Überzeugung in jedem steckt.

Der Bösewicht des Romans, Dominick Medina, erscheint geradezu als eine Personifizierung dieser Erbsünde bzw. des Unterbewußten. Mit geheimnisvollen hypnotischen Kräften, die er auf mysteriöse Weise im Osten gelernt hat, will er sich andere Menschen unterwerfen, sie ihres Willen berauben und so – wie ein moderner Satan – ihre Seelen stehlen. Medina ist einerseits ein typischer *master criminal* und steht in einer Tradition mit Charakteren wie dem Chef von *Black Stone* oder Graf Schwabing. Andererseits jedoch unterscheidet er sich von seinen Vorgängern: Er ist kein Ausländer, sondern stammt aus der britischen Führungsschicht und ist in mehrfacher Hinsicht sogar ein Spiegelbild von Richard Hannay. In seinem Auftreten beispielsweise verkörpert er das Ideal eines britischen Gentleman:

He wore a rather old well-cut brown tweed suit, with a soft shirt and collar, and a russet tie that matched his complexion. His get-up was exactly that of a country squire who has come up to town for a day at Tattersalls'. (*TH* 49)
And Medina – the very *beau ideal* of a courteous, kindly, open-air Englishman. I noted how in his clothes he avoided any touch of overdressing, no fancifully-cut waistcoat or too-smartly-tied tie. In manner and presence he was the perfection of unselfconscious good breeding. (*TH* 90)

Darüber hinaus verkehrt er in den „richtigen" Clubs und ist wie Hannay "a first-class sportsman" (*TH* 48), ja sogar "the second best shot in England after His Majesty". (*TH* 48) Lediglich seine Augen deuten seine Gefährlichkeit an (*TH* 50).

Das Böse hat sich somit in den höchsten Schichten der britischen Gesellschaft etabliert. Jeder, so Buchans Botschaft, kann dieser Faszination erliegen. Richard Hannay übernimmt dabei wieder einmal eine Vorbildfunktion. Auch er ist anfangs von Medina fasziniert (*TH* 60, 64). Als er dessen wahren Charakter jedoch erkennt, bekämpft er Medina und stößt ihn schließlich von einem Berg hinunter – allerdings nicht, ohne ihm in einer Geste christlicher Vergebung die rettende Hand ausgestreckt zu haben.

Anders als Sapper vermeidet Buchan in diesem Roman fast jegliche direkte politische Propaganda. Charakteristisch für *The Three Hostages* ist statt dessen ein hohes Abstraktionsniveau und eine religiöse und psychologische Sichtweise, aus der heraus die Probleme präsentiert werden. Buchan spricht hier mit der "voice of intelligent conservatism"[9], die für ein starres Festhalten an christlichen Prinzipien und traditionierten Werten in unruhigen Zeiten plädiert. Somit wird er, wie Stafford es treffend formuliert, zu "the sophisticated man's alternative to the cruder effusions of 'Sapper' and Bulldog Drummond's struggles against Carl Peterson and the Bolsheviks"[10].

# IV. Zeitgenössische Spionageromane über den Nationalsozialismus und den Zweiten Weltkrieg

## *1. Individualisten und* Popular Front*: Geoffrey Household, Eric Ambler*

In der Forschung herrscht ein breiter Konsens darüber, daß es Mitte der dreißiger Jahre zu einer Richtungsänderung im britischen Spionageroman kam. John Buchan und Sapper produzierten zwar weiterhin ihre Thriller, doch wie Jens-Peter Becker konstatiert, war „die Glaubwürdigkeit der Thematik der frühen Thriller dahin“[1]. Die simplen, nationalistischen Romane wirkten jetzt klischeehaft und anachronistisch. Der Grund hierfür ist primär in den veränderten Zeitumständen zu suchen. Das Großbritannien der dreißiger Jahre war nicht mehr identisch mit dem Großbritannien, das Buchan und Sapper in ihren Romanen darstellten. Arbeitslose Stahlarbeiter marschierten nach London, Schriftsteller wie Auden, Spender und Orwell engagierten sich im Spanischen Bürgerkrieg auf republikanischer Seite, Gollancz gründete seinen *Left Book Club*, und faschistische Aufmärsche wurden von Straßenschlachten begleitet.[2] Die dreißiger Jahre waren die *pink decade*: Viele Intellektuelle sympathisierten mit dem Kommunismus – Philby ließ sich in dieser Zeit sogar vom sowjetischen Geheimdienst anwerben. Graham Greene drückt diese neue Stimmungslage in seiner Autobiographie *Ways of Escape* wohl am treffendsten aus:

> An early hero of mine was John Buchan, but when I re-opened his books I found I could no longer get the same pleasure from the adventures of Richard Hannay. More than the dialogue and the situation had dated: the moral climate was no longer that of my boyhood. Patriotism had lost its appeal, even for a schoolboy, at Passchendaele, and the Empire brought first to mind the Beaverbrook Crusader, while it was difficult, during the years of the Depression, to believe in the high purposes of the City of London or of the British Constitution. The hunger-marchers seemed more real than the politicians. It was no longer a Buchan world.[3]

In vielen Spionageromanen der dreißiger Jahre wurde deswegen der Buchansche Held durch einen realistischeren, zeitgemäßeren Protagonisten ersetzt. Im folgenden soll am Beispiel der Romane von Geoffrey Household und Eric Ambler diese Abkehr vom patriotischen Gentleman-Spion untersucht werden.

Das Leben von Geoffrey Household (1900–1988) wirkt verglichen mit dem von Buchan schon fast kosmopolitisch. Nach dem Studium in Oxford arbeitete er mehrere Jahre bei einer Bank in Bukarest und war im Bananenimport in Spanien tätig. Seinen Ruhm als Spionageromanautor verdankt er vor allem *Rogue Male* (1939). In diesem Roman beschreibt er, wie ein britischer Gentleman einen ungenannten europäischen Diktator ermorden will. Das Attentat scheitert, der Held wird gefaßt, kann aber entkommen und flieht nach England, wo er sich zum Schutz vor seinen Verfolgern in einer Erdhöhle versteckt. *Rogue Male* wurde zu einem Klassiker des Spionageromans, erlebte zahlreiche Neuauflagen und ist noch heute als Penguin-Taschenbuch lieferbar. In der Sekundärliteratur wird der Roman sehr oft mit John Buchans Thrillern verglichen:

> Critics, as well as Household himself, acknowledge strong affinities between *Rogue Male* and the Buchan thrillers, with hunter and hunted, the sense of dangêr in the midst of the familiar, and the detailed description of the landscape that is integral to the chase.[4]

In vielerlei Hinsicht ist dieser Vergleich auch berechtigt. Was den sozialen Hintergrund betrifft, so ist der Held nur eine leichte Variation von Richard Hannay. Er ist "a bored and wealthy Englishman" (*RM* 7), der einmal Parlamentsabgeordneter für einen Wahlkreis in Südengland war und jetzt als Hobby Großwild jagt. Er gehört zu jener sozialen Gruppe, die er selbst als *Class X* bezeichnet:

> I say Class X because there is no definition of it. To talk of an upper or a ruling class is nonsense. The upper class, if the term has any meaning at all, means landed gentry who probably do belong to Class X but form only a small proportion of it, The ruling class are, I presume, politicians and servants of the state – terms which are self-contradictory.
> I wish there was some explanation of Class X. We are politically a democracy – or should I say that we are an oligarchy with its ranks ever open to talent? – and the least class-conscious of nations in the Marxian sense. The only class-conscious people are those who would like to belong to Class X and don't: the suburban old-school-tie brigade and their wives, especially their wives. Yet we have a profound division of classes which defies analysis since it is in a continual state of flux.
> Who belongs to Class X? I don't know till I talk to him and then I know at once. It is not, I think, a question of accent, but rather of the gentle voice. It is certainly not a question of clothes. It may be a question of bearing. (*RM* 41)

Wie Jens-Peter Becker feststellt, entspricht dieses Konzept von *Class X* in etwa dem, was Hannay als *my totem* bezeichnet.[5] *Class* ist nicht als Klasse im marxistischen Sinne zu verstehen, sondern als eine Gemeinschaft von Gentlemen, die sich untereinander erkennen. Und wie seine literarischen Vorläufer Richard Hannay und Bulldog Drummond ist der anonyme Held von *Rogue Male* nicht nur ein Gentleman, sondern auch ein "sportsman" (*RM* 7), der sich an seinen *public school*-Code von *fair play* hält. Bei seinem Versuch, den Diktator zu ermorden, ist eine Verletzung dieser Regeln für ihn undenkbar, denn: "it wouldn't have been cricket". (*RM* 15) Auch die Wahrnehmung Englands erinnert an Buchans Romane. Wie Richard Hannay flieht der Held nicht in das urbane London, sondern in das ländliche Dorset. Erfreut stellt er fest, daß das Leben auf dem Lande noch nach einer "ancient tradition" (*RM* 78) abläuft. Hier ist für ihn das wahre England, nur hier ist er sicher.

In einem entscheidenden Punkt allerdings unterscheidet sich der anonyme Held von Hannay und Drummond. Er ist kein Repräsentant eines britischen Nationalismus oder Chauvinismus. Staatliche Autorität jeglicher Art ist ihm suspekt, er ist ein Individualist und richtet sich nur nach seinen eigenen Gesetzen. *Rogue* bezeichnet im Englischen auch ein wildes Tier, das abseits von der Herde lebt. Households Held kämpft nicht zur Verteidigung der sozialen Ordnung oder zum Wohle Großbritanniens. Wie er am Ende des Romans zugibt, hat er das Attentat auf den Diktator aus rein persönlichen Motiven verübt: Er wollte Rache für seine Geliebte, die von der Geheimpolizei des Diktators ermordet wurde. Graham Greenes Ansicht, daß der Patriotismus seine Anziehungskraft verloren habe, wird von dem Helden geteilt: "I distrust patriotism; the reasonable man can find little in these days that is worth dying for." (*RM* 176) So steht am Schluß des Romans denn auch nicht die Reintegration des Helden in die Gesellschaft. Er kehrt statt dessen allein auf den Kontinent zurück mit der Absicht, das Attentat erneut zu versuchen.

Während Household noch relativ stark von Buchan beeinflußt war, vollzog ein anderer Spionageromanautor einen radikaleren Bruch mit den Thriller-Konventionen: Eric Ambler (*1909). Von der Kritik wird er nicht nur wegen seiner literarischen Qualitäten, sondern vor allem wegen seiner innovativen Leistung gelobt.[6] Mit den sechs Romanen, die er von 1936 bis 1940 veröffentlichte, brachte er eine neue politische Richtung in den Spionageroman ein und schuf einen neuen Typ von Protagonist. Wie er in seiner Autobiographie *Here Lies* erläutert, war er mit den konventionellen Heldentypen wie Richard Hannay oder Bulldog Drummond unzufrieden:

> The hero did not seem to matter much. He was often only a fugitive, a hare to the villain's hounds, prepared in the end to turn pluckily and face his pursuers. He could be a tweedy fellow with steel-grey eyes and gun pads on both shoulders or a moneyed dandy with a taste for adventure. He could also be a xenophobic ex-officer with a nasty anti-Semitic streak. All he really needed to function as hero was abysmal stupidity combined with superhuman resourcefulness and unbreakable knuckle bones.[7]

Was Ambler an Buchan und Sapper vor allem störte, war ihre politische Haltung. Ambler stand in den dreißiger Jahren nämlich politisch links, ja er bezeichnete sich sogar als "*very* far left socialist"[8]. Er war das, was man im nachhinein als *fellow traveller* bezeichnet: Er war kein Mitglied der Kommunistischen Partei, aber von ihren Ideen begeistert, und er träumte von der Bildung einer *Popular Front*, einem antifaschistischen Bündnis. Einen Thrillerhelden wie den *public school bully* Bulldog Drummond fand er deshalb untragbar:

> Well, Sapper was writing solid right wing. He was an outright fascist. He even had his heroes dressed in black shirts. Buchan was an establishment figure, so club-and fuddy-duddy and I decided to turn that upside down and make the heroes left wing and popular front figures.[9]

Ambler hat zwar anders als Buchan oder Sapper keinen Serienhelden geschaffen, aber es ist möglich, die verschiedenen Protagonisten auf ein Grundmuster zurückzuführen. Der typische Amblersche Protagonist stammt aus der *middle class* und arbeitet als Ingenieur, Journalist oder Schriftsteller. Da er sich zur falschen Zeit am falschen Platz aufhält, wird er in ein Komplott verwickelt. Anders als Hannay ist Amblers Protagonist aber kein heroischer Amateur, der Spionage als sportliche Herausforderung ansieht. Er ist naiv, ängstlich und will eigentlich nur überleben. Es ist das *Age of Anxiety.* Patriotische Gefühle sind dem Protagonisten – genau wie dem Helden in *Rogue Male* – suspekt. In Amblers Romanen wird Patriotismus nur als Vorwand gesehen, um die Interessen einzelner oder kleiner Gruppen durchzusetzen. "Patriotism in high places is another name for personal ambition, intellectual dishonesty and avarice" (*DF* 210f.), behauptet der Protagonist in *The Dark Frontier*, und auch in *Journey into Fear* wird Patriotismus kritisch beurteilt: "When a ruling class wishes a people to do something which that people does not want to do, it appeals to patriotism. And, of course, one of the things that people most dislike is allowing themselves to be killed." (*JIF* 154) Amblers Romane handeln auch nicht mehr von einer drohenden Invasion, sondern von kontinentaleuropäischer Politik. Zu Beginn eines jeden Romans unternimmt der Protagonist in Ausübung seines Berufes eine Reise in ein europäisches Land. Dort will er zunächst nur seinem Beruf nachgehen, muß jedoch bald erkennen, daß seine berufliche Tätigkeit mit Spionage verbunden ist. Agenten mehrerer Seiten bedrängen ihn, seine Fähigkeiten in ihren Dienst zu stellen. Gegen seinen Willen wird der Protagonist so in ein Komplott verstrickt, das er nicht durchschaut. Von kontinentaleuropäischer Politik versteht er nur sehr wenig. Der Amblersche Protagonist ist "the innocent abroad"[10]. Er bleibt jedoch nicht lange unwissend, denn im Ausland trifft er auf eine Figur, meist einen Kommunisten, die ihm „politischen Nachhilfeunterricht"[11] erteilt. Diese Vorträge, die in den Romanen einen breiten Raum einnehmen, veranlassen ihn, Partei zu ergreifen und sich einzumischen. Amblers Protagonist hat seine Naivität und seine Unschuld verloren. Dies ist nach Amblers eigener Aussage sein "primary theme – loss of innocence. ... It's the only thing I've ever written."[12] Was Ambler in seinen Romanen beschreibt ist das Wunschbild der *Popular Front*. Der anfangs unwissende und nur auf seinen finanziellen Erfolg bedachte *middle class*-Protagonist erkennt die politischen Zusammenhänge und kämpft an der Seite von Sozialisten und Kommunisten gegen Großindustrie und Faschisten. Nach Amblers Meinung ist eine private, unwissende Existenz nicht mehr möglich. Der einzelne steht – wie im Spanischen Bürgerkrieg – vor der historischen Entscheidung zwischen links und rechts.

## *2. Die Fehleinschätzung des Nationalsozialismus: Geoffrey Household, Eric Ambler*

Wenn man bedenkt, daß der britische Spionageroman vor dem Ersten Weltkrieg als Warnung vor Deutschland und Aufruf zu verstärkten Verteidigungsanstrengungen entstand, dann liegt die Vermutung nahe, daß der Spionageroman in den Jahren vor dem Zweiten Weltkrieg die gleiche Funktion übernommen habe. Anlaß zur Beunruhigung auf britischer Seite gab es schließlich ausreichend: die nationalsozialistische Machtübernahme, Hitlers unverhüllte Drohungen, der einseitige Bruch von Verträgen durch Nazi-Deutschland, die deutsche Aufrüstung oder das deutsche Engagement im Spanischen Bürgerkrieg. Wie Eric Homberger nachweist, war der britische Spionageroman in den dreißiger Jahren jedoch keine Warnung vor der deutschen Gefahr, sondern vielmehr ein "vehicle for lulling the public"[13]. Chamberlains *appeasement*-Politik, die davon ausging, Großbritannien könne mit Hitler Verträge schließen, wurde von den Spionageromanautoren unterstützt. Im Gegensatz zu der Zeit vor dem Ersten Weltkrieg herrschte in Großbritannien in den dreißiger Jahren keine Kriegsbegeisterung. Der überwiegende Teil der britischen Presse plädierte dafür, lieber die Angliederung des Sudetenlandes an Deutschland anzuerkennen, als einen Krieg zu riskieren; und als Chamberlain nach dem Münchener Abkommen nach London zurückkehrte und *peace in our time* verkündete, wurde er von einer begeisterten Menschenmenge empfangen. Die Spionageromanautoren teilten diese Stimmung und verstärkten den Wunsch, sich mit Nazi-Deutschland zu arrangieren. Selbst der nationalistische Vielschreiber E. Phillips Oppenheim, der vor dem Ersten Weltkrieg vor einer deutschen Invasion warnte, war in den dreißiger Jahren ein Anhänger der *appeasement*-Politik. In seinem Roman *The Spymaster* (1938), der sich mit dem Münchener Abkommen befaßt, rettet ein britischer Admiral den Frieden, indem er deutschen Spionen Informationen über den Stand der britischen Rüstung gibt, so daß Deutschland eingeschüchtert wird und nicht wagt, einen Krieg zu beginnen.[14] Derartige Romane erwiesen sich als Wunschdenken. Keiner der britischen Spionageromanautoren erkannte das wahre Ausmaß der nationalsozialistischen Bedrohung: "No 'serious' English novel of the 1930s registered the true nature of Hitlerian aggression. This was a widespread failure, from which popular culture was not exempt."[15]

Wie Eric Homberger weiterhin feststellt, ist in den meisten Romanen der Kampf gegen die Nazis persönlich und nicht politisch legitimiert: "The tendency to shift the emphasis of late 1930s espionage thrillers to the *personal* and away from the *political* is one of the most surprising features of these books."[16] Auf Households *Rogue Male* trifft Hombergers These in hohem Maße zu. Der Versuch des anonymen Helden, Hitler zu töten, ist nicht politisch motiviert, sondern entspringt einem privaten Motiv, Rache für die Ermordung seiner Geliebten. Die Haltung des Helden ist ein Abbild von Households eigener Einstellung zum Nationalsozialismus. Da Household mit einer Jüdin verheiratet war, war der Nationalsozialismus für ihn eine persönliche Bedrohung. In seiner Autobiographie schreibt er: "My feeling for Nazi Germany had the savagery of a personal vendetta."[17]

Households Roman ist nicht sehr diskursiv. Der größte Teil des Buches besteht aus der Beschreibung der Flucht, ohne daß der Leser viel über das Wesen des Nationalsozialismus erfährt; ja es ist nicht einmal sicher, daß die Feinde wirklich Nazis sind. "His mission to assassinate Hitler fails" heißt es auf dem Umschlag der Penguin-Ausgabe, doch ob es wirklich Hitler ist, der ermordet werden sollte, wird an keiner Stelle des Romans explizit gesagt, und der Held weigert sich, den Namen zu nennen: *"Let the public take its choice!"* (*RM* 191) Zu Beginn des Romans ist der Held auf Großwildjagd in Polen, überquert dann eine Grenze in ein anderes Land und versucht, den dortigen Diktator zu ermorden. Theoretisch könnte sich er sich somit in Nazi-Deutschland oder in der Sowjetunion befinden. Auch aus den kurzen Unterhaltungen zwischen dem Helden und seinem Verfolger Major Quive-Smith geht nicht eindeutig hervor, ob jener ein Nazi- oder Sowjetagent ist. Quive-Smith betont lediglich, daß in dem Staat, für den er arbeitet, das Individuum der Masse untergeordnet wird: "It's the mass that we are out to discipline and educate. If an individual interferes, certainly we crush him; but for the sake of the mass – of the State, shall I say?" (*RM* 146) Dies trifft aber sowohl auf Nazi-Deutschland als auch auf die stalinistische Sowjetunion zu, und so bemerkt der Held denn auch: "In fact it was a speech that would have gone equally well in the mouth of his boss's opposite number on the other side of Poland." (*RM* 165) Wie im vorigen Kapitel gezeigt, ist Households Held ein Individualist, und vom diesem Standpunkt aus kämpft er gegen jedwedes System, das die Rechte des Individuums mißachtet. Households Roman ist also nicht speziell gegen den Nationalsozialismus gerichtet, sondern – wie auch George Orwells *1984* – allgemeiner gegen jede Form des Totalitarismus.

Eric Amblers Romane spiegeln von der Realität der dreißiger Jahre weitaus mehr wider als *Rogue Male*. Sie handeln von einem drohenden Krieg, faschistischen Staatsstreichen, Straflagern, Totschlägern, von undurchsichtigen Industriekartellen und von Menschen ohne Pässe und Visa. Bemerkenswert ist allerdings, daß Ambler keinen Roman über Nazi-Deutschland geschrieben hat. Seine Romane spielen statt dessen vornehmlich in Südosteuropa. Wie Childers und Buchan benutzt auch Ambler den Spionageroman als Vehikel zur Propaganda. Neu ist jedoch der Standpunkt, den er einnimmt: Er schreibt aus einer marxistischen Perspektive. Statt Propaganda für Rüstungsanstrengungen macht er Propaganda von links:

> I'm not without a social conscience ... I do have something to say. Early in my life and books, I was a little to the left, and I haven't changed much ... what I believe in is political and social justice. There is too little of that around, in one's own country or internationally.[18]

Amblers politischer Standpunkt drückt sich auch in der Wahl der Feindbilder aus. In einer Zeit, in der sich immer mehr faschistische

Regimes in Europa etablierten, erschienen ihm die traditionellen Feindbilder unglaubwürdig:

It was the villains who bothered me most. Power-crazed or coldly sane, master criminals or old-fashioned professional devils, I no longer believed a word of them. Nor did I believe in their passions for evil and plots against civilization. As for their world conspiracies, they appeared to me no more substantial than toy balloons, over-inflated and squeaky to the touch, with sad old characters rattling about inside like dried peas.[19]

Das Feindbild in Amblers Romanen ist das kapitalistische System im allgemeinen und die Großindustrie im besonderen. Es sind zwar einzelne Figuren, die Amblers Protagonisten verprügeln und erpressen, doch das Böse ist systembedingt. Gemäß Amblers marxistischem Weltbild sind alle Menschen vom Wirtschaftssystem geprägt: "Human nature is part of the economic system it works in. Change your system and you change your man." (*CFA* 304) Berücksichtigt man Amblers marxistische Perspektive, so wird auch erklärbar, warum er keinen Roman über Nazi-Deutschland geschrieben hat. Für ihn ist der Nationalsozialismus nur eine Variante des Faschismus, für den die Großindustrie verantwortlich ist. Indem er die Großindustrie attackiert, glaubt er, die wahren Schuldigen für den Nationalsozialismus zu treffen. Die Analysen, die er in seinen Romanen liefert, entsprechen weitgehend der marxistischen Faschismustheorie. Faschistische Politiker sind für ihn nur Agenten des Großkapitals, Marionetten in den Händen von Bankiers, Schwerindustriellen und Waffenhändlern. Ambler geht von einem Primat der Wirtschaft aus, Politik wird nicht von den Politikern bestimmt:

It was the power of Business, not the deliberations of statesmen, that shaped the destinies of nations. The Foreign Ministers of the great powers might make the actual declarations of their Governments' policies; but it was the Big Business men, the bankers and their dependents, the arms manufacturers, the oil companies, the big industrialists, who determined what those policies should be. (*UD* 107f.)

Den Kampf gegen dieses System nehmen in Amblers Romanen vor allem die Kommunisten auf. Im Gegensatz zu Buchan und Sapper präsentiert Ambler Kommunisten nicht als ungewaschene, wirre Fanatiker, sondern als hochgebildete Analytiker, die die wahren Zusammenhänge erkennen: "All the Communists I have ever met have been highly intelligent." (*MOD* 59). In fast allen von Amblers frühen Romanen tritt ein sympatischer Kommunist auf, der dem Protagonisten hilft und ihm – und somit auch dem Leser – die politische Situation erklärt. Bemerkenswert ist, daß in zwei Romanen dieser nette, hilfreiche Kommunist ein stalinistischer Agent ist. Bedenkt man, daß zu der Zeit als Ambler diese Romane schrieb, die stalinistischen Schauprozesse stattfanden, so wirkt eine positive Charakterisierung eines stalinistischen Agenten reichlich naiv. Ganz offensichtlich hatte Ambler das häßliche Gesicht des Stalinismus noch nicht erkannt. Seine Romane sind statt dessen ein Plädoyer für die Bildung einer anti-faschistischen *Popular Front* unter Einbeziehung der Kommunisten.

Im folgenden sollen Amblers Vorkriegsspionageromane in chronologischer Reihenfolge untersucht werden. Sein erster Spionageroman *The Dark Frontier* (1936) spielt in dem fiktiven Balkanstaat Ixania, in dem eine kommunistische Oppositionspartei die reaktionäre Regierung stürzen und einseitig abrüsten will. Diese Pläne stoßen auf den erbitterten Widerstand des britischen Waffenkonzerns Cator & Bliss. Ein ixanischer Wissenschaftler hat nämlich eine Atombombe erfunden – Amblers Roman ist in diesem Punkt geradezu prophetisch –, und der Konzern will diese Waffe in seine Hände bringen, um damit den größtmöglichen Profit zu erzielen. Für einen Krieg, so erkennt der Held des Romans, sind nicht die Politiker in Ixania verantwortlich, sondern die Wirtschaftsbosse:

> ... it looked too as if there always would be wars. ... What else could you expect from a balance of power adjusted in terms of lands, of arms, of man-power and of materials; in terms, in other words, of Money? The actual outbreaks of wars might be heralded by exchanges of ultimatums, expressions of hatred and defensive mobilizations, but the real wars were made by those who had the power to upset the balance, to tamper with international money and money's worth; those who, in satisfying their private ends, created the economic and social conditions that bred war. (*DF* 27)

Der Gedanke, daß Waffenkonzerne für Kriege verantwortlich seien, war Mitte der dreißiger Jahre weit verbreitet. In den USA wurde 1934 ein Senatskomitee eingesetzt, das klären sollte, ob Waffenfabrikanten die USA aus Profitsucht in den Ersten Weltkrieg gezogen hätten. In Großbritannien wurde ein Jahr später eine *Royal Commission* gebildet, die die Geschäfte der privaten Waffenindustrie untersuchte und für eine größere staatliche Kontrolle plädierte. Und im gleichen Jahr, in dem Ambler seinen Roman schrieb, veröffentlichte der Labour-MP und spätere Friedensnobelpreisträger Philip Noel-Baker sein zweibändiges Werk *The Private Manufacturer of Armaments*. Waffenhändler wie Sir Basil Zaharoff wurden zu bevorzugten Feindbildern der Linken.[20] Nach Amblers Meinung sind aber nicht nur einige

Herren im Vorstand eines Konzerns die Schuldigen; es ist vielmehr das kapitalistische System, das die Kriege verursacht. Eine Lösung des Problems müßte daher nicht bei einer einzelnen Firma ansetzen, sondern bei dem gesamten System: "What was the solution? Obviously, the system was at fault; the money structure that made such tampering possible. That would have to be altered certainly". (*DF* 27) In *The Dark Frontier* wird dieser Wunsch Realität: Der Protagonist verhilft der Opposition zum Sieg, die eine bessere und gerechtere Ordnung schafft.

Auch in seinem nächsten Roman, *Uncommon Danger* (1937), thematisiert Ambler den beherrschenden Einfluß der Großindustrie. In diesem Roman will der Konzern Pan Eurasian Petroleum einen faschistischen Staatsstreich in Rumänien unterstützen. Im Gegenzug soll die neue Regierung dann die rumänischen Ölfelder an den Konzern verpachten. Die Großindustrie, so Amblers Theorie, setzt faschistische Regimes ein, damit diese ihre Interessen vertreten.

*Cause for Alarm* (1938) handelt ebenfalls von der Zusammenarbeit zwischen Faschisten und Industrie. Der Protagonist des Romans, der britische Ingenieur Marlow, arbeitet für den britischen Waffenhersteller Spartacus, der Mussolinis Italien beliefert. Die Konkurrenzfirma Cator & Bliss hat ihrerseits enge Kontakte zu den Nationalsozialisten. Beide Firmen beliefern also um des Profites willen die zukünftigen Kriegsgegner Großbritanniens. Geschäftsinteressen zählen für die Wirtschaft mehr als Patriotismus. *Cause for Alarm* ist längst nicht mehr so optimistisch wie Amblers erste Romane. Es gelingt Marlow nicht, die Achse Rom–Berlin dauerhaft zu spalten, und der Sowjetagent Zaleshoff prophezeit, daß es bald zum Krieg kommen werde: "The world is slowly beginning to turn on the Rome-Berlin axis and already the strain is telling. ... And meanwhile we drift nearer and nearer to war. The Four Horsemen of the Apocalypse are getting ready to go". (*CFA* 128)

Amblers fünfter Roman *The Mask of Dimitrios* (1939) handelt von dem Versuch eines britischen Krimiautors, das Leben des Dimitrios Makropoulos zu rekonstruieren, eines Mörders, Erpressers und Spions, der bis in die Führungsspitze des Eurasian Credit Trust aufgestiegen ist. Wie Peter Lewis nachweist, bestehen zwischen den Biographien von Dimitrios und Adolf Hitler so viele Parallelen, daß man Dimitrios als "Hitler's shadow or doppelgänger"[21] sehen kann. Geht man von dieser These aus, so kann man aus dem Roman ablesen, wie Ambler die sogenannte „Machtergreifung“ beurteilt. Dimitrios (= Hitler) kann den Sprung vom gesuchten Kriminellen zum respektablen Geschäftsmann nur deshalb machen, weil das *Big Business* Leute wie ihn braucht, um Morde zu begehen oder faschistische Staatsstreiche durchzuführen. Er ergreift nicht aus eigener Kraft die Macht, sondern agiert nur als Erfüllungsgehilfe der Großindustrie. Er ist Produkt und zugleich Spiegelbild seiner Zeit; einer Zeit, die nach Amblers Meinung durch ein unheilvolles Bündnis von Großindustrie und Faschismus gekennzeichnet ist. Profit hat die Moral ersetzt:

> Good Business and Bad Business were the elements in the new theology. Dimitrios was not evil. He was logical and consistent; as logical and consistent in the European jungle as the poison gas called Lewisite and the shattered bodies of children killed in the bombardment of an open town. The logic of Michelangelo's David, Beethoven's quartets and Einstein's physics had been replaced by that of the *Stock Exchange Year Book* and Hitler's *Mein Kampf*. (*MOD* 213)

Bevor Ambler mit der Arbeit an seinem nächsten Spionageroman *Journey into Fear* (1940) begann, geschahen zwei wichtige weltpolitische Ereignisse.[22] Am 23. 8. 1939 schlossen Nazi-Deutschland und die Sowjetunion einen Nichtangriffspakt, was für Ambler eine "devastating news"[23] war. Neun Tage später überfielen deutsche Truppen Polen, der Zweite Weltkrieg begann. Diese beiden Ereignisse führten zu einem leichten Wechsel in Amblers politischer Haltung. In *Journey into Fear* treten keine sympathischen Sowjetagenten mehr auf, und die Rolle der britischen Waffenindustrie wird jetzt positiver gesehen. Der Protagonist des Romans ist der britische Ingenieur Graham, der geheime militärische Informationen aus der Türkei nach Großbritannien bringen soll und deswegen von Nazi-Agenten verfolgt wird. Der Konzern, für den Graham arbeitet, ist bereits aus früheren Ambler-Romanen bekannt: Cator & Bliss. Mitte der dreißiger Jahre symbolisierte dieser Konzern für Ambler den aggressiven Kapitalismus, doch jetzt, nach Ausbruch des Krieges, wird die britische Waffenindustrie zu einem Verbündeten bei der Abwehr der faschistischen Bedrohung. Trotz dieses Wechsels in der Bewertung von Cator & Bliss behält Ambler seinen marxistischen Standpunkt. Die Schuld am Ausbruch des Krieges gibt er nicht den Nazis, sondern dem internationalen Finanzkapital: "The international bankers are the real war criminals. Others do the killing, but they sit, calm and collected, in their offices and make money." (*JIF* 141)

*Journey into Fear* markiert das Ende von Amblers Vorkriegsromanen. Wie er in seiner Autobiographie mitteilt, wurde der Roman vom *Evening Standard* genau in dem Monat zum *Book-of-the-Month* gewählt, in dem die *Battle of Britain* begann.[24] Ambler meldete sich daraufhin freiwillig zur Armee und diente zuerst bei der Artillerie und später bei einer Einheit, die Propagandafilme drehte.

# V. Retrospektive Spionageromane über den Nationalsozialismus und den Zweiten Weltkrieg

"There has so far been no great war novel, no one to make a story, adequate in moral, emotional and intellectual weight, out of the experiences of the last six years."[1] Diese Klage Rosamund Lehmanns war 1946 noch berechtigt. Knapp 50 Jahre nach Kriegsende hat sich die Situation dramatisch gewandelt. In Kino, TV und Büchern werden noch immer die Schlachten des Zweiten Weltkrieges geschlagen, die *gone but not forgotten* sind. Die Faszination des Krieges hat für die Briten eine derartige Dimension errreicht, daß der Londoner Korrespondent der *Frankfurter Rundschau* sich genötigt sah, in einem Artikel für den *Guardian* seine britischen Kollegen an eine simple historische Tatsache zu erinnern: "The war is over."[2] In der Tat scheinen sich viele Briten aber immer noch zumindest mental im Kriegszustand zu befinden. Der Grund hierfür mag darin liegen, daß die Niederwerfung des Deutschen Reiches der letzte große Sieg für Großbritannien war. Nach 1945 erlebte Großbritannien in erster Linie außenpolitische Debakel und Rückzugsgefechte. Angesichts dieser schmachvollen Gegenwart wird die Erinnerung an die heroische Vergangenheit gern hochgehalten.

Auch in Spionageromanen, die nach 1945 erschienen, wird das Phänomen Nationalsozialismus und Zweiter Weltkrieg ausgiebig thematisiert. Romane mit Hakenkreuzen, SS-Runen oder sonstigen Nazi-Insignien auf dem Cover (oft noch plastisch herausgehoben) füllen die Regale der Buchhandlungen. Diese Romane werden in der Sekundärliteratur generell in drei Gruppen unterteilt, für die sich die von John Sutherland geprägten Begriffe durchgesetzt haben: *secret histories of the war, the nightmare that wouldn't die, as if narratives*.[3]

## *1.* Secret Histories of the War*:* *Jack Higgins, Ken Follett, Len Deighton, Colin Forbes*

Als *secret histories* bezeichnet man Spionageromane, die angeblich bisher nicht bekannte Details des Zweiten Weltkrieges enthüllen. Sie profitieren davon, daß die Geschichtswissenschaft nicht alle Lücken hat schließen können. Einige „schwarze Löcher" bieten den Autoren Ausgangspunkte für ihre Fiktionen. Schon in den sechziger Jahren hatte im britischen Spionageroman ein Trend zum Realismus eingesetzt. Autoren wie le Carré oder Deighton zeigten die Spionagetätigkeit, wie sie wirklich ist, und bezogen sich direkt auf Geheimdienstskandale der Zeit. In den siebziger Jahren verstärkte sich dieser Trend noch, indem Autoren ihre Romane nun als historische Rekonstruktion ausgaben. Auf vielfältige Art und Weise versuchten sie, den Fiktionalitätscharakter ihrer Werke zu verdrängen:

- die Romane werden als Tatsachenberichte ausgegeben,
- Personen der Zeitgeschichte treten neben fiktionalen Charakteren auf,
- Zitate aus wissenschaftlichen Werken werden eingebracht,
- es werden angeblich authentische Dokumente präsentiert,
- es werden genaue Orts- und Zeitangaben gemacht oder sogar Karten gezeichnet,
- in Textstellen nichtfiktionalen Charakters werden dem Leser Hintergrundinformationen und technische Details geliefert.

Im folgenden werden die bekanntesten *secret histories* vorgestellt und dabei besonders darauf geachtet, welches Geschichtsbild in diesen Romanen transportiert wird, und wie die Autoren die Überprüfbarkeit ihrer Aussagen verhindern.

Der bekannteste Repräsentant dieses Genres ist Harry Patterson, ein ehemaliger Soldat und Geschichtslehrer, der kommerziell sehr erfolgreiche Romane unter dem Pseudonym Jack Higgins publiziert.[4] Sein Roman *The Eagle Has Landed* (1975) schildert ein Kommandounternehmen deutscher Fallschirmjäger, die 1943 in England landen, um Churchill zu entführen. Der Anführer der Fallschirmjäger ist Oberstleutnant Kurt Steiner, ein hochdekorierter Soldat, der wegen seines Eintretens für eine Jüdin mit der SS in Konflikt geriet und in eine Strafeinheit versetzt wurde.[5] Ihm gelingt es, in das Haus Churchills einzudringen, bevor er gestellt wird. Eine Entführung des britischen Premierministers wäre aber sowieso nicht möglich gewesen, denn Churchill ist zur Zeit des Überfalls bei der Konferenz von Teheran und läßt sich in England von einem Schauspieler doubeln. In der Rahmenhandlung tritt ein Ich-Erzähler mit dem Namen Jack Higgins auf, der sich sogar noch als Schriftsteller vorstellt, womit dem Leser suggeriert wird, daß Autor und Erzähler wie in einem Tatsachenbericht ein und dieselbe Person seien. Dieser Ich-Erzähler findet auf einem Friedhof in Norfolk die Grabsteine der deutschen Fallschirmjäger und deckt so anscheinend ein bisher geheimes Kapitel der Geschichte des Zweiten Weltkrieges auf. Ihm gelingt es, neue historische Quellen zu erschließen und die Wahrheit zu erfahren:

"Remarkable", he said. "How on earth did you find it all out?"
"Not from any official source, believe me. Just from talking to people, those who are still alive and were willing to talk. ..." (*EHL* 379)

Nun erscheint es allerdings recht seltsam, neue historische Forschungsergebnisse ausgerechnet in Romanform zu veröffentlichen, wie Sutherland meint: "Of course, no sane man would write history in the form of a popular novel, nor would any sane man expect to find history there."[6] Higgins entkräftet diesen Einwand, indem er erklärt, daß er die Ereignisse für den Roman natürlich fiktionalisiert hat. In einer *author's note* nimmt er hierzu Stellung und fordert den Leser auf, die Grenze zwischen *fact* und *fiction* selbst zu ziehen:

This book is an attempt to recreate the events surrounding that astonishing exploit. At least fifty per cent of it is documented historical fact. The reader must decide for himself how much of the rest is a matter of speculation, or fiction ... (*EHL* 6)

Diese Mischung aus geschichtlichen *facts* und *fiction* erwies sich für Higgins als so erfolgreich, daß er sie in drei weiteren Romanen über den Zweiten Weltkrieg benutzte: In *The Valhalla Exchange* (1977) behauptet er, Martin Bormann sei 1945 aus Berlin entkommen und nach Südamerika geflohen. *To Catch a King* (1979) geht von der These aus, daß der deutsche Geheimdienst den abgedankten englischen König Edward VIII. entführen wollte, um ihn für Friedensverhandlungen mit Großbritannien zu benutzen. *Luciano's Luck* (1981) beschreibt die angeblich entscheidende Rolle der Mafia bei der Alliierten Invasion auf Sizilien 1943. 1991 dann verfaßte er die *sequel* zu seinem ersten Bestseller: *The Eagle Has Flown*. Die Handlung des Romans ist nach bekanntem Muster aufgebaut. Das Vorwort ist zu großen Teilen wörtlich aus dem Original übernommen, und in der Rahmenhandlung tritt erneut ein Ich-Erzähler namens Jack Higgins auf, der behauptet, *The Eagle Has Landed* geschrieben zu haben:

"Which brings me to you," she said. "And your book *The Eagle Has Landed*."
"A novel, Dr. Cohen," I said. "Pure speculation."
"At least fifty per cent of which is documented historical fact, you claim that yourself at the beginning of the book." (*EHF* 7).

Wie Erzähler Higgins erfahren muß, enthüllt jener Roman aber nur die halbe Geschichte über das Attentat auf Churchill. Zwei neue Quellen liefern die Fortsetzung. Diese neuen Quellen erscheinen in Form einer gestohlenen Akte aus dem *Public Record Office* und in der Person Liam Devlins, des Iren, der am Attentatsversuch beteiligt war und dem Erzähler Higgins jetzt darüber berichtet. Auf diese Weise wird suggeriert, daß der Roman eine Mischung aus Fiktion, Regierungsakte und Augenzeugenbericht sei. Eine Überprüfbarkeit dieser Thesen wird jedoch vermieden: Devlin lebt als gesuchter Terrorist im Untergrund und gewährte Higgins nur ausnahmsweise ein Interview, alle weiteren Zeugen sind mittlerweile gestorben, und für die Akte ist eine Sperrfrist von 100 Jahren festgelegt.

Der Erfolg von Higgins' *The Eagle Has Landed* ermutigte andere Autoren, seinem Beispiel zu folgen. Viele der weiteren *secret histories* sind nach der Formel von Higgins gestaltet und im Inhalt lediglich leicht abgeändert. So findet man Romane über Attentatsversuche auf Hitler, Stalin, Roosevelt, Rommel und Patton.[7] Einer der größten Konkurrenten von Higgins, auch in bezug auf die Verkaufszahlen der Romane, ist Ken Follett. Sein Ruhm basiert vor allem auf seinem achten Roman, *The Eye of the Needle* (1978). In diesem Buch geht er von historisch abgesicherten Fakten aus. 1944 errichteten die Alliierten in East Anglia eine Scheinarmee, die nur aus Kulissen bestand, um Deutschland hinsichtlich des Ortes der geplanten Invasion zu täuschen. *The Eye of the Needle* ist ein gutes Beispiel für den Umgang der *secret histories* mit der Geschichte. In Folletts Roman durchschaut den Trick nur der deutsche Superagent Heinrich Faber alias „Die Nadel" (so genannt nach seinem bevorzugten Mordinstrument, dem Stilett).[8] Hitler verläßt sich in seinen Entscheidungen vollkommen auf die Nachrichten von Faber, der so als Einziger die Alliierte Invasion verhindern könnte. Und Faber wiederum kann nur von einer Person aufgehalten werden, von der Frau, die ihn liebt. Im Vorwort seines Buches gibt Follett zwar zu, daß es in Wahrheit weniger deutsche Spione gab, als die britische Öffentlichkeit befürchtete, die Geschichte könne aber von einem Einzelnen verändert werden: "The truth seems to be that there were very few [German spies]: MI 5 did capture nearly all of them. But it only needs one ..." (*EN* 7) Analog zu Higgins geht Follett dann näher auf das Verhältnis von *fact* und *fiction* ein: "That much is history, and I have discovered no facts that aren't already in history books. What follows is fiction. Still and all, I think something like this must have happened ..."(*EN* 7)

Der Spionageromanautor, der sich am ausführlichsten mit den Themen Nationalsozialismus und Zweiter Weltkrieg auseinandergesetzt hat, ist Len Deighton. In die Kategorie der *secret histories* fällt sein Roman *XPD* (1981), in dem es um "the most dangerous secret of the war" (*XPD* 16f.) geht, ein angebliches Treffen zwischen Hitler und Churchill am 11./12. Juni 1940, um Friedensverhandlungen zu führen. Deighton nutzt geschickt eine Lücke in der Geschichtsschreibung. Wo sich beide Staatsmänner zu diesem Termin aufhielten, ist nicht eindeutig festzustellen, so daß ein Treffen zumindest theoretisch möglich gewesen wäre. Was die Darstellung Churchills betrifft, so widerspricht Deighton mit seinem Roman der gängigen Geschichtsschreibung. In *XPD* ist Churchill nämlich bereit, mit Hitler Frieden zu schließen und dabei große territoriale Zugeständnisse zu machen. Erst durch Roosevelts Zusage, die USA träten in den Krieg ein, ändert Churchill in Deightons Roman seine Überzeugung. Als im Roman in den siebziger Jahren Aufzeichnungen dieser geheimen Friedensverhandlungen, die sogenannten *Hitler minutes*, auftauchen, gerät die britische Regierung in Panik. Da es dem britischen Geheimdienst jedoch gelingt, diese Aufzeichnungen sicherzustellen, bleibt das Gipfeltreffen bis heute geheim und das Denkmal Churchill unangetastet. Deightons Spionageroman hat gerade durch eine Debatte im letzten Jahr wieder einen aktuellen Bezug bekommen: 1993 veröffentlichte der konservative britische Historiker John Charmley seine Biographie *Churchill: The End of Glory*, die eine Kontroverse unter britischen Historikern auslöste.[9] Charmley übernimmt zwar nicht Deightons Theorie, daß es ein Treffen zwischen Hitler und Churchill gegeben habe, fordert dafür aber, es hätte ein derartiges Treffen geben sollen. Durch einen Friedensschluß mit Hitler, so Charmley, hätte Churchill das Empire und die alte soziale Ordnung Großbritanniens retten können. Statt dessen habe Churchill sein Land verraten, weil er aus persönlichem Ehrgeiz den Krieg wollte.

Zu den *secret histories* gehört auch *The Leader and the Damned* (1983) von Colin Forbes, auf dem Cover der Taschenbuchausgabe als "The Ultimate Thriller of the Last Years of the Reich" gepriesen. Die Handlung des Romans setzt am 13. März 1943 ein, jenem Tag, an dem die deutschen Offiziere von Schlabrendorff und von Tresckow Adolf Hitler mit einer Bombe zu töten versuchten. In den Geschichtsbüchern ist nachzulesen, daß das Attentat mißlang, weil die Bombe nicht zündete. Forbes hingegen behauptet in seinem Roman, daß Hitler bei dem Attentat ums Leben kam. Die Öffentlichkeit habe dies jedoch nicht erfahren, weil er sofort durch ein Double ersetzt worden sei. Die gesamte Angelegenheit sei von Martin Bormann geleitet worden, der im übrigen ein Sowjetspion gewesen sei und kurz vor der Kapitulation heimlich nach Moskau ausgeflogen und dort erschossen worden sei. Forbes untermauert seine Theorie mit Zitaten aus geschichtswissenschaftlichen Werken von Hugh Trevor-Roper und Alan Bullock, denen zufolge Hitler in den letzten Kriegsjahren nicht mehr sein großes Redetalent zur Schau stellen wollte, sein Leichnam nicht eindeutig identifiziert ist und das Schicksal von Bormann ungeklärt bleibt. Obwohl die These, daß Hitler einen (oder mehrere) Doppelgänger gehabt habe, nicht durch diese Zitate belegt wird und auch sonst von keinem ernsthaften Historiker gestützt wird, gehört sie dennoch zu den populären Mythen über den Zweiten Weltkrieg. So erschienen 1992 in britischen Zeitungen Fotos aus KGB-Archiven, die angeblich Hitlers Leiche – mit einem Kopfschuß – zeigten. Der *Sunday Express* ermittelte den russischen Fotografen dieser Bilder, und der behauptete, der abgebildete Tote sei nicht Hitler, sondern eines der beiden Doubles, die die Rote Armee 1945 im Führerbunker entdeckt habe. Den *Sunday Express* überzeugte diese Erklärung, denn: “For security reasons Hitler, like many wartime leaders including Churchill had men in their entourage who could ‘double’ for them.”[10] So werden die angeblichen Enthüllungen der *secret histories* durch Berichte der Boulevard-Presse bestätigt. Das personalisierende Geschichtsbild der *secret histories* offenbart sich in Forbes' Roman am deutlichsten. Das Deutsche Reich verliert den Krieg, weil Hitler, “the greatest political and military genius since Napoleon and Julius Caesar” (*LD* 21), ermordet und durch einen unfähigen Schauspieler ersetzt wird. Auch ein so komplexer Vorgang wie der Aufstieg des Nationalsozialismus wird allein mit der Person Adolf Hitlers erklärt; politische, ökonomische und soziale Faktoren bleiben ausgeklammert:

> [Hitler] had risen from the gutter, his only weapons his extraordinary powers of speech and supreme willpower and belief in his own destiny. Alone he had done it: had dragged a nation of eighty million from the depths of degradation and despair to become the most feared and mighty power in the world. (*LAD* 22)

Im Nachwort des Romans behauptet Forbes dann, daß der Roman keine bloße Spekulation sei, sondern auf Tagebuchaufzeichnungen eines beteiligten Briten basiere. Wie Jack Higgins verhindert auch

Forbes die Möglichkeit zur Überprüfung: Das Tagebuch sei inzwischen vernichtet worden, und den wahren Namen seines Besitzers dürfe er aus Sicherheitsgründen nicht preisgeben.

Als Fazit läßt sich festhalten, daß diese *secret histories* suggerieren, es gebe eine wahre Geschichte hinter der offiziellen Geschichte. Staatsmänner seien oft nur Doubles, so daß die wirklich Mächtigen, die Drahtzieher hinter den Kulissen, unerkannt blieben. Es gebe internationale Verschwörungen, die von den beteiligten Regierungen verschwiegen werden. So bemühen sich die Autoren denn, ihre Spionageromane als Ergebnis bislang unbekannter Quellen wie Augenzeugenberichte oder Tagebücher darzustellen oder beziehen sich sogar auf angeblich geheimgehaltene Regierungsakten. Geschichte ist in diesen Romanen viel komplizierter als es in den Geschichtsbüchern steht. Im Endeffekt stimmen die Romane zwar mit der Realität überein – d. h. Churchill wird nicht ermordet, Nazi-Deutschland verliert den Krieg, etc. –, doch der Weg dorthin ist ungleich verschlungener. Geschichte besteht hier aus einer Ansammlung von verpaßten Chancen und gerade noch abgewendeten Katastrophen. Immer wieder kommt es zu Situationen, in denen sich das Schicksal von Nationen entscheidet. Zugleich ist das Geschichtsbild dieser Romane sehr simplifizierend: Geschichte wird von einzelnen großen Männern „gemacht" und ist somit auch änderbar, indem zum Beispiel diese Männer ermordet werden. Politische, soziale und ökonomische Faktoren werden als geschichtsbildende Kräfte vernachlässigt.

## 2. As if Narratives*: Len Deighton, Robert Harris*

Das Spiel mit der Geschichte bietet dem Spionageroman mehrere Möglichkeiten. Während die Autoren der *secret histories* versuchen, ihre Romane als Geschichte auszugeben, sind die *as if narratives* kontrafaktische Geschichtsbilder, die ausmalen, was geschehen wäre, wenn historische Ereignisse anders verlaufen wären. Kontrafaktische Geschichtsbilder haben eine lange Tradition. Schon 1931 veröffentlichte J. C. Squire den Essayband *If It Had Happened Otherwise: Lapses into Imagenary History*, zu dessen Autoren u. a. G. K. Chesterton und Winston Churchill gehörten.[11] Nun ist aber beispielsweise die Frage, was geschehen wäre, wenn Rom die Punischen Kriege verloren hätte, wohl nur für den Althistoriker von Relevanz. Um eine breite Leserschaft zu erreichen, muß der Autor ein Thema wählen, das in direktem Bezug zur Erfahrungswirklichkeit seiner Leser steht.

Die Frage aus der neueren britischen Geschichte, die Historiker wie die breite Öffentlichkeit gleichermaßen beschäftigt, lautet: Was wäre, wenn Nazi-Deutschland Großbritannien besiegt hätte?

Diese Frage wurde den Briten gleich mehrfach beantwortet.[12] 1962 veröffentlichte der Journalist Comer Clarke sein Buch *If the Nazis Had Come*, in dem er nach Gesprächen mit Verantwortlichen auf deutscher Seite detaillierte Vorstellungen darüber präsentiert, wie eine deutsche Okkupation Großbritanniens ausgesehen hätte. Die halbdokumentarischen Romane *If Britain Had Fallen* (1972) von Norman Longmate und *The German Invasion of England, July 1940* (1980) von Kenneth Macksey beschreiben ebenfalls, was vermutlich im Falle eines deutschen Sieges geschehen wäre. Außerdem veröffentlichte C. S. Forester 1971 seine *short story* "If Hitler Had Invaded England". Auch die britischen TV-Zuschauer wurden mit dem Thema konfrontiert: 1972 strahlte die BBC den TV-Film *If Britain Had Fallen* aus, die Vorlage zu Longmates Buch, und 1979 lief die BBC TV-Serie *An Englishman's Castle*, in der ein britischer TV-Produzent 30 Jahre nach der deutschen Eroberung dieses Ereignis verfilmen will.

Nach einer Pause von über 60 Jahren wird dann auch im britischen Spionageroman erstmals wieder eine deutsche Invasion Großbritanniens thematisiert. Verglichen mit den patriotischen Propagandaromanen Childers' und le Queux' wirkt Len Deightons *SS-GB: Nazi Occupied Britain 1941* (1978) desillusionierend. Das Deutsche Reich hat Großbritannien militärisch besiegt und dort ein Marionettenregime installiert. Wie in Deightons Romanen üblich, sind auch in *SS-GB* gut und böse gleichmäßig auf beide Seiten – Deutsche und Briten – verteilt, und passend dazu ist das Wetter vornehmlich grau und nebelig. Die Briten sind in *SS-GB* kein Volk von heroischen Widerstandskämpfern. Churchill ist hingerichtet worden, King George sitzt als gebrochener Mann im Tower, und die königliche Familie ist geflüchtet. Der kleine Mann hat sich mit der Okkupation abgefunden oder ist sogar in das NS-System integriert. Der Protagonist, Superintendent Douglas Archer, arbeitet bei Scotland Yard jetzt unter SS-Oberbefehl und muß sich deshalb den Vorwurf der Kollaboration gefallen lassen. Lediglich eine kleine Gruppe aus der *upper class*, durch *public school* und Oxbridge verbunden, bildet eine Resistance-Bewegung und versucht, Rivalitäten unter den deutschen Besatzern auszunutzen. Anders als bei Childers und le Queux kann Hilfe für Großbritannien nur noch von außen kommen. Die Resistance läßt den König von der SS erschießen, um so die USA zum Kriegseintritt zu bewegen. Deightons Roman ist sorgfältig recherchiert. Ralph Giordano hat *SS-*

*GB* mit den Plänen der Nazis für ein besiegtes Großbritannien verglichen und dabei eine große Übereinstimmung festgestellt.[13] Neben dem spekulativen Interesse hat Deightons Roman für die britischen Leser auch einen aktuellen Bezug. Die fiktionale Situation Großbritanniens 1941 weist nämlich interessante Parallelen zur realen Situation Großbritanniens in den siebziger Jahren auf.[14] Dazu gehört zum einen der Verlust des Empires. Die Briten werden so zu einer schmerzhaften Neuorientierung gezwungen: "At Harry's age it's not easy to go suddenly from being at the heart of Empire to being an outpost of an occupied colony." (*SSGB* 119) Zum anderen stellt *SS-GB* auch eine Reaktion auf den britischen EG-Beitritt 1973 dar. Großbritannien ist – im Roman wie in der Realität – zu einem Teil eines europäischen Superstaates geworden, in dem die zentralen Entscheidungen an anderer Stelle – Berlin bzw. Brüssel – getroffen werden. Der Beitritt zur Europäischen Gemeinschaft erscheint so als ein Verlust nationaler Souveränität, in der Konsequenz mit einem verlorenen Krieg vergleichbar.

Deightons *SS-GB* steht wie oben gezeigt zwar in einer Traditionslinie mit anderen Romanen, Sachbüchern und TV-Filmen zum gleichen Thema, innerhalb des Genres Spionageroman jedoch bleibt der Roman lange Zeit ein singuläres Ereignis. Wenn in britischen Spionageromanen der siebziger und achtziger Jahre eine Invasion Großbritanniens durchgespielt wird, dann sind die Invasoren – gemäß der weltpolitischen Lage dieser Zeit – die Sowjets. Zu nennen sind hier zum Beispiel Clive Egletons Resistance-Trilogie *A Piece of Resistance* (1970), *Last Post for a Partisan* (1971) und *The Judas Mandate* (1972)[15], oder Ted Allbeurys *All Our Tomorrows* (1982).

Erst 1992 erschien wieder ein Roman, der das Schreckensgemälde eines siegreichen Nazi-Deutschlands ausmalt: Robert Harris' *Fatherland*.[16] Harris' Roman, der in Großbritannien sehr schnell zum Bestseller avancierte, in Deutschland hingegen von 25 Verlagen wegen Deutschfeindlichkeit abgelehnt wurde,[17] spielt im Jahre 1964: Das Deutsche Reich erstreckt sich von Frankreich bis zum Ural, die Sowjetunion ist besiegt, und mit den USA ist Frieden geschlossen. In Berlin, das Albert Speer gigantomanisch umgebaut hat, feiert Adolf Hitler seinen 75. Geburtstag, während gleichzeitig die letzten Zeugen für den Holocaust beseitigt werden. Die Handlung von *Fatherland* spielt zwar in Berlin, weist aber dennoch große Ähnlichkeiten zu Deightons *SS-GB* auf. Der Protagonist des Romans ist Xavier March, ein aufrechter Kriminalbeamter, der im Zuge seiner Ermittlungen in ein politisches Komplott verstrickt wird.[18] Harris ist sichtlich um

Authentizität bemüht: Er läßt historische Personen auftreten, deren Karriere er bis 1942 korrekt schildert, und zitiert echte historische Dokumente, z. B. Heydrichs Einladung zur Wannseekonferenz. Die politische Landkarte in Harris' Fiktion sieht in etwa so aus, wie Historiker sie für den Fall eines deutschen Endsieges dargestellt haben. Gleichzeitig aber weist Harris' fiktionales Europa 1964 charakteristische Ähnlichkeiten zu dem realen Europa 1992 auf, wie viele Briten es empfinden: Deutschland hat die übrigen europäischen Staaten in einem Vertrag von Rom zu einem Handelsblock unter seiner Führung zusammengeschlossen, die Deutsche Mark ist zur Europawährung erhoben worden, und – eine der Hauptquellen deutsch-britischen Ärgers – überall beklagt man sich über das Verhalten deutscher Urlauber:

In the West, twelve nations ... had been corralled by Germany, under the treaty of Rome, into a European trading bloc. German was the official second language in all schools. People drove German cars, listened to German radios, watched German televisions, worked in German-owned factories, moaned about the behaviour of German tourists in German-dominated holiday resorts, while German teams won every international sporting competition except cricket, which only the English played. (*F* 201 f.)

Es ist kein Zufall, daß Harris' Roman über die deutsche Supermacht gerade 1992, nach dem Zusammenbruch der Sowjetunion und der deutschen Wiedervereinigung, erschien. Wie schon Deightons *SS-GB* muß man auch Harris' *Fatherland* vor dem Hintergrund der – durch den Vertrag von Maastricht noch beschleunigten – europäischen Einigung betrachten. Diesen Zusammenhang zwischen *fact* und *fiction* hat Harris selbst in einem vielbeachteten Artikel in der *Sunday Times* ausgeführt: "I spent four years writing Fatherland, my novel about a fictional German superpower, and, as I wrote, it started turning into fact."[19] In wirtschaftlicher Hinsicht sieht Harris im Europa 1992 die Kriegsziele der Nazis verwirklicht: "One does not have to share the views of Nicholas Ridley or Margaret Thatcher to note the similarity between what the Nazis planned for western Europe and what, in economic terms, has come to pass."[20] Seine Kritik gilt dabei vor allem der Dominanz der Deutschen Mark:

The Germans planned a trading bloc in which European currencies would be pegged to the Reichsmark; monetary policy would be controlled by a European Central Bank situated in Berlin. Fifty years later, the pound, the franc and the lira are linked in the exchange-rate mechanism. National interest rates are effectively determined by the Germans. Meanwhile, Chancellor Kohl presses for the European Bank – promised by the Maastricht treaty – to be located in Frankfurt. In the Nazi system, the British, French and Italian economies were to be satellites around the German sun. Has it not happened?[21]

Dem deutschen Leser mögen derartige Vergleiche überzogen erscheinen, in der britischen Öffentlichkeit hingegen wurden sie bereits mehrfach diskutiert. In britischen Regierungskreisen kursierte schon kurz nach dem Fall der Mauer die Furcht vor einem „Vierten Reich“, das seine europäischen Nachbarn nicht militärisch, aber ökonomisch beherrschen könnte.[22] Als erstes Regierungsmitglied sprach der damalige Industrieminister Nicholas Ridley diese Befürchtung öffentlich aus. In einem Interview im Sommer 1990 verglich er eine Abtretung von Souveränitätsrechten an die EG mit einer deutschen Invasion. Die Europäische Gemeinschaft war für Ridley nichts anderes als "a German racket designed to take over the whole of Europe"[23]. Das Interview führte zwar zu Ridleys Rücktritt, für seine Aussagen erhielt er aber breite Zustimmung in der konservativen Boulevardpresse. Überhaupt verbreitet die britische Presse ein sehr einseitiges Deutschlandbild. Die *Frankfurter Allgemeine* kritisiert:

> In der Berichterstattung über Deutschland wird auf primitive Weise immer wieder auf die Nazi-Vergangenheit zurückgegriffen. ... Nazi-Themen verkaufen sich besonders gut. Sie sind der Pornographie-Ersatz der seriösen Blätter. Statt wie die Boulevard-Zeitungen barbusige Models auf die dritte Seite zu setzen, reizen sie ihre Leser mit schaurigen Geschichten aus dem Dritten Reich. [24]

Bei Verstimmungen im deutsch-britischen Verhältnis wie Urlaubsrüpeleien, der Ridley-Affäre oder der *exchange rate mechanism*-Krise greifen sowohl Boulevard- als auch seriöse Blätter gern auf ein Vokabular zurück, das an Kriegszeiten erinnert. Schlagzeilen wie "*The Sun* Invades Germany"[25], "Beware of a Reich Resurgent"[26] oder "Major at War with Germany"[27] sind keine Einzelfälle. Außerdem erschien fast zeitgleich mit Harris' Roman David Marshs Sachbuch *The Bundesbank*, in dem der Autor der Nazi-Vergangenheit der Bank breiten Raum widmet. Dieses Buch lieferte der Boulevardpresse erneut Material, um einen Vergleich zwischen der aktuellen Währungskrise und dem Zweiten Weltkrieg zu ziehen.[28]

In diesem Kontext aus Pressestimmen, Politikermeinungen und Sachbüchern wird deutlich, daß *Fatherland* nur ein weiterer Mosaikstein eines Gesamtbildes ist. In diesem Sinne muß man wohl auch die eigentliche Bedeutung der *as if narratives* sehen: Sie spiegeln die Stimmung der Bevölkerung zu einer Zeit wider, in der Großbritannien sein Empire verloren hat und die deutsche Dominanz in der EG fürchtet.

Darüber hinaus ist ein weiterer Aspekt beachtenswert. Die *as if narratives* und auch die oben erwähnte Churchill-Biographie von Charmley dokumentieren, daß die Briten zur Zeit ihre eigene Geschichte einer Revision unterziehen. Großbritannien hat den Krieg geführt und gewonnen, sein Empire und seinen Einfluß jedoch verloren. Deshalb stellt sich die Frage: „Was hätten wir anders machen müssen?“ Harris und Charmley geben darauf kontroverse Antworten.

## 3. The Nightmare That Wouldn't Die

„Der Alptraum, der nicht stirbt“ – unter diesem Schlagwort werden in der Forschung die Romane zusammengefaßt, die sich mit einem Überleben des Nationalsozialismus befassen. Diese große Gruppe der *nightmares* soll hier unterteilt werden in Romane, die in der Bundesrepublik Deutschland spielen, und Romane über Nazis, die ins Ausland geflohen sind.

### a) Nazis in der Bundesrepublik Deutschland: Frederick Forsyth, Adam Hall, John le Carré, Ted Allbeury, Len Deighton

Innerhalb der britischen Romane, die nach 1945 in Deutschland spielen, nehmen Spionageromane – zumindest quantitativ – einen breiten Raum ein.[29] Autoren der sogenannten *highbrow*-Literatur haben sich mit den Themen Deutschland und Vergangenheitsbewältigung eher zögerlich auseinandergesetzt. Herausragende Beispiele sind etwa Doris Lessings "The Eye of God in Paradise" (1957) oder David Lodges *Out of the Shelter* (1970). Ganz anders sieht die Situation beim britischen Spionageroman aus: Hier gibt es eine Vielzahl von Romanen, die das Überleben des Nationalsozialismus in der Bundesrepublik thematisieren.

Einer der bekanntesten und einflußreichsten Spionageromane, die sich mit der Vergangenheitsbewältigung befassen, ist Frederick Forsyths *The Odessa File* (1972), in dem der deutsche Journalist Peter Miller den SS-Mann Eduard Roschmann, den Mörder seines Vaters, aufspürt. An diesem Buch soll vor allem untersucht werden, wie Forsyth die Schuldfrage beurteilt und wie der Wahrheitsgehalt des Romans einzuschätzen ist. In Forsyths Roman hat eine ernsthafte Entnazifizierung in Deutschland nicht stattgefunden. In Politik, Wirtschaft,

Medien und Justizapparat sitzen in einflußreichen Positionen ehemalige Nazis, die eine Verfolgung von Kriegsverbrechern verhindern. Die breite Masse der Deutschen verdrängt die Vergangenheit gemäß der Devise "it won't get better for keeping talking about it". (*OF* 86) Nur Peter Miller[30] nimmt den Kampf gegen das Vergessen auf. Bei seiner Jagd muß er feststellen, daß die ehemaligen SS-Männer sich in der ODESSA, der *O*rganisation *d*er *e*hemaligen *SS-A*ngehörigen, organisiert haben und noch immer ihre alten Ziele verfolgen. Im Auftrag der ägyptischen Regierung arbeiten sie an einem Raketenprogramm, um den Staat Israel zu vernichten. Die Frage nach der Schuld für die Kriegsverbrechen wird im Roman mehrfach angesprochen. In Deutschland wird laut Forsyth die These einer Kollektivschuld gelehrt:

> Like most young Germans [Miller] had been told at school when he was nine or ten that he and the rest of his countrymen had been guilty of massive war crimes. At the time he had accepted it without even knowing what was being talked about. (*OF* 31)

Diese These lehnt Forsyth ab. Er vertritt das Konzept einer individuellen statt einer kollektiven Schuld. Im Roman findet Miller das Tagebuch eines jüdischen Überlebenden des Holocaustes, in dem es dazu heißt: "I bear no hatred nor bitterness towards the German people, for they are a good people. Peoples are not evil; only individuals are evil. ... There is no collective guilt ..." (*OF* 35) Diejenigen Individuen, die wirklich Schuld tragen, sind für Forsyth einige SS-Männer, die nichts weiter als Kriminelle sind. Deutschland und die Deutschen erscheinen im Roman nicht als Täter, sondern vielmehr als Opfer. Im Gespräch mit Roschmann klagt Miller an: "You bastards used Germany and the German people until they could not be used any more and then you quit while the going was good." (*OF* 296) Passend dazu zieht Miller eine scharfe Trennlinie zwischen SS-Männern und normalen Soldaten und behauptet, die Wehrmacht habe einen anständigen Krieg geführt. Wenngleich Forsyth die Deutschen von aller Schuld freispricht, so wird doch an einigen Stellen im Roman suggeriert, daß sie zumindest gewisse nationaltypische Charakteristika haben, die den Erfolg des Nationalsozialismus entscheidend begünstigt haben. Eine der deutschen Figuren formuliert es wie folgt:

> Because that's the way people are, particularly the Germans. We're a very obedient people. It's our greatest strength and our greatest weakness. It enables us to build an economic miracle while the British are on strike, and it enables us to follow a man like Hitler into a great big mass grave. (*OF* 91)

Auch der Erfolg der ODESSA hat unter anderem nationalspezifische Gründe:

> It has succeeded by virtue of its own ruthlessness, ... Allied mistakes between 1945 and 1949, the Cold War, and the usual German cowardice when faced with a moral problem, in stark contrast to their courage when faced with a military task or a technical issue like the reconstruction of post-war Germany. (*OF* 166)

Rückschlüsse auf nationale Eigenheiten läßt auch eine Textstelle zu, in der der deutsche Wald charakterisiert wird. Es scheint in der deutschen Psyche jahrhundertealte atavistische Traditionen zu geben, die die Nazis ausnutzen konnten:

> Although Miller had never bothered to think about it, it was once out of these and other oceans of pine and beech that the old Germanic tribes had swarmed to be checked by Caesar at the Rhine. Later, converted to Christianity, they had paid lipservice by day to the Prince of Peace, dreaming only in the dark hours of the ancient gods of strength and lust and power. It was this ancient atavism, the worship in the dark of the private gods of screaming endless trees, that Hitler had ignited with a magic touch. (*OF* 286)

Mit dieser Landschaftsbeschreibung steht Forsyth in einer langen literarischen Tradition. Wirkte die deutsche Landschaft auf Fremde im 19. Jahrhundert noch vorwiegend märchenhaft, so wurde sie im 20. Jahrhundert von mehreren Autoren als unheilvoll, atavistisch und bedrohlich wahrgenommen.[31] Forsyths These, daß es einen deutschen Nationalcharakter gebe und dieser Auswirkungen auf die deutsche Geschichte habe, ist eine in Großbritannien weithin akzeptierte Vorstellung.[32] Wie sehr dieser Gedanke eines deutschen Nationalcharakters das britische Deutschlandbild bestimmt, läßt sich sehr gut an einem Beispiel aus der neuesten Geschichte ablesen: Im März 1990 versammelte Premierministerin Thatcher auf ihrem Landsitz Chequers hochrangige Deutschlandexperten (u. a. Gordon Craig, Hugh Trevor-Roper und Fritz Stern), um den deutschen Nationalcharakter zu bestimmen und zu überlegen, welche Folgen die deutsche Wiedervereinigung für Großbritannien habe.

Forsyth versucht auf vielfältige Art und Weise, den Fiktionalitätscharakter des Romans zu verdrängen[33]: Er gibt exakte Zeit- und Ortsangaben, läßt historische Personen wie Adenauer oder Wiesenthal auftreten, verwendet Fußnoten wie in wissenschaftlichen Werken und präsentiert angeblich neue historische Quellen wie das Tagebuch des jüdischen KZ-Überlebenden. Darüber hinaus haben Textstellen, in denen beispielsweise der Aufbau der Ludwigsburger Zentralstelle beschrieben wird, durchaus einen nicht-fiktionalen Charakter und könnten in dieser Form auch in einem Sachbuch erscheinen. Im Vorwort des Romans behauptet er dann, 1964 habe das Bonner Justizministerium ein Paket mit Akten erhalten: "To the very few officials who ever saw the list of names on these sheets, the package became known as 'The Odessa File'." (*OF* 9) So suggeriert Forsyth, sein Roman sei dieses Aktenpaket. In einem Brief hat Forsyth sich zu dem Wahrheitsgehalt seines Buches dann wie folgt geäußert:

> Regarding the plot of The Odessa File, approximately 50% of the book is perfectly true, the most notable the background; the buildings of rockets by President Nasser, the sending of American tanks to Israel via West Germany, the involvement of ex-Nazis in the Egyptian rocket programme and the attempts of Israeli intelligence to stop them – these are all perfectly true.[34]

In der Tat sind viele Details des Romans historisch korrekt. Dies betrifft nicht nur die Aktivitäten der Nazis im Nahen Osten, sondern vor allem die Figur des Hauptbösewichts: Eduard Roschmann ist eine historische Person. Er war KZ-Kommandant in Riga, floh später nach Südamerika und starb fünf Jahre nach Erscheinen des Romans in Paraguay unter dem Namen Frederico Wegner. Die Frage, in wie weit Forsyth Roschmann historisch korrekt dargestellt hat, kann am besten die Zentralstelle in Ludwigsburg beantworten. Deren leitender Staatsanwalt schreibt hierzu:

> Nach dem Erscheinen des Romans *Die Akte Odessa* von Frederick Forsyth, der weltweit Beachtung gefunden hatte und vor allem im Ausland als eine zutreffende Schilderung der insoweit in der Bundesrepublik Deutschland herrschenden Verhältnisse gewertet wurde, erhielt die Zentrale Stelle in Ludwigsburg zahlreiche Anfragen, ob die dort dargestellten Vorgänge mit den tatsächlichen Gegebenheiten übereinstimmten. Die Antwort lautete: Zahlreiche Ereignisse aus dem Leben des dort mit seinem richtigen Namen genannten SS-Führers Eduard Roschmann sind nach den hier vorliegenden Erkenntnissen zutreffend, teilweise mit minutiöser Genauigkeit wiedergegeben.[35]

Ob auch die ODESSA wirklich existiert, bzw. existiert hat, kann nicht eindeutig geklärt werden. Forsyth behauptet in seinem Brief: "The ODESSA is not simply modelled on a real organisation; *it was* a real organisation that existed for many years from 1947 onwards with a specific aim of helping ex-Nazis wanted by the Police."[36] Diese These hat Forsyth höchstwahrscheinlich von Simon Wiesenthal übernommen, der ja auch in *The Odessa File* den Helden Peter Miller berät. In seinem Buch *The Murderers Among Us* (1967) behauptet Wiesenthal, ODESSA sei eine einflußreiche Fluchthilfebewegung der Nazis. Ladislas Farago bestätigt in seinem Sachbuch *Aftermath: Martin Bor-*

*mann and the Fourth Reich* (1974) die Existenz von ODESSA, schätzt ihre Rolle aber völlig anders ein:

Much romantic nonsense has been written about a great number of post-Nazi groups going by such names as Lock Gates, The Spider, HIAG, Silent Help, Brotherhood and ODESSA, supposedly aiding Nazi criminals to evade retribution and to sustain themselves in exile. Some of them existed in name only; others were groups of wayward adventurers who operated briefly and spasmodically during the chaotic postwar months, then faded into oblivion, accomplishing little.
... Publicized as the largest and most insidious of these groups, ODESSA was actually little more than a shadowy consortium of a handful of freelancers and never amounted to much in the Nazi underground.[37]

Als Quelle für seine Erkenntnisse gibt Farago den notorischen Alt-Nazi Hans-Ulrich Rudel an: "On the testimony of Colonel Rudel himself, who candidly divulged both the scope and the scale of its activities, the Kameradenwerk was in fact what ODESSA was represented to be."[38] Abgesehen von diesem Insider-Wissen findet sich in der wissenschaftlichen Literatur über den Nationalsozialismus kein Hinweis auf ODESSA, und auch die Ludwigsburger Zentralstelle erklärt: „Das Bestehen einer Organisation der Art, wie sie in dem Buch beschrieben wird, kann jedoch für keinen Zeitraum der Nachkriegszeit bestätigt werden."[39] Wenngleich dieser Punkt also letztlich unklar ist, so bleibt doch bemerkenswert, wie viele sorgfältig recherchierte Fakten Forsyth in seinen Roman eingebunden hat.

Forsyths *The Odessa File* unterscheidet sich von den anderen *nightmares* in zweierlei Hinsicht. Erstens verwenden die übrigen Autoren nicht diesen dokumentarischen Ansatz und versuchen nicht, ihre Romane als Realität auszugeben. Zweitens ist in den übrigen *nightmares* der Protagonist kein Deutscher, sondern ein britischer Agent, der in die Bundesrepublik entsandt wird. Im folgenden werden *nightmares* diesen Musters aus drei Jahrzehnten vorgestellt und dabei vor allem der Frage nachgegangen, ob es eine Entwicklung im deutsch-britischen Verhältnis gibt.

Einer der frühesten Spionageromane über die Bundesrepublik Deutschland ist *The Berlin Memorandum* (1965) von Adam Hall (d. i. Elleston Trevor).[40] Dieser Roman ist der erste einer im Stile der James-Bond-Romane geschriebenen Serie von Spionageromanen über den britischen Agenten Quiller. Quiller hat bereits Erfahrungen mit dem Nationalsozialismus gesammelt: Während des Zweiten Weltkriegs gab er sich als Deutscher aus und trat – analog zum historischen Fall Gerstein – der SS bei, um Belastungsmaterial über den Massenmord an

Juden zu sammeln. Bei den Nürnberger Prozessen war er einer der Hauptzeugen, und seit der Zeit verbindet er mit Deutschland quälende Erinnerungen. So übernachtet er beispielsweise in Deutschland nur in teuren Hotels, weil in den billigen die Matratzen angeblich aus Judenhaaren gefertigt wurden. 20 Jahre nach Kriegsende wird Quiller erneut nach Deutschland beordert, da ein Wiederaufleben des Nationalsozialismus erkennbar wird. Die Kriegsverbrecher-Prozesse, deutlichstes Anzeichen für eine Entnazifizierung, werden zur Farce: "And now the trials are becoming more and more difficult. Convicted war-criminals are no longer hanged, but witnesses are being shot. The tide is on the turn." (*BM* 23) Quiller nimmt die Bundesrepublik der sechziger Jahre als lineare Fortsetzung des Dritten Reiches wahr. Nationalsozialistische Kriegsverbrecher haben verantwortungsvolle Positionen inne: Der Leibwächter von Bundeskanzler Erhard ist ein Massenmörder, ein Bundesminister war Sonderrichter in Polen, ein weiterer Bundesminister ist ein Massenmörder, gegen den Quiller bereits in Nürnberg ausgesagt hat. Eine derartige Kritik beruht auf einem realen Hintergrund. In den fünfziger und sechziger Jahren kam es in der Bundesrepublik zu Skandalen, weil die nationalsozialistische Vergangenheit hoher Politiker bekannt wurde: Der Staatssekretär im Bundeskanzleramt, Hans Globke, hatte dereinst einen Kommentar zu den Nürnberger Rassengesetzen verfaßt, und Bundesvertriebenenminister Theodor Oberländer wurde beschuldigt, 1941 in Lemberg Massenhinrichtungen befohlen zu haben. Hall jedoch geht noch weiter: Fast alle Deutschen, die in dem Roman auftreten, sind unverbesserliche Nazis. Halls Figurenarsenal setzt sich dabei aus klischeehaften, unglaubwürdigen Charakteren zusammen, z.B. der Hitler-Jüngerin Inga, einer neurotischen blonden Nymphomanin, "a werewolf with a child's face". (*BM* 208) Als Nichte eines Schwagers von Eva Braun erlebte sie die letzten Tage des Dritten Reiches im Führerbunker mit. Deutsche der jüngeren Generation, die keine Nazis sind, wie etwa der Leiter einer Anti-Nazi-Spezialeinheit bei der Polizei, haben in Quillers Augen lediglich die Gnade der späten Geburt:

> They are born to obey, these men, born to be led, and it's luck that elects their leader. Stettner was young, perhaps thirty, and so he was working for a liberal chancellor; it was his duty to bring in the henchmen of a long-dead maniac and to hand them to justice. Had he been fifteen years older he would have graduated from the Hitler Youth in 1939 to command an S. S. company pledged to genocide in the glorious name of the Führer. (*BM* 169)

Quillers Erklärungsmodell für den Nationalsozialismus ist simpel: Er ist "infectious" (*BM* 29), eine ansteckende Seuche. Daher ist die Gefahr auch in dem Moment gebannt, in dem es Quiller gelingt, die Überträger dieser Seuche auszuschalten, d. h. die Nazi-Führer zu töten. Das Zentrum der Verschwörung liegt in Berlin, einer Stadt, die oberflächlich und topographisch fehlerhaft beschrieben wird und die bei Quiller die Erinnerung an die Nazi-Zeit wachruft: "Where and what was Berlin? The capital of a some-time hell on earth, split by a wall and writhing, as a cut worm writhes." (*BM* 103f.) Hier hat sich eine Nazi-Untergrundorganisation mit dem bezeichnenden Namen „Phönix" gebildet, die die Asche Adolf Hitlers anbetet und in deren Hauptquartier der NS-Staat fortlebt: "I heard the comic and terrible pig grunt that I had not heard for twenty years: '*Heil Hitler!*' And as the doors opened I knew that they opened on to the Third Reich." (*BM* 201) Wie groß die Gefahr war, wird erst allmählich deutlich. „Phönix" plant die erneute Machtergreifung und den anschließenden Weltkrieg mit Chemiewaffen. Hilfe erhält die Nazi-Organisation außer von Franco, Nasser und der Mafia vor allem von der deutschen Bundeswehr, die schon wieder stärker als die britische Armee ist und in deren Führungsstäben fanatische Alt-Nazis sitzen. Den Deutschen, so Halls Botschaft, ist auch 20 Jahre nach Kriegsende immer noch nicht zu trauen.

Ein anderer Roman aus den sechziger Jahren, John le Carrés *A Small Town in Germany* (1968), thematisiert ebenfalls die Möglichkeit einer erneuten nationalsozialistischen Machtergreifung, zeichnet dabei aber ein differenzierteres Deutschlandbild. Die Handlung des Romans spielt 1968, zur Zeit der Großen Koalition von CDU und SPD, der Studentenproteste und der Wahlerfolge der NPD. In le Carrés Roman erhält eine neonazistische Oppositionsbewegung, "the Movement", großen Zulauf. Führer dieser Bewegung ist der Kriegsverbrecher Karfeld, der in seinem Auftreten an Goebbels erinnert. Bonner Politiker versuchen, Belastungsmaterial gegen ihn zu unterdrücken, weil sie insgeheim mit der Bewegung konspirieren. Es gibt deutliche Anzeichen dafür, daß die Bonner Republik das Schicksal von Weimar erleiden könnte: Der rechte Mob terrorisiert die Straße und liefert sich Kämpfe mit den Linken, während die Regierung untätig zusieht. Darüber hinaus propagiert Karfeld einen entschieden anti-westlichen Kurs und fordert statt dessen bessere Beziehungen zur Sowjetunion – eine neue Version des Hitler-Stalin-Paktes und des Rapallo-Vertrages, der im Roman auch direkt erwähnt wird (*STG* 135). Die Bonner Republik ist wie ihr Vorgänger, die Weimarer Republik, eine Demokratie, der es an Demokraten mangelt (*STG* 124). Der Bundestag, der Trauer zu tragen scheint, steht fast buchstäblich im Schatten von Weimar:

... behind shaggy conifers and blue-black laurel bushes, leaden spires which once had painted donnish dreams of Weimar stood like lances in a mouldering forest. Ahead of them rose the Bundestag, naked, comfortless and uncomforted; a vast motel mourned by its own flags and painted in yellowing milk. (*STG* 282)

Schauplatz der Handlung ist die „kleine Stadt in Deutschland", Bonn, das für einen Spionageroman ungewöhnlich detailliert beschrieben wird. Schon im ersten Absatz des Romans wird Bonn in einer Metaphorik charakterisiert, die an Tod und Trauer erinnert:

Bonn was a Balkan city, stained and secret, drawn over with tramwire. Bonn was a dark house where someone had died, a house draped in Catholic black and guarded by policemen. Their leather coats glistened in the lamplight, the black flags hung over them like birds. It was as if all but they had heard the alarm and fled. (*STG* 5)

Die ganze Atmosphäre erscheint bedrohlich und unwirklich. Bonn, die provisorische Hauptstadt, ist für die Angestellten der britischen Botschaft nur der Übergang zwischen der Nazi-Vergangenheit und einer ungewissen Zukunft: "An island cut off by fog, that's us. It's a very *metaphysical* spot; the dreams have quite replaced reality. We live somewhere between the recent future and the not so recent past." (*STG* 52) Diese romantischen Träumereien werden beispielsweise an der Architektur der Stadt deutlich, die an eine Märchenlandschaft erinnert. Als die Briten eine Demonstration der Bewegung beobachten, stehen sie plötzlich vor dem Bonner Rathaus:

The crowd gave way, suddenly, its will mysteriously gone, and the Town Hall appeared before them at the far end of the square, and that was the night's first dream. A magic baroque mountain of candy pink and merchant gold. A vision of style and elegance, of silk and filigree and sunlight. (*STG* 306)

Nach Einbruch der Dämmerung ändert sich das Bild:

Houses, shops, cinemas had fallen away. Only their gables remained, carved in fairytale silhouette against the dark sky, and that was the second dream, Tales of Hoffman, the woodcut world of German make-believe to prolong the German childhood. (*STG* 307)

Neben der Architektur wird vor allem die deutsche Landschaft ausführlich beschrieben. Die Umgebung von Bonn wird dabei als die Landschaft der deutschen Sagenwelt gesehen: der Rhein, die Lorelei, das Siebengebirge, das "like Gothic dreams" (*STG* 55) erscheint, der Drachenfels, "where Siegfried had slain the dragon and bathed in its magic blood" (*STG* 120), "the land of the Nibelungs". (*STG* 120) Hinsichtlich dieser Beschreibung der deutschen Landschaft und deren vermeintlichen Auswirkungen auf die deutsche Psyche steht *A Small Town in Germany* in der gleichen Tradition wie auch *The Odessa File*. Le Carré warnt hier vor einem „Wiederaufleben des Faschismus in Deutschland als Ausdruck fortdauernder romantischer Neigungen“[41]. Die Landschaftsbeschreibungen bei le Carré haben darüber hinaus noch eine historische Dimension. Gemesssen an den Stätten einer heroischen Vergangenheit wird offenbar, daß die Politik in Bonn von Opportunismus und Tatenlosigkeit geprägt ist. Symbol hierfür ist der stetige Nebel, in dem, wie bei le Carré üblich, alle Gegensätze verschwimmen. Gut und böse, schwarz und weiß werden zu einem einzigen grau: "There are no absolutes here. ... It is all doubt. All mist. The mist drains away the colours. There are no distinctions". (*STG* 280) Le Carré beschränkt sich nicht nur auf eine Analyse der Situation der Bundesrepublik Deutschland. Im Gegensatz zu anderen *nightmares* geht er auch auf die Rolle Großbritanniens ein. Die britische Regierung besitzt nämlich Belastungsmaterial über Karfeld, hält es aber zurück, um den Beitritt zur EWG nicht zu gefährden. Im Bemühen, sich mit dem Gewinner von morgen zu arrangieren, wirft die britische Regierung moralische Bedenken über Bord und paktiert mit den Nazis – eine Strategie, die an Chamberlains *appeasement*-Politik erinnert. Chamberlain wird im Roman denn auch gleich mehrfach erwähnt. (*STG* 120, 280, 304) In den Augen der britischen Diplomaten in Bonn begeht die britische Regierung eine Neuauflage des Münchener Abkommens. *A Small Town in Germany* wird so zu mehr als nur zu einer weiteren Variante des "It could happen again"-Thema. Le Carré thematisiert hier vor dem Schauplatz Bonn die Kollektivpsyche der Deutschen und den Verrat von Idealen sowohl auf deutscher als auch auf britischer Seite.

Ansätze zu einer Korrektur des britischen Deutschlandbildes zeigt Ted Allbeury, einer der produktivsten Spionageromanautoren der Gegenwart. Allbeury nahm am Zweiten Weltkrieg als Geheimdienstoffizier teil und war 1945 mit der Verhaftung und dem Verhör von Nazis in Norddeutschland beauftragt. Das dominierende Thema in seinem Werk ist denn auch der Zweite Weltkrieg, wobei er seine eigenen Erfahrungen verarbeitet. Mit der Situation im Nachkriegsdeutschland befaßt er sich ausführlich in zweien seiner Romane: *The Only Good German* (1976) und *Children of Tender Years* (1985). Von mir nach seinem Deutschlandbild befragt, antwortete Allbeury in einem Brief:

> Your thought that I have a negative image of Germany is not true in fact, and I doubt if anyone could read that from my books. ... I think it's fair to say that

over the past 40 years nobody any longer thinks of Germans or Germany in terms of war or aggression.[42]

Diese Aussage erscheint zweifelhaft, denn in seinen Spionageromanen wird Deutschland immer noch mit der nationalsozialistischen Vergangenheit in Verbindung gebracht. In *The Only Good German* verübt eine Gruppe von alten Nazis Terroranschläge in Osteuropa, um die neue Ostpolitik Willy Brandts zu verhindern. Der britische Geheimdienst reaktiviert deshalb den Agenten Mills, der schon als Besatzungsoffizier an der Entnazifizierung teilgenommen hatte. Die Tatsache, daß Mills drei Jahrzehnte nach Kriegsende erneut gegen die Nazis vorgehen muß, zeigt, daß der Nationalsozialismus in Deutschland nicht wirklich ausgerottet wurde. So hat in Allbeurys Roman denn auch die überwiegende Mehrheit der Deutschen Sympathie für die Nazi-Terroristen:

In private there are open discussions and there are serious politicians in all parties who welcome such an organization. Willy Brandt's attempts at détente with the Soviets were never popular. People saw them as necessary maybe, but there was no heart in it. You can't carry a major policy against the majority of the people especially if the people are covertly backed by the politicians. (*OGG* 131)

Von allen auftretenden deutschen Charakteren wird eigentlich nur einer, Oberst Munsel, positiv beschrieben. Nun ist Munsel in seinem Auftreten aber betont undeutsch, vielmehr ausgesprochen englisch[43]: "The good tweed jacket, the hard-knitted, polo-necked sweater and the grey flannel trousers all spoke of his Englishness." (*OGG* 17) Dennoch gibt es in Allbeurys Roman auch ein Anzeichen für eine Versöhnung zwischen den Völkern. So kommt es zwischen Mills und einer jungen Deutschen zu einer Liebesbeziehung. Eine Generation nach Kriegsende haben die alten Feindbilder ihre Gültigkeit verloren:

"He said I would have to remember that you'd seen the Germans at their worst. During the war and after the war, and now you were dragged back to deal with the same sort of people again. And once more they're Germans.
. . .
Daddy said you've got a saying in English. The only good German is a dead German. Is he right?"
Mills frowned and shrugged.
"Yes, it's true, but people say stupid things in the heat of wars." (*OGG* 165)

Allbeurys neun Jahre später erschienener Spionageroman *Children of Tender Years* wirkt in vielen Punkten wie eine Kopie von *The Only Good German*. In der Bundesrepublik der achtziger Jahre kommt es zu antisemitischen Ausschreitungen. Der britische Geheimdienst entsendet seinen Agenten Jake Malik, für den die Reise nach Deutschland eine traumatische Erinnerung an die Schrecken seiner Kindheit bedeutet. Wie Adam Halls Quiller erlebte auch Malik die Grausamkeiten in einem deutschen KZ, im Gegensatz zu Quiller allerdings aus der Opferperspektive. Als Kind polnisch-jüdischer Eltern mußte er miterleben, wie seine Mutter in Auschwitz von Deutschen zuerst systematisch mißbraucht und dann vergast wurde. Vor diesem Hintergrund ist es verständlich, daß Malik auf alles Deutsche mit einer Mischung aus Haß und Angst reagiert. Im Zuge seiner Ermittlungen wird er immer wieder mit der Nazi-Zeit konfrontiert. Mehrere der im Roman auftretenden Deutschen haben eine belastete Vergangenheit. Besonders kritisch werden deutsche Politiker gesehen. So trifft Malik beispielsweise auf den fiktiven CDU-Bundestagsabgeordneten Fassbinder:

> By the way, I saw that on the British de-nazification report on your case that you claimed you joined the Nazi party in 1937. But they had the originals of the party documents and in fact you joined in 1933. Right at the start, when there was no pressure on anyone to join. And in your election address you claimed that you had never been a member of the party at any time. (*CTY* 30f.)

Trotz all dieser Gemeinsamkeiten zwischen den beiden Romanen gibt es einen wichtigen Unterschied: In *The Only Good German* sind die Bösewichter Nazis, die ihre alten Ziele weiterverfolgen, in *Children of Tender Years* hingegen setzt sich die feindliche Organisation aus pro-jüdischen Deutschen und Israelis zusammen. Die antisemitischen Aktionen erweisen sich nur als Ablenkungsmanöver. Das eigentliche Ziel der Organisation heißt nicht Judenvernichtung, sondern Rettung des Staates Israel vor einem sowjetischen Angriff. Die Vermutung "it could happen again" trifft in den achtziger Jahren also nicht mehr zu. Gleichzeitig vollzieht Allbeury in diesem Roman eine Umkehrung der Stereotypen. Malik arbeitet mit einem deutschen Polizisten namens Fischer zusammen. Zwischen den beiden scheinen die Rollen auf den ersten Blick eindeutig verteilt: Malik ist der Überlebende des Holocaust, während Fischer – groß, blond, blauäugig – der Nazi-Vorstellung vom Herrenmenschen entspricht. Im Verlauf der Untersuchung ist es dann aber Malik, der aus blindem Haß auf die Deutschen foltert und mordet und sich vorwerfen lassen muß, er wäre ein guter Nazi geworden, wohingegen Fischer liberal und humanistisch eingestellt ist und deswegen vom israelischen Geheimdienst ermordet wird.

Eine Entwicklung hinsichtlich der Einschätzung Deutschlands ist auch in den Spionageromanen von Len Deighton ablesbar. In *Funeral in Berlin* (1964) ist mit Berlin erstmals eine deutsche Stadt Schauplatz der Handlung. Berlin, von Deighton liebevoll und detailgetreu beschrieben, ist eine Stadt mit zwei Gesichtern. Einerseits ist sie angefüllt mit Erinnerungen an die NS-Zeit, andererseits eine moderne Großstadt in den *swinging sixties*:

Brassieres and beer; whiskies and worsteds; great words carved out of coloured electricity and plastered along the walls of the Ku-damm. This was the theatre-in-the-round of western prosperity: a great gobbling, yelling, laughing stage crowded with fat ladies and dwarfs, marionettes on strings, fire-eaters, strong men and lots of escapologists. (*FIB* 21)

Die politische Situation der Bundesrepublik entspricht dieser Stadtbeschreibung. Einerseits ist sie eine moderne Demokratie, das Wirtschaftswunderland, dessen Bürger sich genüßlich der *"Edelfresswelle"* (*FIB* 50) hingeben; andererseits aber werden immer wieder die Schatten der Nazi-Vergangenheit sichtbar. Der britische Agent, der nach Berlin entsandt wird, begreift, daß eine wirkliche Entnazifizierung nicht stattgefunden hat. Ehemalige Kriegsverbrecher treten ohne Furcht in aller Öffentlichkeit auf. An ihrer Strafverfolgung sind nur jüdische Organisationen interessiert:

The Jewish Documentation Section in Vienna collected material about war crimes to bring ex-SS men to trial. There was plenty of work about, Vulkan thought. He looked through the tobacco smoke; he could count at least five ex-SS officers in here at this moment. (*FIB* 52f.)

Besonders im Regierungsdienst sind viele belastete Personen untergekommen. Nach einer Phase der Entnazifizierung schlägt das Pendel jetzt in die entgegengesetzte Richtung aus. Der britische Agent fragt einen ehemaligen Wehrmachtsgeneral darüber aus:

"Do you do any work for Bonn?" I asked.
"For those ruffians – certainly not. ... For a decade after the war, I was too much of a Nazi for any decent German to take coffee with me. ... For a whole decade I was too much of a Nazi for the German politicians. ... Now I'm not enough of a Nazi for them." (*FIB* 223)

Daß die bundesdeutschen Behörden kein Interesse an der Strafverfolgung von NS-Verbrechern zeigen, sondern diese sogar noch mit Regierungsposten belohnen, dokumentiert auch das Beispiel des KZ-Arztes Mohr. Als der britische Agent ihn den deutschen Behörden melden will, muß er sich von seinem Chef Dawlish belehren lassen:

"Shall we try and get that bastard Mohr?" I said.
"You are a callow youth," said Dawlish. "If we tell Bonn he is a war criminal,

either they won't claim him at all or else they will give him some nice fat government job. You know what always happens." (*FIB* 291)

Die hier geäußerte Kritik an der Bonner Politik ist kein Einzelfall in Deightons Spionageromanen aus den sechziger Jahren. Schon in seinem ein Jahr zuvor erschienem *Horse Under Water* findet sich ein Verweis darauf, daß sich die Bonner Beamtenschaft vorwiegend aus Nazis zusammensetzt[44]:

"When will he be arrested?" I asked.
"Arrested?" said Dawlish. "What an extraordinary question; why would he be arrested?"
"Because he is a corner-stone of an international Fascist movement dedicated to the overthrow of democratic government." I said patiently, even though I knew that Dawlish was deliberately leading me on.
Dawlish said, "You surely don't imagine that they can put everyone who answers that description in jail. Where would we find room for them, and besides, where would the Bonn government get another Civil Service?" (*HUW* 258)

Knapp zwanzig Jahre später hat Deighton sich erneut mit der Situation der Bundesrepublik Deutschland befaßt. Seine Romantrilogien *Game, Set & Match* (1983–85) und *Hook, Line & Sinker* (1988–90) schildern den Kampf des britischen Agenten Bernard Samson gegen seine Ehefrau Fiona, die zur Stasi übergelaufen ist. Hauptschauplatz der Trilogien ist wiederum Berlin, das außergewöhnlich detailliert beschrieben wird. Was die Gebäude in Berlin betrifft, so bleibt die Erinnerung an die NS-Zeit allgegenwärtig: "There were memories everywhere I looked, and there was no getting away from the war." (*BG* 255) Berlin erscheint als "a sort of history book of twentieth-century violence" (*LM* 9), in dem fast jede Straßenecke eine historische Bedeutung hat. Die Trilogien nehmen schon den Charakter eines Reiseführers an. Wenn der Ich-Erzähler Samson ein Gebäude beschreibt, so erwähnt er meist auch dessen Funktion in der Nazi-Zeit. Auch was die Figuren betrifft, ist der Nationalsozialismus keineswegs längst vergessene Geschichte. Mehrere der im Roman auftretenden Deutschen haben eine belastete Vergangenheit. Im Gegensatz zu den Romanen der sechziger Jahre geht aber jetzt von den Alt-Nazis keine Gefahr mehr aus. Lothar Koch etwa, ein ehemaliger SD-Mann, ist ein netter, alter Mann, dessen Handlungen sich darauf beschränken, mit Samsons mütterlicher Freundin Tante Lisl Bridge zu spielen. Der entscheidende Unterschied zu den *nightmares* der sechziger Jahre liegt in der Erzählerfigur. Bernard Samson ist nämlich ein Vertreter der Nachkriegsgeneration und wuchs als Kind eines britischen Besatzungsoffiziers im geteilten Berlin auf. Die Furcht vor den Nazis erscheint in diesen Trilogien als ein Generationsproblem. Diejenigen Briten, die im zweiten Weltkrieg gegen die Deutschen gekämpft haben, sorgen sich immer noch wegen der Nazis. Samsons Chef Frank Harrington gehört zu dieser Generation: "Sometimes I thought Frank spent more time worrying about the Nazis than he did about the Russians. But that was something common to a lot of the oldtimers." (*SH* 52) Harrington vermutet immer noch ein geheimes Nazi-Komplott, während Bernard Samson die Deutschen der älteren Generation verteidigt und sich über Harringtons Furcht lustig macht:

> "Don't get so defensive; Bernard. Lisl and her friends were enthusiastic Hitler supporters right up to the time when the Red Army started waving a flag from the Brandenburger Tor.
> ...
> And that Lothar Koch . . . Well, we've been through all that before."
> ...
> "Lothar Koch was just a clerk," I said. I emptied my glass and got to my feet. "And you're just a romantic, Frank, that's your problem. You're still hoping that Martin Bormann will be discovered helping Hitler to type his memoirs in a tin hut in the rain forest." (SH 52)

Samson ist nicht durch Erinnerungen aus der Kriegszeit vorbelastet, seine Erinnerungen stammen aus der Nachkriegszeit. Während für Adam Halls Quiller Berlin nur düstere Assoziationen auslöst, empfindet Samson die Stadt wie eine alte Geliebte:

> Did you ever say hello to a girl you almost married long ago? Did she smile the same captivating smile, and give your arm a hug in a gesture you'd almost forgotten? Did the wrinkles as she smiled make you wonder what marvellous times you'd missed? That's how I felt about Berlin every time I came back here. (*BG* 102)

Als Grenzgänger zwischen den zwei Nationen fühlt er sich in Berlin und in London gleichermaßen zu Hause. Der Autor Deighton hat mit Bernard Samson eine Figur geschaffen, die als Plädoyer für eine deutsch-britische Verständigung 40 Jahre nach Kriegsende verstanden werden kann.

Vergleicht man diese *nightmares* aus drei Jahrzehnten, so wird eine Entwicklung hinsichtlich des britischen Deutschlandbildes erkennbar. In den sechziger Jahren wird in so unterschiedlichen Romanen wie Adam Halls *The Berlin Memorandum* und John le Carrés *A Small Town in Germany* eine erneute nationalsozialistische Machtergreifung noch für möglich gehalten. Der einhelligen Meinung der

Autoren zufolge war die Entnazifizierung in der Bundesrepublik völlig unzureichend, so daß Nazi-Kriegsverbrecher schon wieder in Regierungspositionen sitzen. In den achtziger Jahren dann hat sich die Einschätzung Deutschlands gewandelt. Von deutschen Alt-Nazis geht keine Gefahr mehr aus, und vermutete Nazi-Verschwörungen finden nicht statt. Im Zuge der deutschen Wiedervereinigung in den neunziger Jahren kommt es dann allerdings wieder zu einer Neubelebung der Furcht vor Deutschland.

### b) Nazis im Ausland: Nicolas Freeling, John Gordon Davis, Phillip Kerr, John Gardner, Michael Spicer, Ted Allbeury, Brian Freemantle, Len Deighton, Ian Fleming

Die Spionageromane, die in diesem Kapitel analysiert werden, handeln von Nazis, die nach Kriegsende ins Ausland geflohen sind. Diese *nightmares* können sich auf historische Vorbilder berufen. Inzwischen gilt es als erwiesen, daß nach 1945 viele Nazis mit Hilfe von staatlichen und kirchlichen Stellen neue Papiere erhielten, untertauchen konnten oder ins Ausland geflohen sind. Die Entführung Adolf Eichmanns aus Argentinien oder die Auslieferung Klaus Barbies aus Bolivien stellten der Weltöffentlichkeit unter Beweis, daß noch Jahrzehnte nach Kriegsende hochrangige Nazis in Südamerika lebten. Diese Fälle sind nur die Spitze eines Eisberges. Noch mehrere, weniger prominente Nazis wurden im Ausland aufgespürt und verhaftet. Andere NS-Verbrecher wie etwa der berüchtigte Lagerarzt von Auschwitz, Josef Mengele, konnten zwar im Ausland lokalisiert werden, doch das Gastland, in diesem Fall Paraguay, verweigerte die Auslieferung. Wieder andere Nazis wie Gestapo-Chef Heinrich Müller oder KZ-Inspekteur Richard Glücks, Chef des SSWVHA, verschwanden nach 1945, ohne Spuren zu hinterlassen.[45] Aus diesen Fällen beziehen die *nightmares* ihre Ideen, und jeder Fall, der neu bekannt wird (letztes Beispiel: John Demjanuk), unterstreicht den Aktualitätsanspruch dieser Romane.

Einzelne *nightmares* beziehen sich dabei sogar konkret auf historische Personen. In diesen Fällen ist die historische Wirklichkeit jedoch meistens weitaus weniger sensationell als die Fiktion. Während Nazi-Verbrecher im britischen Spionageroman "immensely glamorous, inexhaustibly interesting"[46] erscheinen, trifft in der Realität eher Hannah Arendts These von der Banalität des Bösen zu.[47] So ist beispielsweise das Schicksal von Martin Bormann inzwischen geklärt.

Hitlers Sekretär floh zwar in den letzten Kriegstagen aus dem Führerbunker, doch er beging schon nach wenigen hundert Metern Selbstmord aus Angst, von sowjetischen Soldaten gefaßt zu werden. Aufgrund von Zeugenaussagen und gerichtsmedizinischen Untersuchungen wurde er 1973 offiziell für tot erklärt.[48] Im Spionageroman aber lebt Bormann weiter: Er läßt ein Double von sich anfertigen und flieht nach Südamerika (Higgins, *The Valhalla Exchange*, *Thunder Point*), ist Nr. 1 der ODESSA (Forsyth, *The Odessa File*), lebt mit einem Vatikan-Paß in einem Kloster im Dschungel (Allbeury, *The Reaper*) oder hält sich an einem unbekannten Ort versteckt (Hall, *The Berlin Memorandum*). Dem fiktionalen Bormann werden in diesen Romanen Qualitäten zugeschrieben, über die der reale Bormann nicht verfügte. Hugh Trevor-Ropers Einschätzung, der reale Bormann sei "too stupid, too inagile or too inebriated to escape"[49] gewesen, wird von den Spionageromanautoren nicht geteilt. Nazi-Schurken erscheinen im Spionageroman fast immer abgrundtief böse und teuflisch schlau. Was in der Realität diletantisch ablief, wird in diesen Romanen zu einer detailliert geplanten Flucht hochstilisiert.[50]

Wie breit das Spektrum an Fiktionalisierungsmöglichkeiten ist, läßt sich gut am Beispiel eines anderen verschwundenen Nazis dokumentieren, der ebenfalls eine im Spionageroman oft benutzte Figur ist: Heinrich Müller, Chef der Gestapo und einer der Hauptschuldigen am Genozid an den Juden. Müller, meist „Gestapo Müller" genannt, war in den letzten Tagen des Dritten Reiches im Führerbunker anwesend. Sein weiteres Schicksal bleibt rätselhaft. Einigen Gerüchten zufolge soll er beim Ausbruchsversuch aus dem Bunker umgekommen sein, anderen Gerüchten zufolge ist er nach Südamerika entkommen, wo er als Killer unter geflohenen SS-Leuten lebt.[51] In der Realität wird er seit Jahrzehnten ergebnislos auf der *most wanted list* geführt, nur im britischen Spionageroman wird er gleich mehrfach aufgespürt.

Der früheste Roman über das Schicksal von „Gestapo Müller" ist Nicolas Freelings *Double-Barrel* (1964). Freelings Serienheld ist der niederländische Kriminalkommissar Van der Valk, der nach Simenons Maigret gestaltet ist und sich von üblichen Thriller-Helden wie James Bond ironisch distanziert:

> I am not, I am grateful to say, the least like James Bond. Don't have hanging locks of hair, don't kill people – not, that is to say, quite that many – am not very British, and am left unmoved by passionate women with eccentric names. Not even a muddied oaf and a flannelled fool – I am simply a clot in a ready-made suit. But I do like large cold expensive drinks in large cold expensive glasses. Here's to you, Bond; may your sexual capacities never grow less. But do be

careful, old boy; don't ever tap yourself on the head with the emerald Fabergé spoon, thinking you're a boiled egg in a four-and-a-half-litre Bentley egg-cup. (*DB* 69)

In *Double-Barrel* muß Van der Valk in einem kleinen Dorf in Drenthe wegen anonymer Briefe ermitteln. Der Intellektuelle Van der Valk kommt mit der Atmosphäre im Dorf nur schwer zurecht: Hinter einer Fassade von respektabler Bürgerlichkeit verbergen sich Heuchelei und Bigotterie. Die einzige Person, mit der er sich wirklich auseinandersetzen kann, ist ein alter Jude namens Besancon. Entgegen den Vermutungen der Dorfbewohner ist der Verfasser der Briefe nicht Besancon, sondern eine überreligiöse, verklemmte Frau, die so ihre Frustrationen abbaut. Besancon hat ein anderes Geheimnis: Er ist „Gestapo Müller". In den letzten Tagen des NS-Regimes hat Müller den echten Besancon ermordet und dann dessen Identität angenommen. Freelings Roman ist einer der wenigen, die Arendts These von der Banalität des Bösen bestätigen. Van der Valk hat zwar das Stereotyp des überlebensgroßen Verbrechers im Sinn, muß aber erkennen, daß es auf Müller nicht zutrifft:

It was funny: I had a sort of embarrassment. I was unable to say straight out – „You are a notorious man; the execrated, the fearful, the larger-than-life." Quite right. This was not any of those things. This was an ageing, tired, frightened, dying man. (*DB* 195)

Van der Valk lehnt es auch ab, Müller für die Verbrechen allein büßen zu lassen: "I could say that the law makes no provision for a man like that. As a man – even as a policeman – I can say that no man expiates crimes like that. Any way at all. It's something needed from the whole human race." (*DB* 204f.)

Ein völlig anderes Bild von „Gestapo Müller" zeichnet John Gordon Davis in seinem Roman *The Land God Made in Anger* (1990). Der Held dieses Romans, James McQuade, stößt per Zufall auf ein deutsches U-Boot-Wrack, in dem er einen Nazi-Schatz vermutet. Bei seinen Nachforschungen stellt er dann fest, daß „Gestapo Müller" mit diesem Boot nach Südafrika geflohen ist.[52] Müllers Flucht ist Teil eines groß angelegten Plans, ein Viertes Reich zu errichten. Mit unerschöpflichen Geldsummen versehen, soll Müller die extreme Rechte unterstützen, Chaos erzeugen und schließlich ein nationalsozialistisches Südafrika erschaffen. Anders als in *Double-Barrel* ist Müller in *The Land God Made in Anger* kein alternder, sterbender Mann, der sich zur Ruhe gesetzt hat, sondern immer noch "every inch an old SS general" (*LGMA* 586), der seine alten Ziele weiterhin verfolgt. Schon bei der ersten Begegnung McQuades mit Müller wird deutlich, daß – im Gegensatz zu Freelings Roman – Mitleid oder gar Sympathie für den Gestapo-Chef unangebracht sind:

It was a book-lined study, dominated by a large desk. A swastika flag hung on one wall. A bronze, lifesize bust of Adolf Hitler stood in one corner, a big world-globe in the other. There was a number of framed photographs. Behind the desk sat Heinrich Muller. [sic!]
He was looking very annoyed. McQuade walked in. And for the first time he looked his man in the eye. And what he saw made his blood run cold. This was no Rudolf Hess with a pathetic old face: this was a strong, grim man, a hard old man in good health, a proud little man accustomed to command, who knew with certainty he was superior to others. (*LGMA* 551 f.)

Thematisch erscheint Davis' Roman wie eine Extrapolation von Forsyths *Odessa File*. Beide Romane basieren auf der These von Simon Wiesenthal, daß es die mächtige Nazi-Organisation ODESSA gebe. Die Analogie zwischen den beiden Romanen wird besonders in einer Szene deutlich, in der McQuade – genau wie Forsyths Peter Miller – Simon Wiesenthal aufsucht und ihn um Hilfe bittet: "Wiesenthal glanced at his watch. 'Haven't you read Frederick Forsyth's book The Odessa File? He came to me for advice, too.'" (*LGMA* 166) Ähnlich wie Forsyth glaubt auch Davis an einen deutschen Nationalcharakter: "there was a pattern of behaviour, a national susceptibility towards aggression and domination". (*LGMA* 73) Dieser Nationalcharakter habe sich in der neuesten deutschen Geschichte gleich mehrfach verheerend ausgewirkt. Davis spannt dabei einen Bogen von der deutschen Kolonialpolitik, insbesondere dem Feldzug gegen die Hereros, bis hin zum organisierten Judenmord. Die deutsche Geschichte in der ersten Hälfte des 20. Jahrhunderts erscheint so als eine Geschichte der Völkermorde.

Der bislang neueste Spionageroman über das Schicksal von „Gestapo Müller" ist Philip Kerrs *A German Requiem* (1991), der letzte Band seiner *Berlin Noir*-Trilogie um den Privatdetektiv Bernie Gunther. Schauplatz des Romans ist Wien im Jahre 1948 unter der Viermächtebesatzung, in dem gerade der Film *The Third Man* gedreht wird. Die Spannungen zwischen den Westalliierten und der Sowjetunion nehmen zu, und der Kalte Krieg erreicht mit der Berlin-Blokkade einen ersten Höhepunkt. In dieser Situation benötigt das amerikanische CIC, das in Pullach einen deutschen Geheimdienst aufbaut, Männer mit Osterfahrung. Müller, Arthur Nebe und andere Kriegsverbrecher, die ihren Tod nur vorgetäuscht haben, werden daher für ihre Taten nicht zur Rechenschaft gezogen, sonderen kämpfen weiter gegen die Sowjets, jetzt allerdings unter amerikanischer Führung. Auch in Kerrs Roman ist Müller kein gebrechlicher, alter Mann, sondern weiterhin der fanatische Nazi, den eine Aura des Mystischen und Mysteriösen umgibt. Gunther ist bei seiner ersten Begegnung mit Müller ebenso fasziniert wie McQuade:

There was something about his gaze I found deeply disconcerting. His were the eyes of a music-hall hypnotist.
... Here was another one who had changed his name. Another one who was supposed to be dead, like Arthur Nebe. And yet this was no ordinary Nazi fugitive from justice, if indeed justice existed anywhere in Europe during 1948. It gave me a strange feeling to consider that I had just shaken hands with a man who, but for the mysterious circumstances surrounding his "death", might well have been the world's most wanted man. This was "Gestapo" Heinrich Müller, in person. (*GR* 254)

Kerrs Portrait von Müller ist zugleich in hohem Maße von der aktuellen Politik der neunziger Jahre geprägt. „Gestapo Müller" hat nämlich schon einen neuen Weg zum Endsieg im Visier:

We are working for a new tomorrow, Herr Gunther. Germany may be divided between [the Allies] now. But there will come a time when we are a great power again. A great economic power. ... The German may never rule militarily, but he can do it economically. It is the mark, not the swastika, that will conquer Europe. (*GR* 256)

Diese Aussagen wirken zu dem Zeitpunkt, zu dem die Handlung spielt, d.h. kurz nach der Währungsreform 1948, noch sehr prophetisch. Verständlich werden sie erst, wenn man die Zeit berücksichtigt, in der der Roman geschrieben wurde, d. h. Anfang der neunziger Jahre, als es in der britischen Öffentlichkeit eine breite Diskussion über die Rolle Deutschlands in der EG gab. Kerr legt dem Müller des Jahres 1948 hier Aussagen aus dem Jahr 1990 in den Mund. Wie Harris in *Fatherland* verknüpft auch Kerr das Thema des nicht überwundenen Nationalsozialismus mit der Furcht, Deutschland könne die Europäische Gemeinschaft ökonomisch beherrschen und auf diese Weise doch noch seine alten Kriegsziele erreichen.

Die Verwendung von historischen Personen ist logischerweise zeitlich begrenzt. Wenn man die Romane nicht in der Vergangenheit spielen läßt – wie etwa Kerr es macht –, scheiden die realen Nazi-Verbrecher aus Altersgründen allmählich als Feindbilder aus: Hitler, „Gestapo Müller" und Bormann müßten inzwischen alle über 90 Jahre alt sein. Deshalb wenden sich einige Autoren der zweiten Generation zu: (fiktiven) Kindern von Nazi-Größen.

So hat in John Gardners *The Werwolf Trace* (1977) der britische Geheimdienst die Akten über die Hauptkriegsverbrecher und auch über die ODESSA längst geschlossen. Offen bleibt nur noch eine Akte mit dem Codenamen „Werwolf". Fest steht, daß sich hinter diesem Codenamen ein Mann verbirgt, der als kleiner Junge am 1. Mai 1945 aus Hitlers Führerbunker geschmuggelt wurde, dann in Südamerika unter alten Nazis aufwuchs und sich schließlich in Großbritannien unter dem Namen Joseph Gotterson niedergelassen hat. Der britische Geheimdienst vermutet, Gotterson sei in Wahrheit Helmut Goebbels, der einzige Sohn des Nazi-Propandaministers. Der Tod von Helmut sei nur vorgetäuscht gewesen: Ein anderer Junge sei an seiner Stelle im Bunker ermordet worden, während Helmut von den Nazis als Erbe des Dritten Reiches ausersehen und ins Ausland gebracht worden sei. Im Gegensatz zum Schicksal von prominenten Nazis wie Hitler, Bormann oder Müller ist das Schicksal von Goebbels' Sohn bisher noch nicht zum Gegenstand historischer Forschung geworden:

> The historians argued over the evidence of Hitler's death. Did he shoot himself or, as the Russians maintained, take poison? Had the Russians really found his body, and that of Eva Braun? Nobody, until Maitland-Wood's meddling, has ever questioned the identity of the small body that was Goebbels' son. (*WT* 204)

Die Frage, ob Gotterson wirklich Goebbels junior oder nur ein normaler Hitlerjunge ist, wird im Roman offengelassen. Allein die Vorstellung jedoch, "the inheritor of the Reich, the next in line within the Nazi Apostolic succession" (*WT* 76) könne in Großbritannien leben, versetzt die britische Regierung so sehr in Panik, daß der britische Geheimdienst auf Gotterson angesetzt wird und ihn schließlich in den Selbstmord treibt. Diesem Roman liegt wie auch vielen anderen *nightmares* eine Verschwörungstheorie zugrunde: Gardner spielt mit der Schreckensvision, Hitler hätte kurz vor seinem Tod noch das Überleben des Nationalsozialismus gesichert, und jetzt, eine Generation nach Kriegsende, könne die Nazi-Saat in Großbritannien aufgehen. Gotterson sei eben nicht der respektable Geschäftsmann, der er zu sein vorgebe, sondern der "boy emperor in hiding, being trained to take over his future kingdom" (*WT* 97). Der Nationalsozialismus erscheint unausrottbar.

Das Motiv des Nazis der zweiten Generation, der unerkannt in Großbritannien lebt, benutzt auch Michael Spicer. In seinem Roman *Prime Minister Spy* (1986) ist der konservative britische Ministerpräsident Rupert Higginson nicht nur – wie der Titel bereits andeutet – ein KGB-Spion, sondern auch ein illegitimer Sohn Adolf Hitlers. Eine derartige Horrorvision erscheint britischem Verleger und Lesern offenbar nicht sehr weit hergeholt: „im Eigenlob des Klappentextes wird das Buch allen Ernstes vorgestellt als 'erschreckend plausible Geschichte, die auf Kenntnissen eines Eingeweihten beruht und auf Tatsachen'".[53] Beachtenswert ist dieser Roman auch aufgrund der Person des Verfassers. Spicer ist immerhin ein ehemaliger Minister der Konservativen Partei und zur Zeit Mitglied der *Euro rebels*, der innerparteilichen europafeindlichen Oppositionsbewegung gegen John Major. Wie Harris und Kerr verbindet also auch Spicer die Kritik an der Bundesrepublik Deutschland mit dem Thema des überlebenden Nazis. Sein Roman läßt sich in diesem Kontext als Metapher lesen: Die Deutschen, so Spicer, wollen Großbritannien beherrschen; in der EG durch die ökonomische Übermacht, in *Prime Minister Spy* durch die Person von Hitler junior. Angesichts der nicht nachlassenden Faszination der Briten für das Thema Nationalsozialismus ist es im übrigen wohl nur eine Frage der Zeit, bis Hitlers Enkel im britischen Spionageroman erscheinen.

Andere Autoren verzichten auf diesen historischen Realitätsbezug und befassen sich mit rein fiktiven Nazis. Ein beliebtes Thema in diesen Romanen ist die Rache der Opfer an den Tätern. In Ted Allbeurys *The Reaper* (1980) ermordet eine junge Deutsche ein Killerkommando der ODESSA – nach Forsyth' Roman ist ODESSA zumindest im britischen Spionageroman eine allgemein bekannte Organisation. In Allbeurys Roman sind gut und böse eindeutig verteilt und die Charaktere platt gezeichnet. Auf der einen Seite steht eine junge unerfahrene Frau, deren Ehemann ermordet wird und die sich im Laufe des Romans erneut verliebt, auf der anderen Seite stehen die alten Nazis, die zu unfreiwilligen Karikaturen werden.

Komplexer und psychologisch feinfühliger sind die Spionageromane Brian Freemantles. In *The Man Who Wanted Tomorrow* (1975) geht es um das Schicksal des KZ-Arztes Köllmann, der nach dem Krieg in die UdSSR geflohen ist und dort unerkannt in hoher Position lebt. Da Köllmann Beute aus dem KZ gestohlen hat, jagt ihn nicht nur der israelische Mossad, sondern auch die ODESSA. Als bekannt wird, daß im Toplitzsee Dokumente gefunden worden sind, die Köllmann entlarven könnten, bemühen sich Köllmann und die ODESSA, dieser Dokumente habhaft zu werden. Die Affäre erweist sich aber als Trick des Mossad, der so Köllmann und die ODESSA aufspürt. In Freemantles Roman verwischen die Grenzen zwischen gut und böse. Die Israelis verhalten sich ebenso skrupellos wie die Nazis früher. Statt den KZ-Arzt Köllmann vor Gericht zu stellen, benutzen sie ihn als Versuchsperson, so wie er damals im KZ Versuche an Juden unternahm: Sie hetzen ihn so lange, bis er wahnsinnig wird. Am Schluß empfindet ein Mossad-Agent, der unter Köllmann im KZ litt, nicht mehr Haß, sondern nur noch Mitleid.

Noch komplizierter ist das Plot in *The Solitary Man* (1980). Hauptperson des Romans ist der österreichische Jude Hugo Hartmann, der ähnlich wie Allbeurys Jake Malik eine schreckliche Vergangenheit hat: Im KZ Bergen-Belsen kollaborierte er mit den Nazis, und seine ebenfalls inhaftierte Frau rettete ihm das Leben, indem sie im Lagerbordell die Geliebte eines SS-Mannes wurde. Für Hartmann ist diese Vergangenheit nicht zu Ende. Seine Frau ist aufgrund der Lagerhaft noch Jahrzehnte nach Kriegsende schwer krank, und Hartmanns Sohn, der in Wahrheit der Sohn des SS-Mannes ist, haßt ihn. Hartmann selbst arbeitet nach dem Krieg zuerst für eine jüdische Organisation zur Aufspürung von Kriegsverbrechern und wird dann Doppelagent für CIA und KGB. Auch diese Agententätigkeit konfrontiert ihn mit seiner Vergangenheit: Im Auftrag der CIA soll er den Kommandanten von Bergen-Belsen und andere Nazis aufspüren, weil diese Belastungsmaterial über einen KGB-Chef besitzen. Auch in diesem Roman verwischen die Grenzen zwischen gut und böse, zwischen Jäger und Gejagten. Alle Figuren erscheinen schwach und verletztlich und wollen den Schatten ihrer Vergangenheit entfliehen. Die Nazis wollen in Frieden von ihrem geraubten Geld leben, und Hartmann will aus dem Geheimdienst aussteigen und sich mit seiner Freundin zur Ruhe setzen.

Ein anderes beliebtes Thema ist die Rache der Täter, der Versuch geflohener Nazis, ein Viertes Reich zu errichten. Ein Beispiel hierfür ist Len Deightons *Billion-Dollar Brain* (1966). Der überlebende Nazi ist in diesem Buch General Midwinter, ein SS-Massenmörder, der nach dem Krieg in die USA ausgewandert ist und dort Millionär wurde. Midwinter wird von Deighton nicht als wirkliche Gefahr, sondern eher als Karikatur gezeichnet. Sein Plan, mit Hilfe einer Privatarmee das Baltikum zu überfallen, scheitert, weil die Armee zum größten Teil aus fiktiven Agenten besteht, die ein Untergebener Midwinters erfunden hat, um deren Gehalt in die eigene Tasche zu stecken.

Das Motiv des geflohenen Nazis benutzt Deighton auch in *Horse Under Water* (1963). In diesem Roman ist der Nazi Knobel kurz vor Kriegsende mit einem U-Boot ins faschistische Portugal geflüchtet, von wo aus er die Organisation *Young Europe* unterstützt, die ein neues nationalsozialistisches Europa erschaffen will. *Horse Under Water* ist einer der wenigen Spionageromane, in denen die britische

Kollaboration thematisiert wird. Knobel hat nämlich – anders als „Gestapo Müller“ in Davis' Roman – keine Schätze in sein U-Boot geladen, sondern die sogenannte „Weiss-Liste“. Auf dieser Liste stehen die Namen von Briten, die im Falle einer deutschen Invasion Großbritanniens zur Zusammenarbeit mit den Nazis bereit gewesen wären.[54] Zu diesen Personen gehört u. a. der Offizier Bernhard Peterson, der Mitglied in Mosleys *British Union of Fascists* war. Peterson zufolge hat es in Großbritannien sehr viele einflußreiche Nazi-Sympathisanten gegeben:

> When I came back [from the Spanish Civil War] I joined the British Fascist Movement. I met Mosley in person. He's a much misunderstood man, that Mosley, dynamic and honest. All the really Machiavellian supporters of the BUF had seen the war coming for years and they buried themselves deep in the Conservative Party. Half the boys that give you your orders from Whitehall and gave us all those rousing anti-Nazi speeches were kicking themselves rotten that they didn't have a nice big armament factory in Germany. (*HUW* 205)

Diese Behauptung bestätigt sich am Beispiel des britischen Ministers Henry Smith, dessen Name ebenfalls auf der Weiss-Liste steht. Die britischen Behörden sind an der Strafverfolgung der Kollaborateure aber genauso wenig interessiert wie die deutschen Behörden an der Strafverfolgung von Kriegsverbrechern. Das Belastungsmaterial über Smith wandert in die Archive des britischen Geheimdienstes, um Smith damit bei Gelegenheit erpressen zu können.

Weniger Selbstkritik und mehr Schwarzweißmalerei findet sich erwartungsgemäß in Ian Flemings James-Bond-Romanen. In *Moonraker* (1955) ermittelt James Bond gegen Sir Hugo Drax, einen scheinbar respektablen britischen Staatsbürger. Drax ist in Wahrheit aber der überlebende Nazi Graf Hugo von der Drache, der London mit einer Atomrakete vernichten will. An einer Aufarbeitung des Problems der überlebenden Kriegsverbrecher ist Fleming nicht interessiert. Wie Umberto Eco feststellt, ist Fleming ein „Ingenieur des Konsumromans“[55], der als Feindbild stets die Figuren benutzt, die in der Meinung seiner Leser „böse“ sind, um so den kommerziellen Erfolg seiner Romane sicherzustellen. Graf Drache ist denn auch nicht mehr als eine Karikatur des „bösen Deutschen“, wobei auch preußische Einflüsse unverkennbar sind:

> “A Kraut. Yes, I am indeed a *Reichsdeutscher* ... and even England will soon agree that they have been licked by just one single German. And then perhaps they'll stop calling us Krauts – BY ORDER!” The words were yelled out and the whole of Prussian militarism was in the parade-ground bellow. (*M* 157)

Stets um Aktualität bemüht, verbindet Fleming die Figur des rachedurstigen Nazis dann noch mit der im gleichen Jahr beschlossenen deutschen Wiederbewaffnung. Wie Geheimdienstchef M erklärt, ist Graf Drache kein Einzelfall: "As for the Germans. Well, we all knew there was plenty of Nazism left and this will make the Cabinet go just a bit more carefully on German rearmament." (*M* 184) Die Handlung von *Moonraker* beruht im übrigen auf einer historischen Vorlage: Fleming hat in seinem Roman die Legende von St. Georg und dem Drachen aufgegriffen und zeitgemäß verarbeitet. Die Rolle des Ritters auf dem weißen Pferd übernimmt James Bond, die bedrohte Prinzessin ist Bond-Girl Gala Brandt, und der feuerspeiende Drache ist – wie schon am Namen erkennbar – Graf Drache mit seiner Atomrakete.

Die unspektakuläre Wirklichkeit, so die Schlußfolgerung dieses Kapitels, wird von den Autoren der *nightmares* also ignoriert. In der Mehrzahl dieser Spionageromane wird die Banalität des Bösen durch die Faszination des Bösen ersetzt. Der überlebende Nazi ist eine Figur mit hohem Wiedererkennungswert, die in diesen Romanen wie ein *jack-in-the-box* zum (vorausberechneten) Erschrecken des Lesers eingesetzt wird. Autoren wie Kerr oder Spicer belegen zudem, daß es möglich ist, die Figur des Nazis auch für aktuelle Themen zu benutzen. Die Vielzahl und die Popularität der *nightmares* lassen den Schluß zu, daß der überlebende Nazi inzwischen zu einem Bestandteil der populären Mythologie geworden ist, vergleichbar mit Frankenstein, Batman oder Mickey Mouse.

# VI. Der Spionageroman im Kalten Krieg 1945–1989

## *1. Die britische Nachkriegsgesellschaft*

In den fünfziger und sechziger Jahren, als Ian Fleming, John le Carré und Len Deighton zu schreiben begannen, herrschte in der britischen Politik ein breiter Konsens zwischen den beiden großen Parteien.[1] Tories und Labour stimmten in wichtigen Punkten wie Vollbeschäftigung, *Welfare State* oder *Mixed Economy* weitgehend überein. Zwischen der Politik des Labour-Schatzkanzlers Gaitskell und des Tory-Schatzkanzlers Butler bestand eine so große Kontinuität, daß dafür der Begriff *Butskellism* geprägt wurde. Wirtschaftlich gesehen waren die fünfziger und sechziger Jahre für die breite Bevölkerung eine erfolgreiche Zeit. Nach der Aufhebung der kriegsbedingten Rationierungen kam es zu einem starken Anstieg des Lebenstandards, so daß die Gesellschaft dieser Zeit als *affluent society* bezeichnet wird. Zugleich aber wurden wichtige Weichenstellungen für die Zukunft nicht vorgenommen und eine notwendige Neuorientierung, z.B. in Hinblick auf Europa, versäumt. Die Erkenntnis, daß Großbritannien keine Weltmacht mehr war, begann sich nur allmählich durchzusetzen. Vor allem die Führungskräfte in Politik, Wirtschaft und Verwaltung, die sich nach wie vor fast ausschließlich aus einem kleinen Spektrum der Gesellschaft rekrutierten, waren noch in den Denkmustern der Vorkriegszeit verhaftet und schafften es nicht, das Land für die neuen Herausforderungen zu rüsten. Wie im folgenden gezeigt wird, beschreiben Ian Fleming, John le Carré und Len Deighton die britische Nachkriegsgesellschaft in ihren Spionageromanen auf sehr unterschiedliche Art.

### a) *Affluent Society* und *Welfare State*: Ian Fleming

Von Bond wird in den amerikanischen Zeitschriften nicht mehr als von einer fiktiven Figur, sondern wie von einer realen Person gesprochen. Der Bond-Stil wird beispielhaft für die neue Linie in der Herrenmode wie auch für eine virilere Art, mit Frauen umzugehen. Der Umsatz der von Bond bevorzugten Champagnermarke Taittinger steigt um vierzig Prozent, um dreißig Prozent steigt der Import des von ihm bevorzugten Wodka. ... Weihnachten 1964 ist das meistgeschätzte Geschenk für Männer der Diplomatenkoffer, von dem sich 007 in *Liebesgrüße aus Moskau* um keinen Preis trennen will; Macy's verkauft ihn massenhaft; das noch begehrtere Geschenk für Kinder sind die perfekt funktionierenden Miniaturreproduktionen der berühmten Autos des Geheimagenten.[2]

Was in diesem Zitat beschrieben wird, sind nur einige – noch vergleichsweise harmlose – Beispiele für die „Bondomanie", die Besessenheit, es dem fiktiven Spion James Bond gleichzutun. Schöpfer dieses wohl bekanntesten Spiones ist der Brite Ian Fleming (1908–1964).[3] Mit seinen 14 Thrillern über den Superspion James Bond nimmt er in der Geschichte des Spionageromans eine herausragende Stellung ein. Flemings Romane waren ein bis dahin nicht gekannter kommerzieller Erfolg, und unter dem Einfluß der Verfilmungen[4] entwickelte sich diese fast kultische Besessenheit und eine Vermarktung von James Bond.[5] James Bond ist mehr als nur eine literarische Figur, er ist ein soziologisches Phänomen.

Die Forschung hat sich dieses „Bond-Phänomens" bereits frühzeitig ausgiebig angenommen, und in den späten fünfziger und sechziger Jahren entstand zu Ian Fleming eine eigene Sekundärliteraturindustrie. Von seinen Anhängern überschwenglich gelobt, erfuhr Flemings Werk von dem Großteil der etablierten Literaturkritik eine entschiedene Ablehnung. Nach dieser emotionalen Debatte über Wert oder Unwert der Romane hat sich in der Kritik mittlerweile eine vermittelnde Position durchgesetzt, die die literarische Technik der Romane genauer untersucht.[6]

Wie im folgenden nachgewiesen wird, stehen Flemings Romane in einem ambivalenten Verhältnis zur britischen Nachkriegsgesellschaft.[7] Einerseits sind sie Ausdruck gesellschaftlicher Veränderungen, andererseits ein Plädoyer für eine Rückkehr zur Vorkriegsgesellschaft.

Die Forschung machte bereits frühzeitig die Vorkriegsspionageromane von John Buchan und Sapper als Vorbilder der Bond-Romane aus. Verglichen mit einem Helden wie Richard Hannay, erschien Bond allerdings moralisch fragwürdig. Die Kritik läßt sich in der vielzitierten Formel "Snobbery, Sex and Sadism" zusammenfassen. Diese Differenzen zu den Vorkriegsthrillern sind meines Erachtens charakteristisch für die Bond-Romane, denn gerade in den genannten Punkten drückt sich das veränderte Lebensgefühl der Nachkriegsgesellschaft aus.

Diese These soll zuerst am Beispiel *snobbery* untersucht werden.

Bei seinen Aufträgen, die ihn vorwiegend in die Welt der Spielcasinos, Luxushotels und Yachtclubs führen, umgibt Bond sich stets mit einer Fülle von ausgewählten Luxusartikeln. Folgende Textstelle aus *On Her Majesty's Secret Service* (1963) illustriert diesen Tatbestand:

> His two battered suitcases came and he unpacked leisurely and then ordered from Room Service a bottle of the Taittinger Blanc de Blancs that he had made his traditional drink at Royale. When the bottle, in its frosted silver bucket, came, he drank a quarter of it rather fast and then went into the bathroom and had an ice-cold shower and washed his hair with Pinaud-Elixir, that prince among shampoos, to get the dust of the roads out of it. Then he slipped on his dark-blue tropical worsted trousers, white sea-island cotton shirt, socks and black casual shoes (he abhorred shoe-laces), and went and sat by the window and looked out across the promenade to the sea and wondered where he would have dinner and what he would choose to eat. (*OHMSS* 23)

Der übermäßige Gebrauch von Konsumartikeln ist Teil von Bonds Persönlichkeit. James Bond ist ein *consumer goods hero*. Er hat nicht nur die Lizenz zum Töten, er hat auch die Lizenz zum Konsumieren, oder wie Flemings Kollege le Carré es zynischer formuliert: Bond ist „ein Wirtschaftswunderkind des Westens, mit der Lizenz, sich im Interesse des Kapitals extrem schlecht zu benehmen"[8]. In seinem Konsum zeigt Bond sich nicht wahllos. Jeder Artikel wird bei seinem *brand name* genannt. Schon in der Beschreibung eines Frühstücks verwendet Fleming derartig viele *brand names*, daß der Leser sich an modernes *product placement* erinnert fühlt:

> It consisted of a very strong coffee, from De Bry in New Oxford Street, brewed in an American Chemex, of which he drank two large cups, black and without sugar. The single egg, in the dark blue egg cup with a gold ring round the top, was boiled for three and a third minutes.
> ... Then there were two thick slices of wholewheat toast, a large pat of deep yellow Jersey butter and three squat glass jars containing Tiptree "Little Scarlet" strawberry jam; Cooper's Vintage Oxford marmalade and Norwegian Heather Honey from Fortnum's. The coffee pot and the silver on the tray were Queen Anne, and the china was Minton, of the same dark blue and gold and white as the egg-cup. (*FRWL* 80f.)

Diese genaue Bezeichnung von Konsumartikeln findet sich in allen Bereichen. Bonds Auto ist nicht irgendein Auto, sondern "the 4 1/2-litre Bentley with the supercharger by Amherst Villiers" (*CR* 36), "the 'R' type chassis with the big 6 engine and a 13:40 backaxle ratio" (*OHMSS* 17), eine Flasche Wein ist "a bottle of Mouton Rothschild '53" (*OHMSS* 25) und selbst Zahnstocher sind "Steradent toothpicks". (*DN* 116) Die beiläufige Verwendung von Markennamen erreicht bei Fleming ein derartiges Ausmaß, daß Kingsley Amis hier von dem "Fleming effect"[9] spricht. Auf diese Weise suggeriert Fleming Realismus. Der Unglaubwürdigkeit der Handlung wird die Glaubwürdigkeit in Details entgegengestellt. Außerdem übernimmt die Verwendung von *brand names* noch eine weitere Funktion: Der Kauf von Markenartikeln läßt Rückschlüsse über das Image zu, das der Käufer vermitteln möchte. James Bond beweist in dieser Hinsicht seinen weltmännischen Geschmack.

Flemings Besessenheit mit *brand names* mag für den Spionageroman neu sein, gesellschaftlich gesehen jedoch spiegelt sie nur einen vorhandenen Trend wider. In der Nachkriegszeit expandierte die Werbeindustrie und brachte die Kunden mit Millionenaufwand dazu, zwischen den verschiedenen Marken zu unterscheiden. Flemings Leserschaft war daher mit den *brand names* genau vertraut: "He made effective use of brand names for a readership that was being immersed in them (especially those with snob appeal) by independent television and the weekly supplements."[10] In welchem Maß Werbung und Konsum in den Romanen präsent sind, zeigt sich auch daran, daß Fleming kritiklos Werbeslogans übernimmt: "Pinaud Elixir, that prince among shampoos". (*OHMSS* 23) An anderer Stelle wird sogar, nachdem die Players-Zigarettenwerbung zitiert wurde, auf fünf Seiten die Geschichte des Werbeemblems erzählt, das auf der Players-Pakkung abgebildet ist. (*T* 152–157) Und Fleming versäumt es auch nicht, die einzelnen Marken wie in der 1957 gegründeten Konsumentenzeitschrift *Which?* kritisch gegeneinander abzuwägen:

> Bond had lit up a Duke of Durham, king-size, with filter. The authoritative Consumers Union of America rates this cigarette the one with the smallest tar and nicotine content. Bond had transferred to the brand from the fragnant but powerful Morland Balkan mixture with three gold rings round the paper he had been smoking since his teens. The Dukes tasted of almost nothing, but they were at least better than Vanguards, the new "tobaccoless" cigarette from America, that despite its health-protecting qualities, filled the room with a faint "burning leaves" smell that made visitors to his office inquire whether "something was on fire somewhere". (*T* 65)

Die Kritik sieht in derartigen Passagen Snobismus und eine vulgäre Imitation des *upper class*-Lebensstiles. Bonds Konsumverhalten wird jedoch besser verständlich, bezieht man den zeitgeschichtlichen Hintergrund, d. h. den Übergang von der *austerity* zur *affluence*, mit ein. Was die Kritiker als *snobbery* ansehen, ist der neue Lebensstil der Epoche. James Bond ist ein Repräsentant dieser *affluent society.* Das ungenierte Vorzeigen von materiellen Statussymbolen, das sich beispielsweise auch in John Braines *Room at the Top* nachweisen läßt, ist typisch für die Zeit. Die *affluence* der fünfziger und sechziger Jahre manifestierte sich nämlich primär in verstärktem Kauf von Konsumgütern. Die Anzahl der zugelassenen Fernsehgeräte und Autos vervielfachte sich innerhalb der konservativen Regierungszeit, jeder zweite Haushalt besaß bereits eine Waschmaschine, und Millionen wurden für Vergnügungsartikel wie Zigaretten und Alkoholika ausgegeben. Macmillans Slogan "You've never had it so good" findet in den Bond-Romanen volle Bestätigung. Diese Romane sind in großem Maße Konsumromane. "Cynical slogan of all his novels was 'happiness through consumption' as the prevailing expression of the fifties."[11] Bei einer derartig engen Verbindung von Kunst und Kommerzialisierung überrascht es nicht, daß auch die Romane selbst zum Teil der Konsumwelt wurden. Die Industrie benutzte den *brand name* 007 James Bond, um ein Sortiment vom 007-Rasierwasser bis hin zur 007-*spy watch* zu produzieren. Diese Beispiele dokumentieren, daß James Bond in Hinsicht auf den Konsum ein typischer Repräsentant der britischen Nachkriegsgesellschaft, der *affluent society*, ist. Ein Rezensent bringt diese Tatsache auf den Punkt, wenn er schreibt, James Bond sei "superbly attuned to ... an age dedicated to affluence"[12].

Daß James Bond repräsentativ für Stimmung und Gedanken der fünfziger und sechziger Jahre ist, läßt sich auch sehr gut am Beispiel Sex belegen. Zweifellos ist die Beschreibung von sexuellen Handlungen ein wichtiges Element der Romane. In jedem Roman trifft Bond auf eine verführerische Frau, das sogenannte Bond-Girl, mit der er Abenteuer durchlebt und schließlich ins Bett geht. Bond hat also auch eine Lizenz zum Verführen, und die Frauen erweisen sich als willig: "I want it all, James. Everything you've ever done to a girl. Now. Quickly." (*DAF* 173) Die Frauen in seinen Romanen entsprechen alle einem bestimmten Muster: Sie haben eine gute Figur, langes blondes Haar (entsprechend einer tatsächlichen Vorliebe der Männer für Blondinen[13]) und sind bei ihrem ersten Auftreten halbnackt oder liegen im Bett. Als Beispiel sei hier nur Bonds erste Begegnung mit Honeychile Rider zitiert:

> It was a naked girl, with her back to him. She was not quite naked. She wore a broad leather belt round her waist with a hunting knife in a leather sheath at her right hip. The belt made her nakedness extraordinarily erotic. ...
> It was a beautiful back. ...
> Her hair was ash blonde. (*DN* 67)

Frauen werden für Bond zu einem Teil der *affluent society*, zu einem jederzeit verfügbaren Konsumprodukt, das durchaus mit einer Mahlzeit zu vergleichen ist. In *Thunderball* spürt Bond "a passionate longing for a large dish of Spaghetti Bolognese containing plenty of chopped garlic and accompanied by a whole bottle of the cheapest, rawest Chianti" (*T* 37) und zugleich "an overwhelming desire for the strong, smooth, body of Patricia Fearing" (*T* 37f.) und träumt von "consuming both dishes". (*T* 38) Auch Frauen, die nur in Nebenrollen auftreten, strahlen – abgesehen von Miss Moneypenny und Haushälterin May – Erotik aus und werden zu Objekten männlicher Begierde reduziert. Die Sexualität nimmt dabei, wie Kritiker bemerkten, durchaus misogyne, voyeuristische und sado-masochistische Züge an.[14] In *From Russia, With Love* (1957) darf Bond den Kampf zweier Zigeunerinnen um einen Mann mitansehen. Freudig und atemlos verfolgt er diese Szene:

> Bond saw that Vida's head was buried deep in the other's breasts. Her teeth were at work. Zora's arms let go as she reached for Vida's hair to pull the head back and away from her. But now Vida's hands were free and they were scrabbling at the big girl's body.
> The girls tore apart and backed away like cats, their shining bodies glinting through the last rags of their shifts and blood showing on the exposed breasts of the big girl.
> They circled warily, both glad to have escaped, and as they circled they tore off the last of their rags and threw them into the audience. (*FRWL* 130)

Derartige Textstellen haben Fleming den Vorwurf eingetragen, seine Romane seien "rarely far from the pornographic"[15] und sein "characteristic mode of fantasy seems to be that of a dirty-minded schoolboy"[16]. Die Kritiker begehen dabei erneut den methodischen Fehler, Bond mit Richard Hannay, d. h. mit einem Thriller-Helden der zwanziger Jahre, zu vergleichen, ohne zu berücksichtigen, daß sich die gesellschaftlichen Rahmenbedingungen verändert haben.

Die Moralvorstellungen der spätviktorianischen Epoche, die noch John Buchan geprägt hatten, waren inzwischen überholt. Die britische Nachkriegsgesellschaft wird von Historikern als *permissive society* bezeichnet. Flemings Romane sind nur eines von mehreren Anzeichen für diesen Wandel, wie sich gut anhand eines Datums demonstrieren läßt. Das Jahr 1953 sah nicht nur die Veröffentlichung des ersten Bond-Romans, *Casino Royale*, sondern auch zwei weitere literarische Debüts. Zum einen erschien in diesem Jahr auch die erste Ausgabe des *Playboy*, einer Zeitschrift, dessen Frauenbild dem Ian Flemings entspricht und in der später einige Bond-Geschichten vorab gedruckt wurden. Zum anderen veröffentlichte Alfred Kinsey seinen Report über das Sexualverhalten der Frau, in dem sich ein hoher Prozentsatz der Befragten zu vor- und außerehelichem Geschlechtsverkehr bekannte. Vor allem die Darstellung der Sexualität in der Literatur wurde neu bewertet. Dieser Wandel schlug sich auch auf der Ebene der Rechtsprechung nieder. 1959 erlangte Penguin Books in einem aufsehenerregenden Prozeß erstmals das Recht, D.H. Lawrences *Lady Chatterley's Lover* ungekürzt zu veröffentlichen, und als Konsequenz behandelten Bücher und Magazine das Thema Sexualität mit größerer Offenheit. Daß auch das Establishment zu sexuellen Eskapaden bereit war, führte der Profumo-Skandal 1962/63 (der britische Verteidigungsminister liebte das gleiche Callgirl wie ein sowjetischer Spion) der breiten Öffentlichkeit vor Augen. Die Wirklichkeit schien die Bond-Romane noch zu übertreffen.

Fleming war von der Notwendigkeit einer neuen Sexualmoral überzeugt. Seine *non-fiction* Veröffentlichungen belegen dies noch eindeutiger als seine Romane. In *Thrilling Cities* (1963), einer Serie von Städtereportagen, beneidete er Hamburg und Macao wegen des unverkrampften Umgangs mit Sexualität, und in "If I Were Prime Minister", einem fiktiven Regierungsprogramm, plädierte er sogar dafür, auf der *Isle of Wight* Spielcasinos und Bordelle zu errichten:

> Next I should proceed to a complete reform of our sex and gambling laws and endeavour to cleanse the country of the hypocrisy with which we so unattractively clothe our vices. To deal only with my most far-reaching proposal, I would consult with my Minister of Leisure about the possibility of turning the Isle of Wight into one vast pleasuredome .... Here would be casinos ... and the most luxurious *maisons de tolérance* in the world. ... Since it is impossible to suppress the weakness of mankind, I would at least put an honest face on the problem and do something to release the *homme moyen sensuel*, or *femme* for the matter of that, from some of their burden of shame and sin.[17]

Diese Beispiele dokumentieren, daß Fleming den Stoff der Vorkriegsthriller zeitgemäß modernisiert hat. Fleming selbst erklärt den Erfolg seiner Romane denn auch wie folgt: "The simple fact is that, like all fictional heroes who find a tremendous popular acceptance, Bond must reflect his own time."[18] Auch die Sekundärliteratur hat anerkannt, daß die Romane ein genaues Spiegelbild der britischen Nachkriegsgesellschaft sind:

> For one thing, the James Bond novels are a perfect example of the right thing at the right time, as appropriate an expression and index of their age as, for example, the Sherlock Holmes stories or the novels of Dashiell Hammett. Fleming caught the *Zeitgeist* and grasped it firmly.[19]

Und auch Flemings Kritiker sehen in Bond einen Vertreter seiner Zeit – unter negativen Vorzeichen allerdings. Für Bernard Bergonzi ist der Erfolg der Romane ein Anzeichen für den Niedergang der Kultur:

> ... the fact that his books are published by a very reputable firm, and are regularly reviewed – and highly praised – in our self-respecting intellectual weeklies, surely says more about the present state of our culture than a whole volume of abstract denunciations.[20]

Die Kritik an Bond geht so über die Romane hinaus und wird letztendlich zu einer Kritik an der britischen Nachkriegsgesellschaft. Paul Johnson beklagt: "Our curious post-war society ... is a soft market for Mr Fleming's poison."[21]

In bezug auf die Wohlstandsgesellschaft und Sex sind die James-Bond-Romane also Ausdruck eines gesellschaflichen Wandels, den Fleming entschieden befürwortete. Was konservative Kritiker als moralischen Niedergang ansahen, war für Fleming eine längst überfällige Liberalisierung. Insgesamt jedoch war Flemings Bewertung der britischen Nachkriegsgesellschaft ambivalent. Während er die Entwicklung in den oben genannten Bereichen begrüßte, plädierte er in anderen Bereichen für eine Rückkehr zur Vorkriegsgesellschaft.

Fleming selbst, daran lassen seine Biographen keinen Zweifel, war nämlich ein Mitglied des Establishments und vertrat ein konservatives Weltbild. Als Sohn eines Tory-Parlaments-abgeordneten und Eton- und Sandhurst-Absolvent wurde er im Glauben an die gleichen Werte wie etwa John Buchan erzogen und war Zeit seines Lebens ein überzeugter Konservativer, der mit Churchill und Eden persönlich befreundet war. Bonds Großbritannien ist denn auch, wie Kingsley Amis zu Recht bemerkt, "substantially right of centre"[22], und David Cannadine resümiert: "In short, Bond's England, Fleming's England is the England of Harold Macmillan, of the first edition of Anthony Sampson's *Anatomy of Britain*. ... Bond's England is unashamedly the England of post-war Conservatism."[23] Es ist eine von konservativen Politikern geführte Gesellschaft, an deren Spitze das Königspaar steht. Als Bond in *Dr. No* (1958) Porträts des Königspaares sieht, die "with grace and good humour" (*DN* 182) auf ihn herabblicken, wandern seine Gedanken ab "into a world of tennis courts and lily ponds and kings and queens". (*DN* 182) Und Bonds Haushälterin May teilt seine Grundeinstellung, indem sie nur den König und Churchill "Sir" nennt und die Elektrikergewerkschaft für Kommunisten hält. (*FRWL* 79)

Die konservative Grundhaltung der Romane offenbart sich nicht nur in Hinsicht auf die Politik. In allen Bereichen wird das, was alt und traditionsreich ist, dem Neuen, Geschichtslosen vorgezogen. James Bond ist wie Fleming ein Konservativer, der an der Vergangenheit festhalten möchte, weil sie ihm emotional befriedigender erscheint. Er liest nur die *Times*, bewundert die *Bank of England,* ist Angehöriger der *Royal Navy,* fährt einen Bentley aus dem Jahre 1933, sträubt sich dagegen, seine alte Waffe gegen eine neue einzutauschen, bedauert, daß alte Geldscheine gegen neue eingetauscht werden und trauert sogar dem Verschwinden alter Rasenmäher nach. (*FYEO* 47) Die britische Landschaft, die bei le Carré verfallen und trostlos wirkt, strahlt bei Fleming eine Schönheit und Würde aus, die aus ihrem historischem Charakter resultiert:

It was a wonderful afternoon of blue and green and gold. . . . they stopped for a moment on the edge of the great chalk cliff and stood gazing over the whole corner of England where Caesar had first landed two thousand years before. . . . It was a panorama full of colour and excitement and romance and the two people on the edge of the cliff were silent as they stood for a time and watched it all. (*M* 110f.)

Ein Beispiel für die Auseinandersetzung zwischen alt und neu liefert auch *Blades*, Bonds bevorzugter Club, der in der zweiten Hälfte des 18. Jahrhunderts gegründet und von Persönlichkeiten wie Horace Walpole und Edward Gibbon gelobt worden ist. Dieser Club zeichnet sich dadurch aus, daß er seinen Mitgliedern noch den "standard of luxury of the Victorian age" (*M* 25) bietet. Wenngleich Bond in bezug auf die Sexualmoral das Viktorianische Zeitalter ablehnt, so zeigt er sich doch in diesem Fall als ein Konservativer, der sich nach dem Fortbestand der Vergangenheit sehnt. In *Moonraker* kauft sich nun Hugo Drax in diesen Club ein. Drax ist offensichtlich ein *misfit*: Er betrügt beim Kartenspiel und kann sich aufgrund einer Amnesie nicht an seine Vergangenheit erinnern. Indem Bond Drax beseitigt, rettet er im übertragenen Sinne eine Victorianische Idylle vor dem korrumpierenden Einfluß der Moderne.

Der Konflikt zwischen dem Traditionsreichen und dem Geschichtslosen wird vor allem auf der Ebene der Personen thematisiert. Alle positiv gezeichneten Charaktere stammen aus alten britischen Familien. Dies betrifft in erster Linie natürlich James Bond, der, wie das *College of Arms* in *On Her Majesty's Secret Service* ermittelt, von dem Baronet Sir Thomas Bond abstammen könnte, nach dem die Bond Street benannt worden ist. Auch Honeychile Rider, Bond-Girl in *Dr. No*, kann auf eine lange Familiengeschichte zurückblicken:

You see the Riders were one of the old Jamaican families. The first one had been given the Beau Desert lands by Cromwell for having been one of the people who signed King Charles's death warrant. He built the Great House and my family lived in it on and off ever since. (*DN* 93)

Im Gegensatz dazu ist es charakteristisch für die Bösewichte, daß sie Mischlinge sind. Der ethnische Hintergrund von Le Chiffre beispielsweise wird wie folgt beschrieben: "Ears small, with large lobes, indicating some Jewish blood. Hands small, well-tended, hirsute. Feet small. Racially, subject is probably a mixture of Mediterranean with Prussian or Polish strains." (*CR* 20) Auffällig ist darüber hinaus, daß er zuerst als *Displaced Person* im Nachkriegsdeutschland angetroffen wurde und sich wie Drax wegen einer Amnesie angeblich nicht an seine Vergangenheit erinnern kann. Diese Bösewichte sind somit Repräsentanten eines Internationalismus und einer traditionslosen Gegenwart.[24] Flemings Ideal ist hingegen eine rein britische Gesellschaft, in der jeder Bürger an seinem seit Jahrhunderten angestammten Platz bleibt.

Legt man ein derartiges Gesellschaftsbild zugrunde, so erscheint es verständlich, daß Fleming sich einigen gesellschaftlichen Veränderungen widersetzte und den Wunsch hegte, die Zeit zurückzudrehen. Dieser Wunsch nach einer Zurückdrängung gesellschaftlichen Fortschritts wird bei seinem Frauenbild erkennbar. Obwohl er einerseits die sexuelle Liberalisierung der fünfziger Jahre begrüßte, war er doch andererseits ein entschiedener Gegner der Emanzipation und sah Küche und Schlafzimmer als adäquate Räume für die Frau an. Die Frauen in seinen Romanen sind nur stets willige Bettgespielinnen, Projektionen männlicher Phantasien ( wie die Namen bereits andeuten: Honeychile Rider, Kissy Suzuki, Pussy Galore, etc.) oder auf die traditionell frauenspezifischen Berufe wie Sekretärin (Miss Moneypenny) oder Haushälterin (May) beschränkt. Die Vorstellung, daß Frauen in Männerberufe eindringen, löst bei Bond Entsetzen aus: "These blithering women, who thought they could do a man's work. Why the hell couldn't they stay at home and mind their pots and pans and stick to their frocks and their gossip, and leave men's work for the men." (*CR* 105) Vorbildlich erschien Fleming in dieser Frage der Ferne Osten, weil dort die Frauen – z. B. "Miss Ten Thousend Fun and Safety" - keine emanzipatorischen Bestrebungen zeigten. Erfreut notierte Fleming: "How very different from the knocking we all get in the West where women ... take such ferocious delight in cutting the men down to size."[25] Ein derartiges Frauenbild vermittelt Fleming auch in seinen Romanen.

Diejenige Entwicklung, die er am entschiedensten ablehnte, ist der von Labour initiierte *Welfare State*. Für jemanden wie Fleming, der von der Notwendigkeit einer Elite überzeugt war, sind Sozialleistungen für die breite Masse unverdiente Geschenke. Gegenüber dem Türken Kerim Bey, in dessen Büro noch ein Photo von Winston Churchill aus Kriegszeiten hängt, beklagt sich Bond über den gegenwärtigen Zustand Großbritanniens: "As for England, the trouble today is that carrots for all are the fashion." (*FRWL* 142) Noch deutlicher wird Bonds Kritik am *Welfare State* in einer Szene aus *Thunderball* (1961), in der er einem *working class*-Taxifahrer begegnet:

It was typical of the cheap, self-assertiveness of young labour since the war. This youth, thought Bond, makes about twenty pounds a week, despises his parents, and would like to be Tommy Steel. It's not his fault. He was born into the buyers' market of the Welfare State. (*T* 16)

Bonds Ansichten in diesem Punkt sind das genaue Abbild von Flemings Haltung. In "If I Were Prime Minister" hat dieser seine Meinung wieder einmal deutlicher vertreten als in den Romanen. Hier heißt es zu diesem Thema:

In the United Kingdom we have a basically nonconformist conscience, and the fact that taxation, controls and certain features of the Welfare State have turned the majority of us into petty criminals, liars and work-dodgers is, I am sure, having a bad effect on the psyche of the kingdom.[26]

Die Botschaft ist offensichtlich: Fleming lehnt den Wohlfahrtsstaat ab, weil er die moralischen Werte und den Leistungswillen der Nation untergräbt. Seinen Helden James Bond hat er als Gegenkonzeption zum *Welfare State* entworfen. Bond gewinnt nicht, weil er auf staatliche Wohltaten wartet, sondern weil er selbst Initiative entwickelt und härter als die anderen arbeitet. Anders als Richard Hannay neigt Bond zwar zu Konsum und sexuellen Ausschweifungen, doch der "puritan in him" (*G* 22) gibt stets acht, daß seine Leistungsfähigkeit nicht darunter leidet. Vor jedem Auftrag reduziert Bond freiwillig seinen Zigaretten- und Alkoholkonsum und treibt Sport. Wenn seine physische Konstitution trotz allem nicht ausreichend erscheint, so wird er wie in *Thunderball* in ein Sanatorium eingewiesen. Und auch die Frauen sind für Bond im Vergleich zu der Arbeit für sein Land zweitrangig. Als er in *Casino Royale* (1953) erfährt, daß die Frau, die er heiraten wollte, eine Doppelagentin ist, reagiert er mit kühlem Professionalismus und wägt zuerst die Konsequenzen für Großbritannien ab:

He saw her now only as a spy. Their love and his grief were relegated to the boxroom of his mind. Later, perhaps they would be dragged out, dispassionately examined, and then bitterly thrust back with other sentimental baggage he would rather forget. Now he could only think of her treachery to the Service and to her country and of the damage it had done. (*CR* 187)

Nur im ersten Roman reflektiert Bond sein Verhalten. In einer Diskussion mit seinem französischen Kollegen kommen ihm plötzlich Zweifel an seinem Patriotismus, denn:

... this country-right-or-wrong business is getting a little out-of-date. Today we are fighting Communism. Okay. If I'd been alive fifty years ago, the brand of Conservatism we have today would have been damn near called Communism and we should have been told to go and fight that. History is moving pretty quickly these days and the heroes and villains keep on changing parts. (*CR* 143)

In diesem Sinne haben die Bond-Romane entgegen der Meinung von Bernard Bergonzi doch einen "ethical frame of reference"[27]. Gewisse Werte werden als positiv angesehen: Patriotismus, Loyalität, Verantwortungsbewußtsein, der Glaube an harte Arbeit und die Bereitschaft, das Eigeninteresse dem Gesamtinteresse unterzuordnen. James Bond ist die Verkörperung eben dieser Qualitäten, die Großbritannien in Flemings Augen groß gemacht haben und jetzt durch den Wohlfahrtsstaat in Vergessenheit geraten sind. Supergangster Ernst Stavro Blofeld diagnostiziert: "My dear Mister Bond, England is a sick nation by any standards." (*YOLT* 173) Voraussetzung für die gesellschaftliche Gesundung ist die Rückbesinnung auf die Zeit vor dem Wohlfahrtsstaat.

Insgesamt gesehen ist Flemings Bild der britischen Nachkriegsgesellschaft also vielschichtiger und komplexer, als es den meisten Kritikern erscheint. Auf der einen Seite hat Fleming den Thriller modernisiert und den veränderten Realitäten angepaßt, indem er gesellschaftliche Entwicklungen wie *affluence* oder *permissiveness* aufgreift und in seinen Romanen widerspiegelt. Diese Anpassung an die neue Zeit ist entscheidend für den Erfolg des Bond-Phänomens verantwortlich. In anderen Bereichen jedoch zeigt Fleming sich skeptisch gegenüber gesellschaftlichem Fortschritt und plädiert in seinen Romanen für eine Korrektur bestimmter Entwicklungen. Dies bezieht sich vor allem auf den *Welfare State*, den er für die Schwächung des moralischen Rückgrates der Nation verantwortlich macht.

### b) Der Geheimdienst als Mikrokosmos einer orientierungslosen Gesellschaft: John le Carré

Als der britische Geheimdienst MI6 vor kurzem sein neues, postmodernes Hauptquartier am noblen Londoner Vauxhall Cross bezog, kommentierte der *Observer* diesen Umzug mit der Schlagzeile "Smiley's people join the designer dilettantes". Weiter heißt es im Text:

> Until the Seventies, MI6 occupied Broadway Building, an anonymous white Twenties block that connected to 21 Queen Anne's Gate, an attractive town house offering an even more discreet entrance or exit. Broadway Building was John le Carré's fictional Cambridge Circus with its lino floors, cramped offices and tea trollies, familiar from countless spy films and the Smiley books.[28]

Diese Meldung dokumentiert, wie sehr die Spionageromane von John le Carré (d. i. David Cornwell, *1931) im öffentlichen Bewußtsein verankert sind. Immer wieder wird bei der Berichterstattung über die Welt der realen Spionage ein Vergleich zu le Carrés fiktionaler Spionagewelt gezogen.[29]

Seine derzeitige Stellung im Genre Spionageroman läßt sich mit einem Zitat von John Walsh ausdrücken: "The world's best-known writer of espionage fiction for over two decades ... stands aloofly above his peer group – Ambler, Deighton, Allbeury, Anthony Price – and orbits removed from the crass populism of the Forsyths and Archers."[30] Anders als seine oben genannten Konkurrenten hat le Carré es darüber hinaus erreicht, nicht nur als *Spionage*romanautor, sondern auch als Romanautor gewürdigt zu werden. John Halperins Urteil "John le Carré is the only writer of espionage 'thrillers' today who is also a writer of literature"[31] trifft auf breite Zustimmung. Bernd Lenz bestätigt, le Carré habe die Grenze von *popular* zur *mainstream literature* überschritten,[32] John Atkins behauptet, le Carré "can be read as a novelist pure and simple"[33], für George Grella ist er sogar "simply one of the best living writers"[34], und Eric Homberger resümiert: "He is reviewed with the attention of a Fowles, Golding or Greene, while successfully competing for rack space in book stores with Jeffrey Archer and James Herbert."[35] Diese positive Bewertung le Carrés hat auch in der Anzahl der Veröffentlichungen über ihn Niederschlag gefunden. Nachdem sich das literaturwissenschaftliche Interesse in den sechziger Jahren auf Ian Fleming konzentrierte, hat sich die Forschung nun John le Carré zugewandt. Gerade in den letzten Jahren sind neben einer Vielzahl von Aufsätzen mehrere Monographien[36], Aufsatzsammlungen[37], Dissertationen[38] und sogar ein Lexikon[39] zu seinem Gesamtwerk erschienen.

In le Carrés Fall erscheint es hilfreich, sich in groben Zügen seine Biographie zu vergegenwärtigen, da neben der Zeitgeschichte vor allem seine persönliche Lebensgeschichte Einfluß auf seine Romane hat.[40] Der dominierende Einfluß in le Carrés Kindheit war zweifellos sein Vater Ronnie, ein Hochstapler, der seine beiden Söhne für seine dunklen Geschäfte benutzte. Le Carré wuchs so in einer Welt von Betrug und Täuschung auf und lernte frühzeitig, daß der äußere Anschein oft nicht der Wahrheit entspricht. Er hat später selbst zugegeben, daß das Verhältnis zu seinem Vater unbewußt großen Einfluß auf seine Spionageromane hatte: "I was even stupid enough not to recognise that my shadowy struggles with the demons of communism might, at least in part, be the continuation of my secret war with Ronnie by other means."[41] Auf Drängen seines Vaters mußte le Carré eine *public school* besuchen. Für den jungen David stellte dieser Eintritt in eine Institution eine Möglichkeit dar, aus seinem unbefriedigenden Familienleben zu fliehen. In der *public school* jedoch war er ausgesprochen unglücklich: Aufgrund seines sozialen Status fühlte er sich als Außenseiter. Die Erziehung lief im Geiste des Empire ab. Historisch gesehen gehörte le Carré zu der letzten Generation von Briten, die im Glauben an Großbritanniens imperiale Mission erzogen wurden und dann erkennen mußten, daß sich ihre Zukunftsaussichten nach dem Zerfall des Empires verändert hatten – eine Erfahrung, die später zum Hauptthema in seinem Werk wird:

> I think that I belong almost to the last of that particular generation who still, after the war, were being advised by their careers masters at public school to go and govern India, Kenya, the Sudan or where you will. We really were brought up to believe that we were the best and the brightest, that we'd inherited the mantle of postwar imperialism, that we were the people for whom the war had been fought and now the earth was ours and we had a great duty to run it decently. And, of course, within 15 years of that, we realised that our problem was not to run the world but to come to terms with the fact of the world running us.[42]

Seine weitere Karriere liest sich wie eine Aufzählung britischer Institutionen: Dienst in der Armee, Studium in Oxford, Lehrtätigkeit in Eton, Dienst im *Foreign Office* und – so hat er inzwischen selbst zugegeben – auch im Geheimdienst.[43] Sein Eintritt in den Geheimdienst war für le Carré die logische Konsequenz aus seinem bisherigen Leben und geschah aus dem Bedürfnis, "to delve into the shades of my country's subconscious. I wanted to discover its secret wishes, fears, and intentions"[44]. Noch während seiner Zeit im *Foreign Office* begann er, Romane zu schreiben und mußte daher, einem Brauch des *FO* folgend, einen *pen name* annehmen. David Cornwell wählte "John le Carré" - eine Wahl, die er mehrfach widersprüchlich und absichtlich falsch begründet hat.[45] Die wahrscheinlichste Erklärung ist wohl, daß le Carré (d. h. das Viereck) sich so von le Queux (d. h. die Linie) distanzieren wollte. Nach zwei weitgehend unbeachtet gebliebenen Romanen brachte ihm sein drittes Buch *The Spy Who Came in from the Cold* (1963) die Anerkennung der Kritiker, kommerziellen Erfolg und ermöglichte ihm, seinen Beruf aufzugeben.

Le Carrés besondere Leistung liegt darin, daß seine Spionageromane über das Thema Spionage hinausgehen und auch den Zustand der britischen Gesellschaft kommentieren. Seine fiktionale Spionagewelt ist als Allegorie auf die reale Welt zu verstehen. Für ihn sind die britischen Geheimdienste in erster Linie "microcosms of the British condition, of our social attitudes and vanities"[46]. Diesen Gedanken führt er in zwei Interviews weiter aus,[47] und in *Tinker, Tailor, Soldier, Spy* (1974) werden die Geheimdienste als "the only real measure of a nation's political health, the only real expression of its subconscious" (*TTSS* 354) bezeichnet. Le Carré ist demnach weniger an Ereignisgeschichte denn an Mentalitätsgeschichte interessiert. Er geht der Frage nach, was es bedeutet, in der zweiten Hälfte des 20. Jahrhunderts Brite zu sein, und wie seine vorwiegend aus dem Establishment stammenden Charaktere auf die neue weltpolitische Lage reagieren.

Wie ist es denn nun um den (Gesundheits-) Zustand der britischen Gesellschaft in le Carrés Romanen bestellt? Die britische Gesellschaft der Nachkriegszeit krankt daran, daß sie die einschneidenden Änderungen, die der Zweite Weltkrieg mit sich brachte, nicht verarbeitet hat. David Monaghan charakterisiert le Carrés Großbritannien wie folgt:

> The Britain which he evokes in his novels has been stunned by rapid change. A way of life based on Empire, a functioning class system, and a creed of service, which seemed so secure before the Second World War, has been swept away.[48]

Die Auswirkungen dieses *rapid change* werden deutlich sichtbar. Das britische Klassensystem ist entartet: Die oberen Klassen empfinden keine Verantwortung mehr für die unteren Klassen, sondern verfallen in Snobismus und sind auf die Sicherung ihrer persönlichen Privilegien bedacht. Eine Kommunikation zwischen den Klassen findet kaum statt. Nach dem Verlust des Empire und dem Sturz von der Weltmachtposition treibt die britische Gesellschaft in le Carrés Augen orientierungslos dahin. Für ihn ist diese Gesellschaft nicht die *affluent society*, sondern eine erstarrte Gesellschaft, in der die Weichenstellungen für die Zukunft versäumt werden. Die konservative Regierungszeit – für Ian Fleming die Zeit des "You've never had it so good" – bezeichnet er als "the thousand-year sleep of Eden and Macmillan"[49] und diagnostiziert "a general sickness which grew out of the sloth and disorientation of after-war"[50]. Das Establishment versagt, weil es unfähig ist, die eigene Bedeutungslosigkeit zu erkennen, und zu unflexibel, um sich dem Wandel anzupassen. Statt neue Perspektiven aufzuzeigen, zieht es sich in abgeschlossene Institutionen zurück. In diesen Institutionen verliert das Establishment den Kontakt zur Realität und gibt sich der Illusion hin, es habe sich nichts geändert. Le Carré, der sich selbst als *socialist* bzw. *social democrat* bezeichnet,[51] kritisiert diese "capacity of the British ruling class for reluctant betrayal and polite self-preservation"[52]. Als Beispiel für den Selbstbetrug und das Versagen des Establishments verweist le Carré auf den Geheimdienst. In einer Welt des Wandels klammert sich diese Organisation an traditionelle Werte. Der Eintritt in den Geheimdienst wird zum Rückzug aus der Realität: "Behind the sealed doors, puzzled men could take refuge from the swiftly changing world, here defend the absolutism of British policy. Here loyalty and patriotism found silent and, as they sought, secure expression."[53] Der Geheimdienst wird so zu einer Alternativwelt für alle, denen die zeitgenössische Gesellschaft zu unbefriedigend ist. Die Mitglieder dieser Institution glauben an ein Großbritannien – oder wie sie vielmehr sagen: an ein England –, das in dieser Form nicht mehr existiert:

> The belief went further: [The Secret Service] would not merely *defend* the traditional decencies of our society; it would embody them. Within its own walls, its clubs and country houses, in whispered luncheons with its secular contacts, it would enshrine the mystical entity of a vanishing England. Here at least, whatever went on in the big world outside, England's flower would be cherished. *"The Empire may be crumbling; but within our secret élite, the clean-limbed tradition of English power would survive. We believe in nothing but ourselves."*[54]

Da le Carrés Romane dem Leser die Gefühle und Gedanken des britischen Establishments in einer bestimmten historischen Situation vermitteln, könnten sie auch als Quellen für Mentalitäts- und Sozialgeschichte benutzt werden. Homberger geht sogar so weit, sie zukünftigen Studentengenerationen zu empfehlen: "In a hundred years, perhaps, should students of English literature and society want to grasp the feeling of that withdrawal from the world stage, le Carré's novels will have lost none of their point."[55] Tatsächlich bestehen zwischen le Carrés Romanen und nicht-fiktionalen Büchern über die britische Gesellschaft frappierende Ähnlichkeiten. So untersucht etwa Anthony Sampson in seinem landeskundlichen Handbuch *Anatomy of Britain* (1962) den Zustand des Establishments und gelangt zu der Schlußfolgerung, daß die Institutionen sich jeglichem Wandel widersetzen:

> ... the old values of aristocracy, public schools and Oxbridge which still dominate government today have failed to provide the stimulus, the purposive policies and the keen eye on the future which Britain is looking for and must have.
> ... Britain's malaise, I suspect, is not primarily a malaise of the ordinary people, but a malaise among the few thousand managers of society who have failed to absorb and communicate new challenges and new ideas.
> ... the institutions and the men who work them have, I believe, become dangerously out of touch with the public, insensitive to change, and wrapped up in their private rituals.[56]

Krise und Niedergang der britischen Gesellschaft sind in le Carrés Werk allgegenwärtig und lassen sich beispielsweise auch bei der Darstellung zwischenmenschlicher Beziehungen nachweisen. Das Scheitern der britischen Gesellschaft manifestiert sich nämlich auch in dem Scheitern dieser Beziehungen. Le Carrés Spione sind vielfach soziale Außenseiter, die unter einer gestörten Beziehung leiden. Smiley, Leamas, Esterhase und Turner sind alle von ihren Frauen verlassen worden. Andere Charaktere wie beispielsweise Westerby oder Pym haben ein gespanntes Verhältnis zu ihren dominierenden Vätern (wobei le Carré in diesem Punkt höchstwahrscheinlich die gestörte Beziehung zu seinem eigenen Vater aufarbeitet). Für diese Charaktere stellt der Eintritt in den Geheimdienst eine Flucht vor der Liebe dar, in der sie versagt haben. Liebe ist hier eine gefährliche Schwäche: "Love is whatever you can still betray". (*PS* 355) Die britische Gesellschaft erscheint daher in le Carrés Werk kalt und gefühlsarm. Beziehungen zwischen Individuen sind nur dann erfolgreich, wenn sie auf professionell-technischer Basis ablaufen, nicht aber, wenn Gefühle involviert sind. Wie Lacon gegenüber Smiley bemerkt: "If Ann had been your agent instead of your wife, you'd probably have run her pretty well." (*SP* 260)

Rückschlüsse auf den Zustand der britischen Gesellschaft lassen zudem die Architektur- und Landschaftsbeschreibungen zu.[57] Der Zerfall der Gebäude spiegelt den Zerfall der britischen Gesellschaft wider. Le Carré präsentiert dabei ein Großbritannien, das durchaus eine große Vergangenheit hat. Immer wieder beschreibt er Bauwerke, die an große Epochen der britischen Geschichte erinnern, wie z.B. *King Arthur's Church* oder Häuser aus der Viktorianischen Zeit. Der jetzige Zustand dieser Bauwerke dokumentiert jedoch, daß die britische Gesellschaft nicht an diese großen Zeiten anknüpfen kann. *King Arthur's Church* zerfällt: "It's empty, falling to bits. . . . no one cares for it". (*MQ* 69) Alte Häuser werden abgerissen, um Autobahnen Platz zu machen. Diejenigen, die noch stehen, sind symbolisch für die Situation des Establishments: Sie sind im Zerfall begriffen, allenfalls wird noch auf den äußeren Anschein Wert gelegt. Eine glänzende Fassade verbirgt aber nur dahinterliegende *decay* und *rottenness*. "Victorian terraces" erscheinen "as white as luxury liners on the outside", im Inneren jedoch "dark as tombs". (*SP* 72) Monaghan liefert in seiner Studie eine Vielzahl von derartigen Beispielen und weist immer wiederkehrende "images of rot, dilapidation, dust, colourlessness and emptiness" und "imagery associated with death and disease"[58] nach. Ziel dieser Landschafts- und Architekturbeschreibungen ist nicht, ein realistisches, quasi photographisches Abbild von Großbritannien zu schaffen, sondern "to provide visual equivalents for its spiritual and moral condition. British society and culture as a whole have grown 'old and cold and weary' and are drawing close to, if they have not yet reached, death."[59] Diese allgemeinen Feststellungen werden im folgenden an einigen Romanen detailliert belegt.

*The Looking-Glass War*

Le Carrés Spionageroman *The Looking-Glass War* (1965) illustriert das oben beschriebene Verhaltensmuster: Eine Institution, die den Kontakt mit der Realität verloren hat, verteidigt Werte, die nicht mehr gelten, und flüchtet sich als Alternative zur zeitgenössischen Gesellschaft in die Scheinwelt der Spionage. Diese Institution ist das *Department*, eine Geheimdienstabteilung, die während des Zweiten Weltkrieges aktiv war, in der Nachkriegszeit jedoch zur Bedeutungslosigkeit herabsinkt und objektiv gesehen überflüssig ist. Die oben beschriebene Atmosphäre von Verfall, Niedergang und Tod durchzieht den gesamten Roman. Schon das Gebäude, in dem das *Department* residiert, ist ein Symbol für den Zustand der Geheimdienstabteilung:

> The Department was housed in a crabbed, sooty villa of a place with a fire extinguisher on the balcony. It was like a house eternally for sale. No one knew why the Ministry put a wall round it; perhaps to protect it from the gaze of the people, like the wall around a cemetery; or the people from the gaze of the dead. Certainly not for the garden's sake, because nothing grew in it but grass which had worn away in patches like the coat of an old mongrel. The front door was painted dark green; it was never opened. By day anonymous vans of the same colour occasionally passed down the shabby drive, but they transacted their business in the back yard. (*LGW* 25)

Andere Häuser werden beschrieben als "pink graves in a field of grey; an architectural image of middle age. Their uniformity is the discipline of growing old, of dying without violence and living without success." (*LGW* 89f.)

Für das *Department* scheint die Zeit während des Krieges stehengeblieben zu sein: In den Büros hängen inzwischen verblaßte Fotos und ein verstaubtes Flugzeugmodell. Fast das gesamte Personal des *Department* rekrutiert sich noch aus der Zeit vor dem Krieg. Nur Avery ist ein Repräsentant der Nachkriegsgesellschaft, und als solcher erkennt er die wahre Funktion des *Department*: "He recognized that it provided shelter from the complexities of modern life, a place where frontiers still existed." (*LGW* 66) Die Außenwelt wird vom *Department* bewußt ignoriert, Zeitungen werden nur des Kreuzworträtsels wegen gekauft. So von der Realität entfremdet, wird das *Department* zur "dream factory". (*LGW* 101) Nur gelegentlich werden die Agenten aus ihrer institutionellen Traumfabrik gerissen und mit der Realität der britischen Nachkriegsgesellschaft konfrontiert. Bei einer der wenigen Gelegenheiten, bei der der Chef des *Departments* sein Büro verläßt, muß er erkennen, daß Traum und Realität nicht übereinstimmen: "Leclerc was ashamed. Taylor had disgracefully deceived him. This was not the society they protected, these slums with their Babel's Tower: they had no place in Leclerc's scheme of things." (*LGW* 38)

*The Looking-Glass War* ist derjenige Roman le Carrés, in dem die Funktion des Geheimdienstes als Ersatzfamilie am deutlichsten wird. Obwohl das Gebäude, in dem das *Department* residiert, düster und verfallen wirkt, besitzt es doch für die Agenten eine besondere Qualität:

For those who worked in it, its mystery was like the mystery of motherhood, its survival like the mystery of England. It shrouded and contained them, cradled them and, with sweet anachronism, gave them the illusion of nourishment. (*LGW* 26)

Darüber hinaus verwendet le Carré auffällig viele religiöse Metaphern. Die Agenten sind "black friars" (*LGW* 93), ein Aufgabengebiet ist ein "parish" (*LGW* 41) und eine Aktion, die Zweifel am Geheimdienst beseitigen soll, ist "the second vow". (*LGW* 81) Der Geheimdienst wird für seine Mitarbeiter eben nicht nur zur Ersatzfamilie, sondern auch zur Ersatzreligion:

For its servants, the Department had a religious quality. Like monks, they endowed it with a mystical identity far away from the hesitant, sinful band which made up its ranks. While they might be cynical of the qualities of one another, contemptuous of their own hierarchical preoccupations, their faith in the Department burned in some separate chapel and they called it patriotism. (*LGW* 66)

Spionieren wird für die Agenten zu einer religiösen Handlung:

... their strained faces fixed upon Leclerc as in the stillness of a church he read the liturgy of their devotion, moving his hands across the map like a priest with the taper. (*LGW* 183)
He put the keys back in his pocket, and as he drew his hand away he felt the links slip between his thumb and finger like the beads of a rosary. (*LGW* 192)

Als die Mitglieder des *Department* gerüchteweise von Raketen in der DDR hören, senden sie einen Agenten aus, weniger, um die Gerüchte zu verifizieren als vielmehr um sich ihre eigene Bedeutung zu beweisen. Dieser Agent, Fred Leiser, gehört zu den tragischen Figuren in le Carrés Werk. Er ist ein Pole, der während des Krieges für das *Department* arbeitete. Auch Leiser lebt in einer Welt der Vergangenheit und der Illusion. Sein Ideal ist *Englishness*: In Kleidung, Wortwahl und Gewohnheiten bemüht er sich, so englisch wie möglich zu wirken, fällt jedoch jedem „echten“ Engländer sofort als Fremder auf. So redet beispielsweise der Schußwaffentrainer Leiser nicht mit "Sir" an, denn: "He knew a foreigner when he saw one." (*LGW* 134) Und ein englischer Zuhälter bietet ihm ein Mädchen an, "[who] gives it foreign", woraufhin Leiser entrüstet ablehnt und fordert: "make it something English". (*LGW* 150) In der Vorstellung, die die Mitglieder des *Department* von *Englishness* haben, ist für jemanden wie Leiser kein Platz. Auf seine Andersartigkeit reagieren sie mit Klassendünkel und Snobismus. Für sie ist er "Common, in a Slav way". (*LGW* 116). Um ihn benutzen zu können, täuschen sie ihm jedoch vor, er sei einer von ihnen, er sei "British to the core". (*LGW* 130) Und Leiser läßt sich gern belügen. Das dem Roman vorangestellte Alice-Zitat *"I wouldn't mind being a Pawn, if only I might join"* (*LGW* 7) drückt seine Gefühle treffend aus. Er will unbedingt zu dieser britischen Institution dazugehören, selbst um den Preis, nur ein *pawn* zu sein, wobei *pawn* die Bedeutung des Bauern hat, der auf dem Schachbrett geopfert wird.

Ungenügend vorbereitet, an veralteter Technik ausgebildet und von seinen Vorgesetzten belogen, ist Leiser auf seiner Mission von vornherein zum Scheitern verurteilt. Das Ende von *The Looking-Glass War* erinnert an le Carrés vorigen Roman *The Spy Who Came in from the Cold*. Ähnlich wie Alec Leamas findet auch Leiser während seines Auftrages Befriedigung in einer kurzen Liebesaffäre zu einer Frau und beginnt, kurz bevor er von den Vopos gestellt wird, die Illusion zu durchschauen. Als er seiner Freundin von London erzählt, berichtet er bezeichnenderweise von einem Mann, der Kreidebilder auf die Straße malt, obwohl es regnet. Diese Szene ist als Metapher zu verstehen. Genauso wie die Kreidebilder vom Regen fortgewaschen werden, werden die Träume des *Department* durch die Realität zerstört. Der Rückzug in eine institutionalisierte Traumfabrik mag als attraktive Alternative zum Leben im zeitgenössischen Großbritannien erscheinen, die Konsequenzen – das macht le Carré deutlich – sind aber verheerend. Die Agenten erleben das Scheitern der Operation als "waking from a single dream". (*LGW* 227) Leiser wird höchstwahrscheinlich erschossen, Leclerc wird wahnsinnig, und Avery weint bitterlich.

*A Murder of Quality*

In zweien seiner Romane, *A Murder of Quality* (1962) und *A Small Town in Germany* (1968), hat le Carré seinen bevorzugten Mikrokosmos, den Geheimdienst, gegen andere Institutionen vertauscht, die er ebenfalls aus eigener Erfahrung kennt: *public school* und Botschaft. Beide Romane sind streng genommen eigentlich keine Spionageromane. Da le Carré aber, wie bereits erwähnt, kein reiner Spionageromanautor ist, sondern weiterführende Themen behandelt, erscheint es sinnvoll, auch diese beiden Romane im Rahmen dieser Arbeit zu analysieren. Beide Institutionen sind für le Carré nämlich genau wie der Geheimdienst "microcosms of English society at large, metaphors of the condition of England"[60].

Schauplatz in *A Murder of Quality* ist die fiktive *public school* Carne, die in einer kleinen Provinzstadt in Dorset liegt. Carne, das schon im *Doomsday Book* 1086 erwähnt wird, hat eine lange Tradition in der Erziehung der Söhne der britischen Elite. Die Schüler in Carne stammen ausnahmslos aus der führenden Schicht der britischen Gesellschaft. Die Parallelen zu le Carrés Spionageromanen, insbesondere zu *The Looking-Glass War*, sind offensichtlich. Auch dieses Buch durchzieht eine Atmosphäre von Trostlosigkeit und Trauer. Die Beschreibung "Gloom and the cold" (*MQ* 10) bezieht sich zwar in erster Linie auf das Wetter, drückt aber im übertragenen Sinne die generelle Stimmung in Carne aus. Die Szene, in der die Schüler nach Carne zurückkehren, ist eine der Szenen, in denen die Todesmetaphorik besonders gut zum Ausdruck kommt:

And they came; each Half they came (for terms are not elegant things), so that throughout a whole afternoon the trains would unload sad groups of black-coated boys on to the station platform. They came in great cars that shone with mournful purity. They came to bury King Edward, trundling handcarts over the cobbled streets or carrying tuck boxes like little coffins. Some wore gowns, and when they walked they looked like crows, or black angels come for the burying. Some followed singly like undertakers' mutes, and you could hear the clip of their boots as they went. They were always in mourning at Carne; ... (*MQ* 9f.)

Carne ist in le Carrés fiktionaler Welt ein weiteres Beispiel für eine geschlossene Gemeinschaft, die sich bewußt der Realität verschließt und in einer längst toten Vergangenheit lebt. Die Funktion der Schule scheint zu sein: "keeping the new world out and the old world secure". (*MQ* 84) Sampson schreibt in seiner *Anatomy of Britain*, die im gleichen Jahr wie le Carrés Roman erschien, über *public schools*:

... no one visiting a public school can fail to be struck by the continuity of these isolated communities: they roll on with their Latin jokes, their founders' prayers, their fags and private languages, still perpetuating vestigial aspects of a Victorian world.[61]

Smiley, der als Fremder nach Carne kommt, um in einem Mordfall zu ermitteln, macht eben diese Erfahrung. Seine Reise nach Carne ähnelt einer Zeitreise in ein vergangenes Jahrhundert. Die Schüler bewegen sich immer noch in den "leisured attitudes of eighteenth-century England". (*MQ* 84) Der Tagesablauf gestaltet sich nach jahrhundertealter Überlieferung, und nicht mehr zeitgemäße Rituale werden künstlich am Leben erhalten. Ein Lehrer gesteht sich in einem Moment der Selbsterkenntnis zynisch ein, was er erreicht hat: "Entrenched a ruling class which is distinguished by neither talent, culture, nor wit; kept alive for one more generation the distinctions of a dead age." (*MQ* 14) Ein anderer Lehrer, der stolz auf seinen "Victorian taste" (*MQ* 62) ist, erklärt Smiley gegenüber:

Many public schools have conceded to the vulgar clamour for change – change at any price. Carne, I am pleased to say, has not joined these Gadarene swine. That makes it more important than ever that we protect ourselves from within as well as from without. (*MQ* 62)

Carne weigert sich, die neue gesellschaftliche Realität anzuerkennen. Ziel der Erziehung ist es, die Vorkriegsgesellschaft wieder herzustellen: "to restore and maintain those standards of behaviour which suffered so sadly in the war". (*MQ* 54)

Das Resultat einer derartigen Erziehung ist unweigerlich ein überzogenes Klassenbewußtsein. Le Carré kennt das diesem Bewußtsein entsprechende Verhalten aus seiner eigenen Schulzeit sehr genau. In dem Artikel "In England Now" beschreibt er das Klima an seiner *public school* wie folgt:

We all knew who our Jews were in school, and made sure they knew it, too .... We doubled up with mirth at the sound of lower-class accents .... We called everybody who wasn't at a private school an oik. Oiks were socially beyond the pale ....[62]

Die *public school*-Schüler, die später Führungspositionen in der Gesellschaft übernehmen, sind so gerade durch die *public school*-Erziehung von denjenigen entfremdet, die sie führen sollen. Der Lehrer Stanley Rode, ein *oik*, d. h. *working class* und *grammar school*, versucht die Klassendifferenz dadurch zu überwinden, daß er sich anbiedert, wird aber ähnlich wie Leiser in *The Looking-Glass War* weder von Schülern noch von Lehrern akzeptiert:

He's so *keen*, bouncing about all the time. You can tell he's not a gentleman. You know where he went to school? ... Branxome Grammar. (*MQ* 10f.)
Poor little Rode ... running about like a puppy, trying to earn his biscuits. He tries so hard; have you seen him cheering at school matches? He'd never seen a game of rugger before he came here, you know. They don't play rugger at grammar schools – it's all soccer. (*MQ* 12)

Auch Rodes Ehefrau Stella ist eine soziale Außenseiterin in Carne, da sie das zeitgenössische Großbritannien repräsentiert. In den Augen der Lehrer ist sie "everything we're forced to ignore – she was redbrick, council estates, new towns, the very antithesis of Carne!". (*MQ* 53) Anders als ihr Ehemann versucht sie nicht, sich anzupassen, sondern will die Heuchelei des Establishments aufdecken, wird aber von einem der Lehrer ermordet.

*A Small Town in Germany*

Schauplatz von le Carrés fünftem Roman *A Small Town in Germany* ist die britische Botschaft in Bonn. Der Roman ist ein "thriller of ideas – about beliefs, national decline, class consciousness and Englishness"[63]. Der zeitgeschichtliche Hintergrund des Romans ist der Zerfall des Empire, das Schwinden des britischen Einflusses in der Welt und das verzweifelte Bemühen Großbritanniens, in die EWG aufgenommen zu werden. Die britischen Diplomaten in Bonn sind verbittert über den Niedergang Großbritanniens und empfinden ihn als persönliche Demütigung. Sie gehören zu der "humiliated generation" (*STG* 237), jener Generation von Briten, die wie le Carré im Glauben an das Empire erzogen wurden und nun vor den Scherben des britischen Weltreiches stehen. Ihre gesamte Identität, das Bild, das sie von sich selbst haben, ist in Frage gestellt. Noch deutlicher als in seinen anderen Romanen zeigt le Carré hier die Verzweiflung und die Heuchelei, mit der das Establishment reagiert. Die Botschaft ist genau wie das *Department* nur eine "dream box". (*STG* 221) Die Diplomaten flüchten sich in Rituale, die sie ausführen, ohne an den Sinn ihrer Aufgabe zu glauben. Der Botschafter de Lisle gesteht offen ein, daß er nicht weiß, welche Werte er repräsentiert: "*I* don't know what I'm defending. Or what I'm representing". (*STG* 129) Für Bradfield, den Leiter der Kanzlei, kommt es nur darauf an, daß – wie bei den Gebäuden – der äußere Anschein gewahrt bleibt: "I serve the appearance of things." (*STG* 299) Das Ergebnis eines derartigen Verhaltens ist Heuchelei, die als die neue britische Tugend gepriesen wird: "I'm a great believer in hypocrisy. It's the nearest we ever get to virtue." (*STG* 299)

In dieser Situation, in der die Diplomaten sich in ihrem Selbstverständnis bedroht fühlen, klammern sie sich an ihre Konzeption von *Englishness*. In der fremden Welt der Bundesrepublik Deutschland haben sie, wie um sich ihre Identität zu bestätigen, einen „typisch englischen" Mikrokosmos geschaffen:

> Behind the English Church, on a wooded hill, in a semi-rural avenue away from the centre of Bad Godesberg, the Embassy has built itself a modest piece of suburban Surrey. Comfortable stockbrokers' houses with open fireplaces and long corridors for servants they no longer have, hide behind the exiguous privet and laburnum of splendid isolation. The air trembles to the gentle music of the Brtish Forces Network. Dogs of unmistakeably English breed ramble in the long gardens; .... (*STG* 36)

In diesem Roman zeigt sich erneut, wie sehr die Angehörigen der oberen Klassen durch ihr anachronistisches Klassenbewußtsein unfähig zur Kommunikation mit anderen sind. Die Diplomaten reagieren auf alle, die sich durch Klasse oder auch Nationalität von ihnen unterscheiden, mit einem Gefühl der Überlegenheit. In *A Small Town in Germany* betrifft das in erster Linie Leo Harting, der stark an Fred Leiser aus *The Looking-Glass* War erinnert. Harting ist ein deutscher Jude, der in den dreißiger Jahren nach Großbritannien emigrierte und nach dem Krieg für die Kontrollkommission an der Entnazifizierung teilnahm. In der Botschaft übernimmt er alle undankbaren Aufgaben, um sich unentbehrlich zu machen und akzeptiert zu werden. Die Diplomaten jedoch reagieren auf Harting mit einem sehr nuancierten Snobismus. Bradfield lädt ihn nur auf einen Drink ein, nicht aber zum Essen: "He wasn't quite dinner party material." (*STG* 61) In der Vorstellung des Establishments von *Englishness* ist für Harting kein Raum: “There’s a smell, that’s all. A foreign smell.” (*STG* 47)

Da Harting nicht zu Bradfields und de Lisles Klasse gehört, empfindet er auch nicht deren Verzweiflung und Nihilismus, sondern kämpft als einziger weiterhin für seine Ideale. In dieser “aimless society” (*STG* 300), in der das Establishment – um noch einmal das Bild der Häuser zu benutzen – die desolate Situation durch eine glänzende Fassade zu verbergen sucht, gilt es jedoch als Verbrechen, an dieser Fassade zu kratzen: “What else is there when the underneath is rotten? Break the surface and we sink. That’s what Harting has done.” (*STG* 299)

Als Harting mit einigen Akten verschwindet, beauftragt das *Foreign Office* Alan Turner, den Fall zu untersuchen. Turners sozialer Hintergrund erinnert an die *angry young men*: Er stammt aus der *working class*, ist “common as a mongrel” (*STG* 42) und war zwar in Oxford, aber eben nur im St. Anthony’s College, “which takes all kinds of people”. (*STG* 40) Daher wird Turner von den Diplomaten in der Bonner Botschaft ebensowenig akzeptiert wie Harting. Für das Establishment ist er der “Bevin boy” (*STG* 134), der den strikten Verhaltenskodex verletzt. Im Laufe seiner Ermittlungen erkennt Turner diese Gemeinsamkeit und beginnt deshalb, sich mit Harting zu identifizieren: “Come on, Leo, we’re of one blood, you and I”. (*STG* 119) Das Ende des Romans wirkt ebenso desillusionierend wie in *The Looking-Glass War*: Turner kann nicht verhindern, daß Harting getötet wird.

*The Quest for Karla*

Zurück zum Geheimdienst: In seiner *The Quest for Karla*-Trilogie – bestehend aus *Tinker, Tailor, Soldier, Spy* (1974), *The Honourable Schoolboy* (1977) und *Smiley’s People* (1980) – präsentiert le Carré ein breites Spektrum von Möglichkeiten, auf die neue Realität zu reagieren. Da sind zum einen die Agenten Jim Prideaux, Peter Guillam und Jerry Westerby, die sich wie das *Department* in *The Looking-Glass War* weigern, die neue Realität anzuerkennen. Le Carré hat in einem Interview zu diesen Charakteren wie folgt Stellung bezogen:

I think there is, also … a strong line of simplistic, wishful, chauvinist thinking in one or another character, people who, for very honourable reasons, … are loyal, decent, unashamedly patriotic blokes, like Jerry Westerby in *The Honourable Schoolboy* or Jim Prideaux in *Tinker, Taylor, Soldier, Spy.* People who have almost deliberately foreshortened their critical faculties in order to believe their country right or wrong, and those chaps, ironically, always get the worst drubbing in the story, because you simply cannot cease to criticise, however noble one's reasons.[64]

Alle drei haben wenig soziale Kontakte und erhoffen sich vom Geheimdienst eine gefühlsmäßige Befriedigung. Zugleich ist die Arbeit für sie eine Möglichkeit, ihrem Land zu dienen. Sie sind aufgrund einer "notion of English calling" (*TTSS* 345) in den Geheimdienst eingetreten und von der Richtigkeit ihrer Sache rückhaltlos überzeugt. Alle drei bleiben ewige Schuljungen: So, wie sie sich den Geheimdienst vorstellen, existiert er nur in den Seiten von *The Boys' Own Paper* und frühen Thrillern. In *The Honourable Schoolboy* spielt le Carré denn auch mit intertextuellen Verweisen gleich mehrfach auf Spionageromane von Kipling, Oppenheim und Buchan an.[65] (*HS* 37, 203, 246, 298) Das Schicksal der drei Charaktere verläuft nach bekanntem Muster: Ihre Illusionen zerbrechen an der Realität. Westerby wird aus Gründen der Staatsraison von den eigenen Leuten erschossen. Für Guillam kommt der Moment der Desillusionierung, als er einsehen muß, daß sein großes Vorbild Bill Haydon ein Verräter ist. Da der Geheimdienst für Guillam die Funktion einer Ersatzfamilie übernommen hat, in die der von der Außenwelt enttäuschte Agent fliehen kann, ist das Erwachen aus dem Traum besonders schmerzlich:

In that moment, Guillam felt not merely betrayed but orphaned. His suspicions, his resentments for so long turned outward on the real world – on his woman, his attempted loves – now swung upon the Circus and the failed magic that had formed his faith. (*TTSS* 345)

Lediglich Prideaux gewährt le Carré ein halbwegs befriedigendes Schicksal. Er wird zwar von Haydon verraten und deshalb in der CSSR verhaftet, doch nach seinem Ausscheiden aus dem Geheimdienst wechselt er in eine andere Institution, wo er weiter in seiner Traumwelt leben kann: die *public school*. Hier kann er in Ruhe John Buchans Romane lesen und wird von den Schülern als einer von ihnen akzeptiert. Obwohl die modernen *clubland heroes* Prideaux, Guillam und Westerby im Gegensatz zu den Agenten in *The Looking-Glass War* sympathisch erscheinen, darf man doch nicht übersehen, daß auch ihre Verhaltensweise eine Flucht aus der gegenwärtigen Gesellschaft ist.

Eine andere Verhaltensweise läßt sich am Beispiel Bill Haydons dokumentieren. Haydon ist ein typischer Repräsentant des Establishments: Er stammt aus bester Familie, verkehrt in den höchsten Kreisen und hat verwandschaftliche Verbindungen zur Aristokratie. In seiner Wesensart verkörpert er jene Qualitäten, die das britische

Establishment seit jeher auszeichneten: Charme, die Fähigkeit, andere Personen für sich einzunehmen, intellektuelle und künstlerische Brillanz und auch ein gewisses Maß an Exzentrik. In der Zeit "before 'Empire' became a dirty word" (*TTSS* 115) wäre ihm eine glänzende Karriere beschieden gewesen. Wiederholt wird er mit Rupert Brooke, Symbol eines romantisch verklärten Patriotismus, und dem legendären Lawrence of Arabia verglichen. (*TTSS* 134, 158) Sein Problem liegt darin, daß das Großbritannien der siebziger Jahre eben nicht mehr das Großbritannien von Lawrence und Brooke ist. Haydons "grand designs for restoring England to influence and greatness" (*TTSS* 158) lassen sich nicht realisieren. Im Gegensatz zu den bisher vorgestellten Charakteren verfällt Haydon nicht in Heuchelei, Selbstbetrug und Orientierungslosigkeit. Da die britische Gesellschaft ihm nicht die versprochenen Zukunftsaussichten einlösen kann, fühlt er sich im Gegenzug seinerseits auch nicht mehr an den "social contract" (*TTSS* 343), den ungeschriebenen Gesellschaftsvertrag, gebunden. Aus Enttäuschung darüber, daß er keine Möglichkeit hat, seine Ambitionen zu erfüllen, wird er zum Verräter. Haydon ist Verräter und Verratener zugleich, ein Opfer der britischen Nachkriegsgeschichte[66]:

> Was not Bill also betrayed? Connie's lament rang in his ears: "Poor loves. Trained to Empire, trained to rule the waves ... You're the last, George, you and Bill." He saw with painful clarity an ambitious man born to the big canvas, brought up to rule, divide and conquer, whose visions and vanities all were fixed, like Percy's, upon the world's game; for whom the reality was a poor island with scarcely a voice that would carry across the water. (*TTSS* 343)

Die Hauptrolle in der *Quest for Karla*-Trilogie übernimmt George Smiley, eine Figur, die le Carré bereits in seinen ersten beiden Romanen verwendet und die auch in seinem letzten Spionageroman über den Kalten Krieg, *The Secret Pilgrim* (1991), auftritt. Smiley ist die Figur, die am detailliertesten beschrieben wird und die psychologisch betrachtet für den Autor le Carré zugleich als alter ego und als Ersatzvater fungiert. Äußerlich wirkt Smiley wie ein Anti-Held. So wie seine Herkunft unscheinbar ist – „without school, parents, regiment or trade, without wealth or poverty" (*CFD* 7) – ist auch seine gesamte Erscheinung "breathtakingly ordinary". (*CFD* 7) Er ist klein, rundgesichtig und erinnert an einen Teddybären oder eine Kröte: "Short, fat, and of quiet disposition, he appeared to spend a lot of money on really bad clothes, which hung about his squat frame like skin on a shrunken toad." (*CFD* 7) Selbst für enge Freunde ist er auf den ersten Blick "the very prototype of an unsuccessful middle-aged bachelor in a sedentary occupation". (*MQ* 24) Sein Privatleben unterstreicht diesen Eindruck von Mittelmäßigkeit und Erfolglosigkeit. Seine Ehe mit der schönen Lady Ann Sercomb aus der Oberschicht scheitert, weil sie ihn wegen eines kubanischen Rennfahrers verläßt. Wie die meisten Protagonisten in le Carrés Romanen ist auch George Smiley ein Mitglied des Establishments. Smiley, der Geheimdienstprofi, ist im Grunde genommen ein Amateur, ein Wissenschaftler, der eigentlich nur kurze Zeit beim Geheimdienst arbeiten wollte und sich viel lieber seinem obskuren Hobby widmen möchte: der deutschen Barockliteratur. Seine scheinbar schlechte Kleidung darf nicht mißverstanden werden. Für den Gentleman ist ein Jackett erst dann stilgerecht, wenn es alt und abgeschabt wirkt. Im Gegensatz zu den anderen Establishment-Charakteren bei le Carré verfällt Smiley aber nicht in Snobismus, sondern besitzt noch die Fähigkeit, mit anderen Personen zu kommunizieren. Smiley ist ein „Vertreter eines nicht mehr zeitgemäßen Wertesystems"[67]. Er wurde zu einer Zeit angeheuert, als der Geheimdienst noch von Akademikern geleitet wurde und Großbritannien über sein Empire verfügte. Als er nach dem Krieg zum Geheimdienst zurückkehrt, haben sich die Zeiten geändert:

> Things changed. ...
> Gone for ever were the days of Steed-Asprey, when as like as not you took your orders over a glass of port in his room at Magdalen; the inspired amateurism of a handful of highly qualified, under-paid men had given way to the efficiency, bureaucracy, and intrigue of a large Government department
> ...
> This was a new world for Smiley: the brilliant lit corridors, the smart young men. He felt pedestrian and old-fashioned, homesick for the dilapidated terrace house in Knightsbridge where it had all begun. (*CFD* 12f.)

Aber auch in diesem Punkt unterscheidet sich Smiley von den übrigen Charakteren. Er versucht nicht, die Zeit zurückzudrehen oder sich in eine Traumwelt zu flüchten, sondern nimmt die neue Realität an. Während andere Agenten sich noch der Illusion von *British grandeur* hingeben, erkennt Smiley – ebenso wie Haydon – die Bedeutungslosigkeit Großbritanniens. Doch Haydons Konsequenz, Großbritannien deswegen zu verraten, kann Smiley nicht teilen. Anstatt in Resignation oder Verrat zu verfallen, kämpft Smiley weiter und versucht, „eine verlorengegangene Ordnung im Geheimdienst (= England) wiederherzustellen"[68]. Weil er die Fehler der anderen vermeidet, ist er erfolgreich. Gerade der mittelmäßig wirkende Smiley ist es, der den Maulwurf aufspürt, den Geheimdienst nach dem „Sündenfall" wieder neu aufbaut und schließlich den KGB-Chef Karla besiegt. Smiley überbrückt so den Gegensatz, an dem die britische Gesellschaft gescheitert ist: Festhalten an der Vergangenheit und doch offen sein für die Gegenwart.

Vergleicht man le Carrés Bild der britischen Nachkriegsgesellschaft mit dem Ian Flemings, so wird ein grundlegender Unterschied sichtbar. Für le Carré ist die britische Gesellschaft eine orientierungslose Gesellschaft, in der sich das Establishment aus Verzweiflung über das verlorene Empire in Snobismus, Trauer und Verrat flüchtet. Die britischen Institutionen sind zu *dream factories* geworden, die ihren Mitgliedern Schutz vor dem modernen Leben bieten sollen. Ian Fleming plädiert in seinen Spionageromanen für eine Rückkehr zu Verhaltensweisen der Vorkriegsgesellschaft, damit die Nation die Krise überwindet und ihre verlorene Größe wiedergewinnt; für le Carré hingegen ist eine derartige Rückkehr eben gerade die Ursache der Krise.

### c) Der Kampf gegen das Establishment: Len Deighton

The main puzzle about Len Deighton is that, while being such a good writer he is not even better. One feels he ought to be placed in the same class as le Carré and Greene but just fails. If one were making out his school report it would be necessary to state that he "could do better".[69]

Diese Einschätzung John Atkins' spiegelt das gespaltene Verhältnis der Kritiker zu Len Deighton wider. Einerseits wird Deighton in Überblicksdarstellungen zum Spionageroman immer wieder mit le Carré verglichen,[70] andererseits aber hat die Forschung ihn bislang weitestgehend vernachlässigt. Während zu le Carré bereits mehrere Monographien vorliegen, beschränkt sich die Sekundärliteratur zu Deighton auf ein *Len Deighton Companion* und mehrere Aufsätze.[71] Dabei ist das literarische Werk Deightons sehr umfangreich und vielfältig. Neben seinen Spionageromanen hat er Abenteuerromane, Kriegsromane, historische Sachbücher über den Zweiten Weltkrieg und sogar mehrere Kochbücher verfaßt.

In der Sekundärliteratur ist es allgemein üblich, darauf hinzuweisen, daß Len Deighton sich mit seinen Spionageromanen Anfang der sechziger Jahre als „realistische Alternative zu Ian Fleming und seinen James-Bond-Romanen"[72] etablierte. Mit der Figur des anonymen Agenten, die er in seinen ersten acht Spionageromanen als Ich-Erzähler benutzt[73], schuf Deighton eine Art "proletarian James Bond"[74]. Der soziale Hintergrund dieses Agenten entspricht dem der *angry young men* der fünfziger Jahre: Er stammt aus der *working class*, hat eine *grammar school* besucht und einen Abschluß in Mathematik und Wirtschaftswissenschaft von einer *red brick university*. Anders als Bond gehört der Agent nicht zum Establishment, sondern ist ein sozialer Aufsteiger, der im Gegensatz zur traditionellen Elite steht: "An upstart from Burnley – a supercilious, anti-public-school technician who thought he was an administrator." (*FIB* 10) Deightons Agent gehört zur sogenannten *meritocracy*[75], d.h. zu jener Gruppe von Personen, die aufgrund ihrer Fähigkeiten und Qualifikationen einen gesellschaftlichen Aufstieg erzielten, aber nicht bis in die obersten Führungspositionen vordringen konnten, weil die von der traditionellen Elite besetzt waren, und denen wegen ihrer Herkunft gesellschaftliche Anerkennung versagt blieb:

The New Men of the meritocracy were well-educated and needed for the rapid developments everywhere, but their "fault" was that they were not born with any kind of privilege. They felt strangers in a nation which required their qualifications, but which expected them in men already by birth part of the "system".[76]

Als Konsequenz aus dieser verweigerten Anerkennung reagiert der Agent mit Zorn und Spott auf das Establishment, das in den Romanen zum eigentlichen Feindbild avanciert:

What chance did I stand between the Communists on the one side and the Establishment on the other – they were both out-thinking me at every move. (*IF* 91)
On Friday I took Charlie Christmas shopping in the West End. She bought her father a subscription to *Playboy* and I sent Baix an Eton tie. I suppose we were each in our own way fighting the establishment. (*HUW* 260)

Der Begriff "Establishment", der für das Verständnis von Deightons Spionageromanen eine große Rolle spielt, ist nur schwer zu definieren. Wie Peter Lewis betont, ist das Establishment nicht deckungsgleich mit der jeweils regierenden Partei, sondern bezeichnet eher eine gewisse Mentalität:

The point of the Establishment is that is continues to look after itself whatever party is in power. It is not so much a power bloc or trade union for Top People as a ruling class mentality, a set of attitudes and assumptions, objectives and opinions about English society and who should press the buttons that operate it. The prime attitude and assumption of the Establishment is that it knows best what is good for the country.[77]

Zwischen den Mitgliedern des Establishments besteht eine enge Verbindung, das sogenannte "old boy network". (*IF* 172) Ausschlaggebend für den Erfolg dieses Netzwerkes ist die Tatsache, daß die Mitglieder des Establishments die gleichen Erziehungseinrichtungen besuchen:

England can work such a nebulous system smoothly because the ruling class normally goes to one of only two universities, Oxford and Cambridge. This is more important than the contacts made at school, although Eton and Winchester confer a sort of tribal identity which often lingers on.[78]

Aufgrund dieser Vetternwirtschaft der Eton- und Oxbridge-Absolventen werden Führungspositionen – vor allem im Staatsdienst – fast ausschließlich an Mitglieder des Establishments vergeben. Obwohl der Prozentsatz der Oxbridge-Absolventen weniger als ein Prozent der Gesamtbevölkerung beträgt, setzen sich die Kabinette, die höhere Beamtenschaft in Whitehall und auch die Leitungsgremien der BBC und vieler Banken zu über 50 Prozent aus Oxbridge-Absolventen zusammen. Anthony Sampson berichtet, daß von den Kandidaten, die 1959 für den *Senior Civil Service* und den *Foreign Service* eingestellt wurden, nur ein einziger nicht in Oxford oder Cambridge studiert hatte.[79] Dieses Prinzip der Privilegierung, Machterhaltung und Abschottung wird in Deightons Spionageromanen zur Zielscheibe der Kritik. Der Zorn von Deightons Helden richtet sich gegen eine Gesellschaft, die den Wert eines Menschen nicht nach seinen Fähigkeiten bemißt; eine Gesellschaft, die den Aufstieg nur Mitgliedern der traditionellen Elite ermöglicht.

Wie dieses *old boy network* funktioniert, verdeutlicht Deighton in seinen Romanen am Beispiel des Geheimdienstes. Die oberen Positionen dieser Organisation sind fest in der Hand der *public school-* und Oxbridge-Absolventen. Wenn der anonyme Ich-Erzähler seine Vorgesetzten und Kollegen zum erstenmal vorstellt, weist er stets auf deren Ausbildung hin. In *The Ipcress File* (1962) ist der Chef der Geheimdiensteinheit WOOC(P) ein Mann namens Dalby:

Dalby was an elegant languid public school Englishman of a type that can usually reconcile his duty with comfort and luxury. He was little taller than I am: probably 6ft 1in or 6ft 2in. He had long fine hair, and every now and then would grow a little wispy blond moustache. At present he didn't have it. He had a clear complexion that sunburnt easily and very small puncture-type scar tissue high on the left cheek to prove he had been to a German University in '38. (*IF* 9f.)

Ähnlich sarkastisch ist die Charakterisierung von Chillcott-Oakes – Doppelnamen deuten bei Deighton immer auf Establishment hin –, der seinen Job im Geheimdienst nur seinen guten Verbindungen aus seiner Schulzeit verdankt:

He'd been to one of those very good schools where you meet kids with influential uncles. I imagine that's how he got into the Horse Guards and now into

WOOC(P) too, it must have been like being at school again. His profusion of long lank yellow hair hung heavily across his head like a Shrove Tuesday mishap. He stood 5ft 11in in his Argyll socks, and had an irritating physical stance, in which his thumbs rested high behind his red braces while he rocked on his hand-lasted Oxfords. He had the advantage of both a good brain and a family rich enough to save him using it. (*IF* 8)

In den achtziger Jahren hat Deighton mit der Figur des Bernard Samson einen neuen Protagonisten geschaffen. Was den sozialen Hintergrund Samsons betrifft, so ist er nur eine leichte Variation des anonymen Agenten. Er stammt ebenfalls aus der *working class*, hat trotz fehlender Universitätsausbildung ein breites Wissen auf allen Gebieten der klassischen Bildung und ist mit der Oxbridge-Absolventin Fiona verheiratet. Obwohl nicht mehr jung, ist er doch "full of anger" (*LM* 197) und hat eine "phobia about public schools – 'Beating, buggery and bad manners' – and about those who'd ever attended one". (*SSI* 164) Seine Arroganz und seine bissigen Kommentare über seine Establishment-Vorgesetzten dienen ihm als "his defence against a system that had never given him a proper chance in life". (*SSI* 310) Auch in den Samson-Romanen wird der britische Geheimdienst MI6 von den "stoney-faced Oxbridge men" (*MS* 298) dominiert. Bei der ersten Vorstellung dieser Charaktere wird wiederum jedesmal deren Klassenzugehörigkeit und/oder Oxbridge-Ausbildung erwähnt. Chef der Organisation ist der senile Sir Henry: "It was at that moment that Sir Henry Clevemore came into the room. He was a tall aloof figure, slightly unkempt, with that well-worn appearance that the British upper class cultivate to show they are not *nouveau riche*." (*BG* 52) Leiter der Deutschland-Abteilung ist Dicky Cruyer:

Dicky Cruyer had curly hair and liked to wear open-neck shirts and faded jeans, and be the *Wunderkind* amongst all the dark suits and Eton ties. But under all the trendy jargon and casual airs, he was the most pompous stuffed shirt in the whole Department. (*BG* 15)

Dicky, ein affektierter Kulturprotz, läßt immer wieder erkennen, daß er in Oxford studiert hat: "Dicky always said *fine* rather than brandy or cognac. Fiona told me he'd been saying it ever since he was president of the Oxford University Food and Wine Society as an undergraduate." (*BG* 15f.) Das *Economic Intelligence Committee* wird von dem amerikanischen Millionärssohn Bret Rensselaer geleitet:

We all turned to look anew at Bret Rensselaer, a dark-suited American in his middle fifties, with fair receding hair and a quick nervous smile. Bret was the sort of American who liked to be mistaken for an Englishman. Recruited into the service while at Oxford on a Rhodes scholarship, he'd become a dedicated Anglophile .... (*BG* 38)

Zu der "public-school mafia at London Central" (*LM* 144) gehört schließlich auch noch Samsons Ehefrau, Fiona Kimber-Hutchinson:

She'd come down from Oxford with all the expected brilliant results in philosophy, politics and economics – or "Modern Greats" in the jargon of academe – and done all those things that her contemporaries thought smart: she studied Russian at the Sorbonne while perfecting the French accent necessary for upper-class young Englishwomen; she'd done a short cookery course at the Cordon Bleu; worked for an art dealer; crewed for a transatlantic yacht race; and written speeches for a man who'd narrowly failed to become a Liberal Member of Parliament. (*BG* 24)

Wer meint, Deightons Romane seien in dieser Hinsicht unrealistisch, der irrt. Wie die personalpolitischen Entscheidungen der Regierung Major bewiesen haben, werden Führungspositionen im Geheimdienst nach wie vor bevorzugt an Mitglieder einer privilegierten sozialen Gruppe vergeben: Im März 1994 wurde David Spedding zum neuen Chef des MI6 ernannt – eine Karrierediplomat mit Abschlüssen aus Sherborne (le Carrés *public school*) und Oxford, der zudem auch noch Mitglied in Ian Flemings altem Golfclub ist.[80]

*Public schools*, Oxford und Cambridge werden in Deightons Spionageromanen generell mit vielen ironischen Seitenhieben attackiert, und der Wert einer Ausbildung dort wird ins Lächerliche gezogen: "You won't learn anything worth knowing at Oxford or Cambridge" (*SH* 89) betont der Vater von Samsons neuer Freundin, und wie zur Bestätigung behauptet der Cambridge-Absolvent Peterson in *Horse Under Water* (1963): "The only thing I learned at Cambridge ... was how to put on a pair of fifteen-inch trousers without first removing my chukka boots." (*HUW* 260) Und wenn man in den *public schools* überhaupt irgendetwas lernt, dann allerhöchstens schlechte Manieren, Betrug und *bullying*. Als der anonyme Agent in *The Ipcress File* den Verräter Dalby ins Kreuzverhör nimmt, verzieht dieser auch bei Lügen keine Miene: "His face didn't flicker. Those English public schools are worth every penny." (*IF* 220) Ebenso scheitert Samsons Versuch, den Verräter Trent durch rüdes Benehmen einzuschüchtern, denn: "He'd learned to deal with such things at his public school." (*BG* 79f.) Es sind nicht nur die *working class boys*, die Oxbridge skeptisch gegenüber stehen. Auch Fiona, selbst eine Oxbridge-Absolventin, hat an ihre Studienzeit vornehmlich negative Erinnerungen:

How she'd hated it: the good times she'd had were now forgotten. She recalled the men she'd known, and those long evenings in town, watching boorish undergraduates drinking too much and making fools of themselves. Keen always to make the women students feel like inferior beings. Boys with uncertain sexual preferences, truly happy only in male society, arms interlinked, singing together very loudly and staggering away to piss against the wall. (*SSI* 324)

Die Vetternwirtschaft der Oxbridge-Clique hat nicht nur für Deightons *working class*-Helden, sondern für die gesamte britische Gesellschaft negative Konsequenzen. Eine "highly competitive, noisy, quickmoving, kaleidoscopic society" (*BG* 276) kann es sich nicht leisten, daß Schlüsselpositionen mit Personen besetzt werden, die zwar die „richtigen" Universitäten besucht haben, aber unfähig sind, während die Experten mit der „falschen" Ausbildung nicht zum Zuge kommen. Der Geheimdienst jedenfalls wird nicht optimal geleitet von den "Cambridge pansies or Greek scholars . . . who thought a little job in the intelligence service would be a good way to earn money while they wrote sonnets". (*BG* 117) Der Chef und die Abteilungsleiter haben ihre Oxbridge-Abschlüsse, doch mit der praktischen Geheimdienstarbeit haben sie keine Erfahrung. In den Samson-Romanen ist Sir Henry, der seinem Schneider mehr Aufmerksamkeit widmet als seinen Agenten, mit der Leitung seiner Organisation offenkundig überfordert, da er seine Entscheidungen nicht auf der Grundlage von rationalen Überlegungen trifft:

Bret took it very slowly. That was the best way with the D-G, if not to say the only way; he only understood when you explained everything very slowly. And if you could go on long enough you could wear him down until he agreed with whatever the request was, just to get rid of you. (*LM* 225)

Morgan, der Assistent des Chefs – und somit der "Martin Bormann of London South West One" (*LM* 43) – hat als Qualifikationen nur einen Abschluß in Biologie und einen Vetter im *Foreign Office* vorzuweisen. Und auch Dicky Cruyer erscheint für die Spionagetätigkeit ungeeignet. Ihm gelingt es nicht einmal, seine Seitensprünge geheimzuhalten. So entsteht insgesamt der Eindruck, die Oxbridge-Spione "wouldn't recognize a senior bloody KGB officer if he walked up to them waving a red flag". (*BG* 52) Zudem sind sie ohnehin vollauf mit gesellschaftlichen Verpflichtungen und der Jagd nach Orden und Ritterschlägen ausgelastet, so daß ihre Arbeit für sie nur zweitrangig ist. Dank des *old boy networks* und ihres "PhD in office politics" (*MS* 11) verhindern sie jedoch die Karriere der kompetenten Agenten, die nicht zum Establishment gehören. Bestes Beispiel hierfür liefert die

Besetzung des Chefpostens der Deutschland-Abteilung. Aufgrund seiner Kindheit in Berlin und seiner engen Beziehungen zu dieser Stadt wäre Samson sicherlich die beste Wahl. Auch Frank Harrington ist dieser Meinung: "Bloody hell, laddie, you know more about this part of the world than any Oxbridge graduate can learn in a lifetime." (*BG* 107) Für die Besetzung dieser Stelle ist jedoch weniger die praktische Erfahrung erforderlich als vielmehr die richtige Universitätsausbildung:

> But the fact is that you don't just learn about history and grammar at Oxford and Cambridge, you learn about the people you meet there. And in later life you depend upon those judgements. Knowing the streets and alleys of this dirty old town doesn't count for much when there is a desk falling vacant. (*BG* 107)

Das *German desk* geht denn auch folgerichtig nicht an Samson, sondern an den Oxford-Absolventen Dicky Cruyer, was Samson Anlaß für bissige Kommentare bietet: "I thought it would go to someone who really knew the job. I should have known that only Oxbridge men would be shortlisted." (*MS* 278) Diese Privilegierung wird von Deightons Establishment-Charakteren damit begründet, daß von *public school-* und Oxbridge-Absolventen eine besondere Loyalität zu erwarten sei:

> How can I put it to you ... You and I belong to a social class obsessed by the notion of conduct. At our best public schools, we have always taught young men that "service" is the highest calling, and I'm proud that it should be so. Service to God, service to our sovereign, service to our country. (*SSI* 155)
> The department has always been like that. Historically it was sound. Graduates from good universities were unlikely to be regicides, agrarian reformers or Luddites. (*MS* 278)

Wie die Realität bewiesen hat, trifft diese Annahme nicht immer zu. Die größten Verräter der britischen Nachkriegsgeschichte – Philby, Burgess, Maclean, Blunt und der erst kürzlich als „fünfter Mann" enttarnte Cairncross – waren allesamt Mitglieder des Establishments und wurden vom sowjetischen Geheimdienst ausgerechnet in der Eliteschmiede Cambridge angeworben.[81] Deightons scharfe Kritik an Eton und Oxbridge muß vor dem Hintergrund dieser Skandale und dieses Vertrauensverlustes gesehen werden. In seinen Spionageromanen stammen die Maulwürfe ebenfalls aus dem Establishment, angefangen vom Geheimdienstchef Dalby in *The Ipcress File* bis hin zu Giles Trent in *Berlin Game*. Oxbridge bildet eben nicht nur die größten Staatsmänner aus, sondern auch die größten Verräter. Eine Privilegierung der Oxbridge-Absolventen ist deswegen nicht nur ungerecht, sondern auch gefährlich. In einem Gespräch zwischen Bret Rensselaer und Silas Gaunt kommt diese Ambivalenz gut zum Ausdruck:

Bret stiffened. "I have always supported Samson, even when he was at his most intractable. But Oxford and Cambridge attract the most competitive students, and will always be the Department's finest source of recruits. I'd hate to see the day come when that policy changed."
Silas ran his hand lovingly over the outdoor tomatoes. ... "Oxford and Cambridge provide an excellent opportunity to learn, although not better than any well-motivated student can find in a first-class library. But an Oxbridge education can make graduates feel that they are members of some privileged élite, destined to lead and make decisions that will be inflicted upon lesser beings. Such élitism must of necessity be based upon expectations that are often unfulfilled. Thus Oxbridge has not only provided Britain with its most notable politicians and civil servants but its most embittered traitors too." (*SSI* 205)

Insgesamt zeichnet Deighton in seinen Spionageromanen ein vollkommen anderes Bild der britischen Gesellschaft als Fleming oder le Carré. Während jene Innenansichten des Establishments liefern, sieht Deighton die Gesellschaft aus einer Anti-Establishment-Perspektive. Figuren, die bei Fleming und le Carré heldenhaft oder nostalgisch verklärt erscheinen, werden bei Deighton zu lächerlichen Karikaturen. Wie John Atkins in seinem Kapitel "Spies and the Class War" ausführt, sind Deightons Romane somit auch als Gegenreaktion zum traditionellen Spionageroman und als Anzeichen eines sozialen Wandels zu verstehen:

The class issue has been one of the major concerns of British fiction this century. It is so powerful that hardly any writers have been able to avoid it. ... The novel has been written largely by middle-class authors and its orientation has been what you might expect. ...
It was inevitable, as social changes occurred, that the lower class (virtually the "other" class) would hit back. This became apparent in the Northern and kitchen-sink novels that appeared after the Second World War, but the spy novel has become the chosen vehicle for some writers in this movement. Reaction against the public school conventions of Buchan (who never went to public school) gave impetus to this.[82]

## 2. *Großbritanniens Stellung in der Welt nach 1945*

In den Jahren nach 1945 erlebte Großbritannien den Sturz von einer Großmacht, deren Truppen in allen Teilen der Welt standen, zu einer europäischen Mittelmacht. Nominell gehörte Großbritannien 1945 zwar zu den Siegern, doch schon bald wurde offenkundig, daß das Land zu den eigentlichen Verlierern des Krieges zählte. Großbritannien war hochverschuldet und hatte eine negative Außenhandelsbilanz. Die USA gewährten die dringend benötigten Kredite, knüpften daran aber Bedingungen, die die amerikanische Industrie begünstigten und in Großbritannien als demütigend empfunden wurden. 1949 wurde das britische Pfund gegenüber dem US-Dollar um 30 Prozent abgewertet. Die Tatsache, daß Großbritannien auf US-Finanzhilfen angewiesen war, wird von Fleming, le Carré und Deighton in ihren Romanen immer wieder thematisiert.

Großbritanniens weltpolitischer Einfluß verringerte sich rapide: 1947 konnte Großbritannien die finanzielle Unterstützung für Griechenland nicht mehr aufbringen und mußte die USA um Hilfe bitten. Im gleichen Jahr erlangte Indien, das „Juwel in der Krone", die Unabhängigkeit. 1948 zog sich Großbritannien aus Palästina zurück, Ceylon und Burma wurden unabhängig, Irland und Burma verließen den Commonwealth. 1951 verstaatlichte der iranische Premier Mossadegh im Alleingang die britischen Erdölraffinerien. 1952 brachen die Mau-Mau-Unruhen in Afrika aus.

Britische Politiker weigerten sich jedoch lange Zeit, die neuen Realitäten anzuerkennen. Ein Wendepunkt in der britischen Nachkriegsgeschichte war das Suez-Debakel, das auch in mehreren Spionageromanen eine wichtige Rolle spielt. Als Ägyptens Präsident Nasser den Suez-Kanal verstaatlichte, entsandte Großbritannien Truppen dorthin, was international scharf verurteilt wurde. Da auch die USA den britischen Militäreinsatz ablehnten und den Briten ihre Unterstützung versagten, sah sich Großbritannien zum Rückzug gezwungen. Das Suez-Abenteuer endete so mit einer Demütigung Großbritanniens und demonstrierte, daß das Land zu einer von den USA unabhängigen Außenpolitik nicht mehr in der Lage war. Nach Suez beschleunigte sich auch der Zerfall des Empire. Ende der fünfziger Jahre wurden Malaya und Ghana in die Unabhängigkeit entlassen, Anfang der sechziger Jahre folgten die meisten anderen afrikanischen Staaten. Das Empire wurde zu einem losen Commonwealth of Nations.

Hinsichtlich der europäischen Einigung blieb Großbritannien zurückhaltend. Um die Beziehungen zu den USA und zum Commonwealth nicht zu vernachlässigen, trat Großbritannien der Montanunion und der EWG bei ihrer Gründung nicht bei. Erst 1961 stellte Großbritannien aus ökonomischer Notwendigkeit ein Beitrittsgesuch, mußte aber wegen des französischen Vetos noch weitere 12 Jahre warten, bis es Mitglied der EWG wurde. Großbritannien hatte, einem vielzitierten Diktum des US-Außenministers Acheson zufolge, ein Empire verloren, aber noch keine Rolle gefunden.

### a) "There's nothing wrong with the British People": Ian Fleming

Genau wie die britischen Regierungen erkannte auch Ian Fleming lange Zeit nicht, daß das Ende des Zweiten Weltkrieges zugleich das Ende der britischen Weltmachtposition bedeutete. Bis Ende der fünfziger Jahre gab er sich der Täuschung hin, daß die Vorkriegsordnung wiederhergestellt worden sei und Großbritannien seine Stellung in der Welt beibehalten habe. Der Abstieg von der Weltmacht zur europäischen Mittelmacht wird zumindest in seinen frühen Romanen verschwiegen. Wie David Cannadine nachgewiesen hat, strahlen die Romane einen Patriotismus aus und offenbaren Großbritanniens Größe in allen Bereichen: britisches Essen schmeckt am besten, das britische Klima ist das angenehmste, britische Zigaretten sind die gesündesten, britische Autos fahren am schnellsten.[83] Analog zu dieser Überhöhung alles Britischen werden fremde Nationen kollektiv diffamiert: Die Orientalen haben einen zu weichen Handschlag (*FRWL* 100), Bulgaren sind "stupid, but obedient" (*CR* 32), Russen benutzen billiges Parfüm (*FRWL* 63), sind "among the cruellest peoples in the world" (*FRWL* 23) und werden nur noch übertroffen von den Koreanern, "the cruellest, most ruthless people in the world". (*G* 111) Die westliche Führungsmacht USA ist zwar "a civilized country" (*DAF* 19), aber eben nur "More or less". (*DAF* 19)

Wie Großbritanniens Stellung in der Welt in den frühen Bond-Romanen aussieht, läßt sich gut am Beispiel des ersten Romans, *Casino Royale* (1953), dokumentieren. In diesem Roman geht es um den Plan der westlichen Geheimdienste, einen sowjetischen Spion in einem französischen Spielcasino zu ruinieren. Die drei westlichen Siegermächte USA, Großbritannien und Frankreich wetteifern zu Beginn des Romans darum, wer die Operation leiten darf. Überraschenderweise setzt sich der britische Geheimdienst, vertreten durch James Bond, durch. Amerikaner und Franzosen werden in die thrillertypische Rolle der *hero's helpers* gedrängt. CIA-Agent Felix Leiter beklagt sich zwar: "Washington's pretty sick we're not running the show" (CR 52), ordnet sich aber Bond bedingungslos unter: "Anyway, I'm under your orders and I'm to give you any help you ask for." (*CR* 52) In Flemings fiktionaler Welt kommt es so zu einer Umkehrung der realen Machtverhältnisse. Trotzdem ist Fleming sich der materiellen Überlegenheit der USA bewußt: Bonds Auftrag droht zu scheitern, weil er das Geld verspielt, das ihm der britische Geheimdienst für diese Mission zur Verfügung gestellt hat. Hilfe kommt in dieser Situation nur von Leiter, der Bond neues Geld zur Verfügung stellt. Der Umschlag, in dem er ihm das Geld überreicht, trägt die bezeichnende Aufschrift: "Marshall Aid. Thirty-two million francs. With the compliments of the USA." (*CR* 85) Dieser Vorgang ist eine gute Allegorie für das Verhältnis Großbritanniens zu den USA. So wie Bond von Leiters „Marshall-Hilfe" abhängig ist, ist Großbritannien in großem Maßstab von der US-amerikanischen Marshall-Hilfe abhängig.

Großbritanniens finanzielle Probleme werden auch in zwei weiteren Bond-Romanen thematisiert, *Diamonds Are Forever* (1956) und *Goldfinger* (1959). In *Diamonds Are Forever* erhält Bond den Auftrag, sich in einen Ring von Diamantenschmugglern einzuschleusen und ihn unschädlich zu machen. Für einen derartigen Fall von Wirtschaftskriminalität ist der Geheimagent Bond eigentlich gar nicht zuständig, aber der Diamantenhandel hat auch eine politische Dimension, er ist nämlich Großbritanniens "biggest dollar-earner". (*DAF* 16) Der Schmuggel mit Diamanten schmälert somit die britischen Dollareinkünfte. Die Schuld an der britischen Finanzkrise liegt für Fleming einzig und allein bei den Amerikanern: Die Schmuggler sind amerikanische Gangster, und die amerikanische Bundespolizei FBI unternimmt nichts gegen sie, denn: "And it's not doing any harm to the United States. Rather the reverse if anything. It's only England that's the loser." (*DAF* 17)

In *Goldfinger* befindet sich Großbritannien erneut in einer Währungskrise. Ein Angestellter der *Bank of England* belehrt Bond, daß Großbritanniens internationaler Kredit und die Stabilität des Pfundes nicht von der Arbeitskraft der Bevölkerung, sondern von den Goldreserven des Landes abhängen – und genau diese schmuggelt der internationale Gangster Auric Goldfinger ins Ausland.

Diese Romane haben einen realistischen zeitgeschichtlichen Hintergrund: Nachdem die britischen Goldvorräte 1945 praktisch aufgebraucht waren, entging das Land nur durch US-amerikanische Hilfe dem Staatsbankrott. In der Folgezeit kam es mehrfach zu einer Finanzkrise, weil Gold- und Dollarreserven abflossen, und die britische Regierung mußte auf amerikanischen Druck hin das Pfund beträchtlich abwerten.

Die Abhängigkeit von den Amerikanern zeigt sich auch im Bereich der Sicherheitspolitik. Diese Problematik wird in *Moonraker* thematisiert. Großbritannien war zwar seit 1952 Atommacht und hatte so nominell mit den Supermächten USA und UdSSR gleichgezogen, doch der technologische Rüstungswettlauf und die Kosten einer Politik der nuklearen Abschreckung überstiegen schon bald die technologischen und finanziellen Kapazitäten des Landes. Dieses Problem wurde in der Realität so gelöst, daß die Briten ab 1962 amerikanische Polaris-Raketen als Trägersysteme kauften. In *Moonraker* offeriert Fleming eine für das britische Selbstbewußtsein befriedigendere Lösung: Der Multimillionär Hugo Drax zahlt aus eigener Tasche zehn Millionen Pfund, um eine britische Rakete, den “Moonraker”, zu entwickeln. Auf diese Weise wäre ein Raketenprogramm finanzierbar, und die Gefahr der Abhängigkeit von den Vereinigten Staaten wäre gebannt. Die “Moonraker”-Rakete könnte so Großbritannien in die Position bringen, die ihm laut Premierminister Macmillan zustand: in die Position einer Weltmacht. Geheimdienstchef M erklärt: “The way things are in the world at the moment it was decided that the sooner the Moonraker could give us an independent say in world affairs the better for us and ... quite possibly for the world.” (*M* 68) Der Plan scheitert jedoch, weil Drax in Wahrheit ein Nazi ist, der nicht die britische Verteidigungsfähigkeit stärken, sondern im Gegenteil Großbritannien atomar vernichten will.

Trotz dieser Abhängigkeiten bleibt Großbritannien in Flemings Romanen den USA stets überlegen. Es gibt vor allem einen Faktor, der für den britischen Vorsprung verantwortlich ist, und zwar die bessere Einstellung der Briten. James Bond ist in allen Fällen erfolgreicher als sein amerikanischer Kollege Felix Leiter; er hilft ihm, rettet ihn und bügelt seine Fehler aus. Zu Recht begreift Kingsley Amis das Verhältnis Bond – Leiter als eine Allegorie zum Verhältnis Großbritannien – USA:

> The point of Felix Leiter, such a nonentity as a piece of characterization, is that he, the American, takes orders from Bond, the Britisher, and that Bond is constantly doing better than he, showing himself, not braver or more devoted, but smarter, willier, tougher, more resourceful, the incarnation of little old England with her quiet ways and shoe-string budget wiping the eye of great big global-tentacled multi-billion-dollar-appropriating America.[84]

Die Rangordnung in der westlichen Welt gemäß Ian Fleming wird auch in *From Russia, With Love* (1957) thematisiert. Der sowjetische Geheimdienst SMERSH untersucht in diesem Roman, welcher westliche Geheimdienst der fähigste ist. Die Wahl fällt erwartungsgemäß auf den britischen:

England is another matter altogether. I think we all have respect for her Intelligence Service, ... Their Security Service is excellent. England, being an island, has great security advantages and their so-called MI5 employs men with good education and good brains. Their Secret Service is still better. They have notable successes. In certain types of operation, we are constantly finding that they have been there before us. Their agents are good. (*FRWL* 38)

Auch die Gründe für den Erfolg des britischen Geheimdienstes sind den Sowjets klar: "It is perhaps the Public School and University tradition. The love of adventure." (*FRWL* 38) Es ist, mit anderen Worten, der *public school*-Geist, den schon Richard Hannay verkörperte. Und wo stehen die Amerikaner in diesem Weltbild?

The Americans have the biggest and richest service among our enemies. Technically, in such matters as radio and weapons and equipment, they are the best. But they have no understanding for the work. ... Americans try to do everything with money. Good spies will not work for money alone – only bad ones, of which the Americans have several divisions. ...
Personally I do not think the Americans need engage the attention of this conference. (*FRWL* 38f.)

Großbritannien ist also führend in der westlichen Welt. Nicht finanzielle Resourcen entscheiden, sondern die bessere Erziehung und Einstellung.

Flemings Weigerung, die neuen weltpolitischen Realitäten anzuerkennen, und seine Flucht in eine anachronistische Traumwelt lassen sich auch am Beispiel des Empires nachweisen. Das Auseinanderbrechen des britischen Kolonialreiches, das schon Ende der vierziger Jahre mit der Unabhängigkeit von Indien, Burma und Ceylon begann, findet in den Romanen kaum Niederschlag. Das Bild, das Fleming vom Empire zeichnet, entspricht der Idealvorstellung eines Kolonial-Propagandisten aus dem 19. Jahrhundert. Der britische Gouverneur ist "solid, loyal, competent, sober and just: the best type of Colonial Civil Servant" (*FYEO* 86), und die Eingeborenen sind kindlich und faul: "The Jamaican is a kindly lazy man with the virtues and vices of a child. He lives on a very rich island but he doesn't get rich from it. He doesn't know how to and he's too lazy." (*DN* 49) Auf Jamaika führt die beste Straße der Insel zur Residenz des Gouverneurs, dem *King's House*, und das soziale Mekka der Insel ist der *Queen's Club*. Fleming ist sich zwar bewußt, daß diese althergebrachte Ordnung ein Anachronismus ist und die Symbole der britischen Herrschaft gefährdet sind:

Such stubborn retreats will not long survive in modern Jamaica. One day Queen's Club will have its windows smashed and perhaps be burned to the ground, but for the time being it is a useful place to find in a sub-tropical island – well run, well staffed and with the finest cuisine and cellar in the Carribbean. (*DN* 6f)

Im großen und ganzen jedoch hat der Prozeß der Dekolonisation keine Auswirkungen auf Flemings fiktionales Universum. In *The Man With the Golden Gun* (1965) betritt James Bond sieben Jahre nach *Dr. No* (1958) erneut jamaikanischen Boden. Die Insel, "one of the oldest and most romantic of former British possessions" (*MWGG* 45), ist zwar drei Jahre zuvor offiziell unabhängig geworden, doch in Bonds Welt hat sich nichts geändert. Jamaika bleibt weiterhin britisch geprägt:

For all her new-found independence, he could bet his bottom dollar that the statue of Queen Victoria in the centre of Kingston had not been destroyed or removed to a museum as similar relics of an historic infancy had been in the resurgent African states. (*MWGG* 45)

In Flemings fiktionalem Universum hat Großbritannien also immer noch die Weltmachtstellung inne, ist führend in der westlichen Welt und gebietet über ein großes Empire. In diesem Sinne sind Flemings James-Bond-Romane eskapistisches Wunschdenken, eine "collective power fantasy"[85], die die Realität verleugnen oder ausgleichen. Zu Recht wird Bond im *Guardian* als "compensation for the Suez debacle"[86] charakterisiert:

When atlases were losing all those impressive swathes of pink and whilst Britain's voice grew increasingly weak, if not entirely discredited, on the international stage, the intrepid 007 flew off to exotic parts to restore order and civilisation and to show the Americans just how much they had to learn. The Russians sneer at the Americans but get the jitters whenever 007 checks in at Heathrow.[87]

Diese kollektive Machtphantasie ist aber nur die eine Seite der Romane. In Flemings Werk wird andererseits auch eine Entwicklung hin zu einem größeren Realismus erkennbar. Es scheint, als ob Fleming sich seit Ende der fünfziger Jahre bewußt wurde, daß sein Weltbild nicht mehr mit der Realität übereinstimmte und die Kluft sich vergrößerte. Als weitgereister Journalist erlebte er den Verfall des britischen Einflusses in der Welt aus erster Hand mit. Nach einer Reise in den Orient beispielsweise notierte er enttäuscht:

It was a source of constant depression to observe how little of our own influence was left in that great half of the world where we did so much of the pioneering. I cannot remember meeting a single Briton all the way from Hong Kong to New York, with the exception of the British consul in Hawaii. ... a trip round the world, however hasty, brings home all too vividly the fantastically rapid contraction of our influence commercial and cultural, over half the globe . . . .[88]

Weniger deutlich finden sich derartige Eingeständnisse in seinen fiktionalen Werken. Die Bond-Romane werden so auch zu einer Chronik des britischen Niederganges in der Welt. Was in *Casino Royale* noch eine Demonstration der britischer Überlegenheit ist, wird in seinen letzten Romanen zum Abgesang auf den britischen Einfluß in der Welt. Schon in *Moonraker* (1955) verhöhnt der Deutsche Hugo Drax die Briten:

You swine! Useless, idle, decadent fools, hiding behind your bloody white cliffs while other people fight your battles. Too weak to defend your colonies, toadying to America with your hats in your hands. Stinking snobs who'll do anything for money. (*M* 161)

Ein Wendepunkt innerhalb der Bond-Saga ist sicherlich die Suez-Krise 1956, die vielen Briten die Augen dafür öffnete, daß der Traum von der Weltmacht endgültig ausgeträumt war. In *From Russia, With Love*, ein Jahr nach dem Suez-Debakel veröffentlicht, ist auch James Bond von der britischen Außenpolitik enttäuscht. Großbritannien ist in seinen Augen zum Papiertiger geworden: "We don't show teeth any more – only gums." (*FRWL* 142) Die Hinweise auf den britischen Niedergang in der Welt werden in den folgenden Bond-Romanen immer deutlicher. In *For Your Eyes Only* (1960) findet sich das Eingeständnis "the Empire crumbled" (*FYEO* 86), und ein amerikanischer Millionär erklärt Bond die neue Rangordnung in der Welt:

Nowadays . . . there were only three powers – America, Russia and China. That was the big poker game, and no other country had either the chips or the cards to come into it. Occasionally some pleasant little country – and he admitted they'd been pretty big league in the past – like England would be lent some money so that they could take a hand with the grown-ups. But that was just being polite, like one sometimes had to be – to a chum in one's club who's gone broke. No. England – nice people, mind you, good sports – was a place to see the old buildings and the Queen and so on. (*FYEO* 179)

In *On Her Majesty's Secret Service* (1963) wird die *Royal Navy*, Symbol einstiger britischer Weltmachtstellung, demontiert. Wehmütig lauscht Bond Ms Geschichten über "a great navy that was no more and a great breed of officers and seamen that would never be seen again". (*OHMSS* 184) Das Thema des britischen Niedergangs wird in Flemings vorletztem Roman *You Only Live Twice* (1964) am ausführlichsten präsentiert. Die Zeit von *From Russia, With Love*, als der britische Geheimdienst noch führend in der westlichen Welt war, ist vergangen. Die Amerikaner haben die Zusammenarbeit mit den Briten aufgekündigt und weigern sich, ihnen Informationen zu geben. Der Grund hierfür sind die britischen Spionageskandale:

"Aren't they passing it on to us, sir? I thought we were hand in glove with CIA all along the line."
"Not in the Pacific. They regard that as their private preserve. When Allan Dulles was in charge, we used at least to get digests of any stuff that concerned us, but this new man McCone has cracked down on all that. He's a good man, all right, and we get along well personally, but he's told me candidly that he's acting under orders – National Defense Council. They're worried about our security. ..." (*YOLT* 30)

Bond wird daher nach Japan entsandt, um die gewünschten Informationen von den Japanern zu erhalten. Hier muß er aus einem abgefangenen Telegramm erfahren, daß auch die Sowjets Großbritannien keine große Bedeutung mehr zumessen, es ist zu einem "NOW MORE OR LESS VALUELESS ALLY" (*YOLT* 51) herabgesunken, nicht wichtiger als Italien oder Belgien. Auch Blofeld bringt ein ähnliches Argument vor. Er betont, daß Bond in Japan nur ein geduldeter Gast ist: "This is an American sphere of influence. You might have been allowed to interview me subsequent to my arrest, but an Englishman would not have featured in the initial police action." (*YOLT* 169) Der deutlichste Hinweis auf den britischen Niedergang findet sich dann in einem Gespräch zwischen Tiger Tanaka, Chef des japanischen Geheimdienstes, und James Bond. Tanakas Vorwurf wird zu einer Generalabrechnung mit der britischen Nachkriegspolitik:

Bondo-san, I will now be blunt with you, and you will not be offended, because we are friends. Yes? Now it is a sad fact that I, and many of us in positions of authority in Japan, have formed an unsatisfactory opinion about the British people since the war. You have not only lost a great Empire, you have seemed almost anxious to throw it away with both hands. All right, ... we will not go deeply into the reasons for this policy, but when you apparently sought to arrest this slide of impotence at Suez, you succeeded only in stage-managing one of the most pitiful bungles in the history of the world, if not the worst. Further, your government have shown themselves successively incapable of ruling and have handed over effective control of the country to the trade unions, who appear to be dedicated to the principle of doing less and less work for more money. This feather-bedding, this shirking of an honest day's work is sapping at ever increasing speed the moral fibre of the British, a quality the world once so much admired. In its place we now see a vacuous, aimless horde of seekers-after-pleasure – gambling at the pools and bingo, whining at the weather and the declining fortunes of the country, and wallowing nostalgically in gossip about the doings of the Royal Family and of your so-called aristocracy in the pages of the most debased newspapers in the world. (*YOLT* 76f.)

Bond erkennt sehr wohl die "half-truths" (*YOLT* 78), die hinter Tanakas Worten liegen, und er muß ihm daher auch weitgehend recht geben, aber dennoch:

Let me tell you this, my fine friend. England may have been bled pretty thin by a couple of World Wars, our Welfare State politics may have made us expect too much for free, and the liberations of our Colonies may have gone too fast, but we still climb Everest and beat plenty of the world at plenty of sports and win Nobel Prizes. Our politicians may be a feather pated bunch, and I expect yours are too. All politicians are. But there's nothing wrong with the British people – although there are only fifty million of them. (*YOLT* 77f.)

Dieser Gedankenaustausch faßt beispielhaft Flemings Ansicht zur Lage der britischen Nation zusammen. Einerseits gibt es mehrere Entwicklungen, die ihm zuwider laufen, wie etwa der *Welfare State* oder der Prozeß der Dekolonisation. Andererseits aber gibt es immer noch einen Faktor, der zu Hoffnungen berechtigt: "the British people". Wenn es den Briten gelingt, die negativen Auswirkungen des *Welfare State* zu überwinden und das moralische Rückgrat der Nation wieder zu stärken, dann können sie die verlorene Weltmachtposition wiedererlangen. Mit der richtigen Einstellung, das hat sich auch im Vergleich zu den Amerikanern gezeigt, sind die Briten allen anderen Nationen überlegen. Daß es ausgerechnet ein Japaner ist, der Großbritannien so heftig kritisiert, ist bezeichnend. Japan ist in Flemings Augen nämlich Vorbild im Kampf um die Wiedergewinnung ehemaliger Größe. Das Land wurde nach seiner Niederlage 1945 mit den eher zweifelhaften Vorzügen der amerikanischen Zivilisation überschüttet und "subjected to what I can best describe as the 'Scuolo di Coca-Cola'. Baseball, amusement arcades, hot dogs, hideously large bosoms, neon lighting". (*YOLT* 59) Unter dieser oktroyierten Kultur jedoch bleibt das erhalten, was Japan groß gemacht hat: der Geist des Samurai. Daß auch die Briten Großes zu leisten imstande sind, demonstriert James Bond, die Gegenkonzeption zum Wohlfahrtsstaat und die Personifizierung der traditionellen Qualitäten. Um Tanaka zu beweisen "that there is still an *élite* in Britain" (*YOLT* 78), dringt er in die Burg des Todes ein und erschlägt den Drachen, d.h. er tötet SPECTRE-Chef Blofeld.

Flemings Einschätzung der britischen Stellung in der Welt nach 1945, wie sie in seinen Bond-Romanen ablesbar ist, ist also komplex.

Einerseits weigert er sich, den Machtverlust anzuerkennen und flüchtet sich als Konsequenz in eine Welt, in der Großbritannien seine alte Machtposition noch inne hat. Andererseits ist er sich des Schwindens des britischen Einflusses in der Welt durchaus bewußt, und dieser *decline* spiegelt sich vor allem in den späteren Romanen deutlich wider. Flemings eigentliche Botschaft aber ist die, daß es einen Weg gibt, die verlorene Position zurückzugewinnen. James Bond zeigt der Nation den Weg zu Ruhm und Macht auf: die Briten müssen sich nur auf ihre traditionellen Qualitäten zurückbesinnen.

### b) "The days before Empire became a dirty word": John le Carré

Im Gegensatz zu Ian Fleming gibt John le Carré sich keinem Wunschdenken hin. In seinen Spionageromanen präsentiert er ein Großbritannien, das den größten Teil seines Empires bereits verloren hat und zu einer zweitrangigen Macht geworden ist. David Stafford kommentiert: "Ian Fleming's world was that of the special relationship on which he hoped the sun would never set. Le Carré revolves in the chill shadows of post-imperial decline."[89]

In den ersten drei Romanen le Carrés finden sich kaum Hinweise auf Großbritanniens internationale Stellung. In le Carrés viertem Roman, *The Looking-Glass War*, wird der Niedergang Großbritanniens und die Abhängigkeit von den USA kurz angesprochen. Der Chef des *Department*, Leclerc, begründet seinen Entschluß, die Operation *Mayfly* ohne amerikanische Hilfe durchzuführen, wie folgt:

> The Minister was anxious that we shouldn't alarm them prematurely. One only has to *suggest* rockets to the Americans to get the most drastic reaction. Before we know where we are they'll be flying U2's over Rostock. ... The Minister made another point which I think I might pass on to you. The country which comes under maximum threat from these rockets – they have a range of around eight hundred miles – might well be our own. It is certainly not the United States. Politically, this would be a bad moment to go hiding our faces in the Americans' skirts. After all, as the Minister put it, we still *have* one or two teeth of our own. (*LGW* 52f.)

Trotz des Beharrens auf Eigenständigkeit geht aus diesem Zitat eben auch hervor, daß der britische Löwe die meisten Zähne bereits verloren hat. Das *Department* hat jedoch Probleme, sich mit diesem Machtverlust abzufinden. Der Wunsch, sich die alte Machtfülle noch einmal mit den Methoden aus dem Zweiten Weltkrieg zu beweisen, führt zu einem Fiasko. Insofern ist *The Looking-Glass War* auch als Allegorie auf das britische Suez-Debakel von 1956 zu verstehen, das ebenfalls eine unzeitgemäße Aktion war. Und in beiden Fällen war die fehlende Hilfe eines Verbündeten – des Circus bzw. der USA – ausschlaggebend für das Scheitern.

Le Carrés nächster Roman, *A Small Town in Germany*, bietet eine Vielzahl von Faktizitätsverweisen auf die politische Realität in den sechziger Jahren. Hauptthema des Romans ist das Scheitern der britischen Außenpolitik. Bis Ende der fünfziger Jahre gingen die britischen Regierungen davon aus, daß das Land im Schnittpunkt dreier sich überlappender Kreise stehe: die *special relationship* mit den USA, das Empire und Europa. Da zwischen diesen drei Sphären ein Gleichgewicht bestehen sollte, lehnte Großbritannien eine Beteiligung an der europäischen Einigung ab. 1968, als *A Small Town in Germany* veröffentlicht wurde, war diese Theorie der drei Sphären durch die Realität längst widerlegt: Die *special relationship* war merklich abgekühlt, das Empire war größtenteils zerfallen, und ein Jahr zuvor hatte Premierminister Wilson den *withdrawal from East of Suez* angekündigt. In Großbritannien setzte sich die Erkenntnis durch, daß das Land nicht länger eine unabhängige Weltmacht sei und seine Zukunft in Europa läge. Ein erstes Beitrittsgesuch zur EWG wurde jedoch 1961 durch ein Veto de Gaulles blockiert, der behauptete, Großbritannien sei noch nicht frei von überseeischen Verpflichtungen. 1967 dann stellte Großbritannien ein erneutes Beitrittsgesuch. Le Carrés *A Small Town in Germany* beschreibt diese Phase der britischen Außenpolitik sehr genau: das Abtreten von der Weltbühne und die verzweifelte Hinwendung zu Europa. In seinem Roman hat Großbritannien die *Royal Navy* stark verkleinert, die *Independent Nuclear Deterrent* fast aufgelöst und die *Rhine Army* aus Deutschland abgezogen. Die britischen Diplomaten in Bonn erkennen den britischen "decline" (*STG* 129) und geben sich keinen Illusionen mehr hin: "Our credit is exhausted, our resources are nil." (*STG* 56) Der britische Einfluß schwindet auf der gesamten Welt. Großbritannien reagiert darauf mit Konzeptionslosigkeit. Das Land hat offenkundig noch nicht gelernt, mit der Rolle als *second class power* zurechtzukommen. In der Außenpolitik herrscht hektische Aktivität, aber keine klare Linie:

> Not just Europe was in flux. There were no constants anywhere any more. Rhodesia, Hong Kong, Cyprus .... British troops were running from one to the other trying to stamp out a forest fire. We were half-way into Europe and half-way out again. There was talk of a Nordic federation; God knows what fool gave birth to that idea! ... We were putting out feelers in Warsaw, Copenhagen and Moscow. One minute we were conspiring against the French, the next we

were conspiring with them. While that was going on we found the energy to scrap three-quarters of the Navy and nine-tenth of our independent deterrent. It was our worst time; our most humiliating time, and our busiest. (*STG* 72)

In dieser Situation sucht Großbritannien sein Heil in Europa. Brüssel gilt als "the magic cure for all the British ills". (*STG* 27) Großbritannien hat im Roman – genau wie in der Realität – ein Beitrittsgesuch zur EWG gestellt, das momentan in Brüssel verhandelt wird. In le Carrés Roman ist allerdings nicht Frankreich, sondern Deutschland das Land, welches über Annahme oder Ablehnung des Gesuchs entscheidet. Die britische Regierung unternimmt deswegen alles, um sich mit der Bundesrepublik gut zu stellen, doch das einzige, was Großbritannien als Verhandlungsmasse in die Waagschale werfen kann, sind Illusionen:

There is something here that does not exist in England. It is called the anti-soviet alliance. The Germans take it very seriously, and we deride it at our peril: *it is still our ticket to Brussels*. For twenty years or more, we have dressed ourselves in the shining armour of the defender. We may be bankrupt, we may beg for loans, currency and trade; we may occasionally ... reinterpret ... our NATO commitments; when the guns sound, we may even bury our heads under the blankets; our leaders may be as futile as theirs.

...

For all that, in terms of popular psychology, it is the one great unspoken strength we have: that when the Barbarians come from the East, the Germans may count on our support. That Rhine Army will hastily gather on the Kentish hills and the British independent nuclear deterrent will be hustled into service. (*STG* 57f.)

Um den Beitritt zur EWG nicht zu gefährden, ist die britische Regierung sogar bereit, mit der neonazistischen Oppositionsbewegung in Deutschland zu paktieren – eine Neuauflage von Chamberlains gescheiterter *appeasement*-Politik. Schlußpunkt des Romans ist eine Demonstration der Neonazis, deren Führer Karfeld den Briten ihre Situation noch einmal verdeutlicht:

Germany was rich, after all: richer than France, and richer than Italy. Richer than England, he added casually, but we must not be rude to the English for the English won the war after all, and were a people of uncommon gifts. His voice remained wonderfully reasonable as he recited all the English gifts: their mini-skirts, their pop singers, their Rhine Army that sat in London, their Empire that was falling apart, their national deficit ... without these gifts, Europe would surely fail. (*STG* 311)

Dieser ironische Kommentar zur Lage Großbritanniens erinnert an die schonungslose Abrechnung Tiger Tanakas mit der britischen Nachkriegspolitik in Flemings *You Only Live Twice,* doch in le Carrés Roman gibt es keinen Bond, der diese Vorwürfe zurückweist und die Fremden von den Qualitäten der Briten überzeugt. Die britischen Diplomaten hören diesen Vorwürfen tatenlos zu, und Harting, der gegen Karfeld vorgehen will, wird von der aufgebrachten Menge gelyncht.

In le Carrés Hauptwerk, der *Quest for Karla*-Trilogie, wird der schwindende Einfluß Großbritanniens in der Welt ebenfalls thematisiert. In *Tinker, Tailor, Soldier, Spy* (1974), in dem George Smiley einen Verräter im britischen Geheimdienst sucht, ist der Niedergang Großbritanniens die Ursache für den Verrat: Der Maulwurf Bill Haydon hat sein Land aus Enttäuschung über den schwindenden britischen Einfluß in der Welt verraten. In seiner Rechtfertigung Smiley gegenüber kommt eine große Bitterkeit über den britischen *decline* und die amerikanische Führungsrolle zum Ausdruck:

The statement began with a long apologia, of which [Smiley] afterwards recalled only a few sentences:
"We live in an age where only fundamental issues matter ...
The United States is no longer capable of undertaking its own revolution ...
The political posture of the United Kingdom is without relevance or moral viability in world affairs ..."
With much of it, Smiley might in other circumstances have agreed: it was the tone, rather than the music, which alienated him.
"In capitalist America economic repression of the masses is institutionalised to a point which not even Lenin could have foreseen.
The cold war began in 1917 but the bitterest struggles lie ahead of us, as America's deathbed paranoia drives her to greater excesses abroad ..."
He spoke not of the decline of the West, but of its death by greed and constipation. He hated America very deeply, he said, and Smiley supposed he did. (*TTSS* 354)

Ein spezielles historisches Ereignis hat Haydon in seinem Weltbild und seinem Haß auf die Amerikaner entscheidend bestärkt: das britische Suez-Debakel.

The Suez adventure in fifty-six finally persuaded him of the inanity of the British situation and of the British capacity to spike the advance of history while not being able to offer anything by way of contribution. The sight of the Americans sabotaging the British action in Egypt was, paradoxically, an additional incentive. He would say therefore that from fifty-six on, he was a committed, full-time Soviet mole with no holds barred. (*TTSS* 358)

Das Verhältnis zwischen Großbritannien und den USA wird im zweiten Roman, *The Honourable Schoolboy* (1977), noch ausgiebiger thematisiert. Die Abhängigkeit Großbritanniens von den Vereinigten

Staaten wird in diesem Roman durch das Verhältnis der Geheimdienste der beiden Nationen zueinander ausgedrückt. Der britische Circus befindet sich in einer "fatal dependence upon their American sister service". (*HS* 15) Die Amerikaner ihrerseits haben die "special relationship" (*HS* 298) aufgekündigt und messen dem Circus nur noch marginale Bedeutung bei:

Under orders from Martello's headquarters at Langley, Virginia, the "British liaison", as they knew the Circus, was placed on the arm's-length list, equating it with Jugoslavia and the Lebanon, and for a while the two services in effect passed each other on opposite pavements, scarcely lifting to their eyes. They were like an estranged couple in the middle of divorce proceedings. (*HS* 298)

Eigenständige, unabhängige Aktionen kann der Circus nicht mehr durchführen. Bei der britischen Operation Dolphin, die einen sowjetischen Maulwurf in der Volksrepublik China entlarven soll, ist er auf die materielle Hilfe der reichen Vettern aus Übersee angewiesen. Die CIA muß beteiligt werden: "If we don't, we've no resources" (*HS* 113) stellt Smiley ernüchternd fest. Wie groß der US-Einfluß auf den Circus ist, wird deutlich, als die Führungsposition des britischen Geheimdienstes zu besetzen ist. Chef des Circus wird nicht George Smiley, sondern der unfähige, aber proamerikanische Saul Enderby, der bezeichnenderweise auch mit einer Amerikanerin verheiratet ist.

In *Smiley's People* (1980), dem Abschlußband der Trilogie, finden sich relativ wenige Verweise auf Großbritanniens internationale Stellung. Die "limitations of British grandeur" (*SP* 246) sind immer noch spürbar, und für die UdSSR ist Großbritannien kein wichtiger Gegner mehr. Auf Enderbys mißtrauische Frage "And it's not all a wicked Bolshie plot, George, to lure us to our ultimate destruction – you're sure of *that*?" antwortet Smiley nur "I'm afraid we're no longer worth the candle, Saul". (*SP* 246) Gerade in dieser desolaten Situation erzielt der Circus dann aber seinen größten Triumph: Smiley gelingt es, den KGB-Chef Karla zum Überlaufen zu bewegen.

Insgesamt zeichnet le Carré in dieser Trilogie ein desillusionierendes, aber zugleich nostalgisch verklärtes Bild Großbritanniens in den siebziger Jahren. Das "world's game" (*TTSS* 343) – oder "The Great Game" (*TTSS* 261), wie le Carré die Spionage in Anspielung auf Kipling nennt – findet weitgehend ohne britische Beteiligung statt: Großbritannien ist "out of the game". (*TTSS* 354)[90] Neuer Spielführer auf westlicher Seite sind die Amerikaner, die das Spiel verändert haben. Die Briten sehen dies mit Wehmut, weil die alten Regeln nicht mehr gelten, und die britischen Tugenden Amateurismus und Sportsgeist durch Professionalität und Effektivität ersetzt werden: "The Cousins changed the game entirely, said the blimpish fellow: much as he might have deplored power tennis or bodyline bowling. And ruined it too, said his seconds." (*HS* 15)

Amerikanische Charaktere treten in le Carrés Spionageromanen relativ selten auf und wenn, dann meistens als Konkurrenten oder sogar Feinde: In *The Honourable Schoolboy* wird der britische Agent Jerry Westerby auf amerikanischen Befehl hin getötet. Le Carrés Briten äußern sich über Amerika vorwiegend abwertend: "To the west, America, ... full of greedy fools fouling up their inheritance" (*TTSS* 18) lehrt Ex-Agent Jim Prideaux seinen Schülern. Der Grund für diese negative Darstellung der Amerikaner ist nicht eindeutig zu bestimmen. Le Carré selbst hat in einem Interview wie folgt dazu Stellung genommen:

> There is a very difficult problem when you write about the British engaging in Cold War situations because they have this enormous ally who really does the hard work these days, and we trot along far, far behind. If you're using British society as the microcosm for your Cold War story, you have somehow to place the Americans in the scheme of things, and one of the most convenient ways of dealing with that problem is to make them unpopular and therefore take them out of the picture. And I'm afraid I've been guilty of that tactic in order to leave the weight of the story with the British.[91]

Wie bei anderen Statements le Carrés scheint auch hier Vorsicht geboten. Auch David Monaghan bezweifelt, daß die Amerikaner nur aufgrund erzähltechnischer Notwendigkeiten so negativ präsentiert werden.[92] Wahrscheinlicher ist, daß die Amerikaner kritisiert werden, weil grundlegende Unterschiede zwischen Großbritannien und den USA bestehen. Monaghan hat in seiner Studie nicht nur die britischen, sondern auch die amerikanischen Architekturbeschreibungen bei le Carré analysiert und herausgearbeitet, daß amerikanische Botschaften und Militärbasen strahlend, modern und geräumig, zugleich jedoch auch künstlich und leer wirken: "le Carré's Americans are a pathetic people whose brilliance reveals nothing but their own emptiness."[93] Tradition, Würde und ein Gefühl für Stil, die bei den verfallenden britischen Bauten immerhin noch erkennbar sind, fehlen den amerikanischen völlig. Amerikanische Büros sind weitaus teurer als die britischen eingerichtet, weisen dafür aber Stilbrüche auf und wirken unauthentisch. Eine Textstelle, in der le Carré die Unterschiede zwischen Großbritannien und den USA sehr pointiert herausarbeitet, ist die Beschreibung der Schauplätze, an denen die wechselseitigen Treffen zwischen CIA und Circus stattfinden:

If it was the American turn to play host, then Alleline and his cohorts, among them the popular Bill Haydon, would be shepherded to a vast rooftop bar, known within the Circus as the planetarium, to be regaled with dry martinis and a view of West London they could not otherwise have afforded. If it was the British turn, then a trestle table was set up in the rumpus room, and a darned damask tablecloth spread over it, and the American delegates were invited to pay homage to the last bastion of clubland spying, and incidentally the birthplace of their own service, while they sipped South African sherry disguised by cut-glass decanters on the grounds that they wouldn't know the difference. (*HS* 298)

Die Briten fühlen sich den neureichen Vettern überlegen, weil die Amerikaner sich mit ihnen in bezug auf Tradition nicht messen können. Während die Briten ein Jahrhundert Erfahrung auf dem Gebiet der Spionage haben – *clubland spying* ist ein eindeutiger Verweis auf die Zeit von John Buchan – sind die Amerikaner Neulinge, Abkömmlinge der Briten und Kulturbanausen obendrein. Den Unterschied zwischen Großbritannien und USA unterstreicht le Carré auch durch die Wahl von Hong Kong als Schauplatz in *The Honourable Schoolboy.* Für Großbritannien hat dieser Ort eine besondere Bedeutung, weil er die letzte verbliebene britische Kolonie in Asien ist. Hong Kong ist ein Ort, der für die Größe, Tradition und Beständigkeit des Empires steht. Gleich im ersten Kapitel des Romans wird auf den 26. Januar 1841 verwiesen, "the natural date, when a certain Captain Elliot of the Royal Navy took a landing party to a fog-laden rock called Hong Kong at the mouth of the Pearl River and a few days later proclaimed it a British colony". (*HS* 16) In derartigen historischen Dimensionen gerechnet, sind die Amerikaner Parvenüs, Neulinge auf der politischen Bühne in Südostasien, die sie nach ihrer unrühmlichen Niederlage im Vietnamkrieg auch schnell wieder verlassen. Le Carré suggeriert, daß gerade die amerikanische Traditionslosigkeit, verbunden mit Künstlichkeit und Technikbesessenheit, für diese Niederlage verantwortlich ist. Die Amerikaner scheitern, weil sie ohne Verständnis für fremde Kulturen ihren eigenen *way of life* verbreiten wollen. Eine US-Militärbasis in Thailand, die Jerry Westerby besucht, wirkt wie ein Fremdkörper in der asiatischen Umgebung. Alles auf der Basis wirkt unecht, von der Tür aus "fake rosewood" (*HS* 493) bis hin zum "faked fireplace" (*HS* 493), und alles, was die Amerikaner zu bieten haben, ist Technik: "This is how they tried to win, Jerry thought: from inside soundproof rooms, through smoked glass, using machines at arm's length. This is how they lost." (*HS* 496) Die Briten sehen diese Niederlage im Vietnamkrieg mit einer gewissen Befriedigung, denn auch die USA haben so ihr Suez-Debakel erlebt. Beide Staaten sind an die Grenzen ihrer Macht geraten. Als ein US-Offizier von dem Abzug der Amerikaner aus ihrer Botschaft in Saigon erfährt, streckt er Westerby die Hand entgegen:

"*Old boy*, I want you to shake me by the hand."
The hand stuck between them, thumb upward.
"What for?" said Jerry.
"I want you to extend the hand of welcome, sir. The United States of America has just applied to join the club of second class powers, of which I understand your own fine nation to be chairman, president and oldest member. *Shake it*!"
"Proud to have you aboard," said Jerry and oblingly shook the major's hand. (*HS* 495)

Was in le Carrés Werk deutlich wird, ist eine Bitterkeit über den Verlust des Empires und zugleich die Überzeugung, daß der *American way of life* keine wünschenswerte Alternative darstellt. Die Zeiten, als Großbritannien über sein Empire herrschte, sind einer traditionslosen Gegenwart allemal vorzuziehen. Wenngleich le Carré es als Fehler sieht, sich in die Vergangenheit zurückzuziehen, so wird doch die Zeit "before Empire became a dirty word" (*TTSS* 115) in seinen Romanen nostalgisch verklärt: "It was a good time, do you hear? A real time. Englishmen could be proud then. Let them be proud now." (*TTSS* 116)

Letztendlich sind es in *The Honourable Schoolboy* und *Smiley's People* dann auch weder die amerikanische *hardware* noch Saul Enderby, die die Erfolge erzielen, sondern George Smiley. Seine Operationen mögen verglichen mit denen der *Cousins* als "old games" (*SP* 51) erscheinen, doch nur mit der Anknüpfung an die alten Traditionen lassen sich Erfolge erzielen. In dieser Hinsicht erinnern le Carrés Romane an Flemings James-Bond-Romane. In beiden Fällen erscheinen die Amerikaner als reicher, moderner, aber auch unfähiger. So unterschiedlich Smiley und James Bond auch sein mögen, beide repräsentieren doch die Überlegenheit Großbritanniens über die wohlhabenderen, protzigeren USA und bieten den Lesern eine Kompensation für den realen Machtverlust.

### c) Atombomben, Micky-Mäuse und *Damned Huns*: Len Deighton

Die Epoche, die Len Deighton am meisten fasziniert, ist zweifelsohne der Zweite Weltkrieg. Über dieses historische Ereignis hat er mehrere Sachbücher – *Fighter*; *Blitzkrieg*; *Battle of Britain*; *Blood,*

*Tears and Folly* – und Romane – *Bomber*; *Goodbye Mickey Mouse* – veröffentlicht. Daher erscheint es nur konsequent, daß der Zweite Weltkrieg auch in mehreren seiner Spionageromane das beherrschende Thema ist. Romane wie *Horse Under Water*, *Billion-Dollar Brain*, *XPD* oder die Bernard-Samson-Saga spielen zwar in der Gegenwart, sind aber insofern vergangenheitsbezogen, als Ereignissen aus dem Krieg mehr Gewicht eingeräumt wird als der weltpolitischen Entwicklung nach 1945. Wie Lars Ole Sauerberg konstatiert, ist Len Deighton, verglichen mit seinen Kollegen Ian Fleming und John le Carré, relativ wenig am britischen Machtverlust in der Welt interessiert und erkennt diese Entwicklung schonungslos an.[94] In seinen Spionageromanen ist Großbritannien genau wie in der Realität finanziell, technologisch und militärisch nicht in der Lage, eine eigenständige Außenpolitik zu führen, sondern zu einem Juniorpartner der USA geworden.

Schon in Deightons erstem Spionageroman *The Ipcress File* (1963) wird das Rollenverhältnis zwischen den USA und Großbritannien offenkundig. In diesem Roman werden der anonyme britische Agent und sein Vorgesetzter auf ein Atoll im Pazifik eingeladen, auf dem die USA Atomtests durchführen. Deighton greift mit diesem Thema eine damals aktuelle Problematik auf. Gerade beim Thema Atombombe hatte sich nämlich die britische Abhängigkeit von den USA erwiesen. Die Politik der eigenständigen nuklearen Abschreckung war für Großbritannien zu kostspielig geworden, so daß Premierminister Macmillan 1962 mit US-Präsident Kennedy ein Abkommen über den Kauf von Polaris-Raketen schloß, das die britische Eigenständigkeit in der Atomfrage de facto beendete. Deightons ein Jahr später erschienener Roman zeigt, daß die von Macmillan so vielgepriesene *special relationship* in der Praxis zu einer Abhängigkeit von den USA geworden war. Die Amerikaner betrachten die Briten lediglich als Zeugen ihrer Überlegenheit. In den Planungen der US-Militärs spielt Großbritannien keine Rolle mehr. Ein US-Offizier erläutert den Zweck der Atomtests:

> "... If we can make the biggest damndest greatest bang no one is going to give a damn about details. They're just going to stay well clear of Uncle Sam." Finding something lacking in the audience reaction, he hastily added, "And well clear of NATO too. The whole free world in fact." (*IF* 169)

Die Amerikaner sind sich bewußt, wie sehr sie den Briten in materieller Hinsicht überlegen sind, und sie lassen die Briten diese Überlegenheit deutlich spüren. Ein US-Soldat erklärt dem britischen

Agenten den Unterschied zwischen Alter und Neuer Welt am Beispiel eines Kugelschreibers:

> You Europeans always think in terms of cartels. That's one of your worst failings. An American guy figures out how to make a ballpoint pen, he figures on selling them at a nickel a throw. In Europe when you first had speedballs I saw them on sale nudging two English pounds! The difference is: the English guy makes three and a half *thousand* per cent profit, and his competitors steal his ideas, but the American with a two per cent profit sells so many no one can catch up – he winds up a millionaire. (*IF* 169f.)

Noch deutlicher wird die Abhängigkeit Großbritanniens von den USA in drei Spionageromanen aus den siebziger Jahren – *Spy Story, Yesterday's Spy* und *Twinkle, Twinkle, Little Spy* –, die gemeinsame anglo-amerikanische Geheimdienstoperationen zum Thema haben. In Ian Flemings Spionageromanen ordnen sich die US-Agenten in diesen Fällen stets dem britischen Agenten, James Bond, unter. In Deightons Romanen hingegen ist der britische Agent amerikanischen Vorgesetzten unterstellt, was Sauerberg zu Recht als ein "symptom of England's growing insignificance"[95] bewertet. Die Geheimdienstoperationen sind zu kostspielig und zu kompliziert, als daß die Briten sie alleine bewältigen könnten. In *Spy Story* beispielsweise finanzieren die USA das britische *War Games Studies Centre* mit mehreren Millionen und unterstellen es im Gegenzug einem amerikanisch dominierten *Naval Warfare Committee*. Die Vettern haben das Kommando übernommen.

Was die Charakterisierung der Amerikaner betrifft, so besteht eine große Übereinstimmung zwischen Deighton und le Carré. Beide Autoren kritisieren die Traditionslosigkeit und die Künstlichkeit des amerikanischen Lebensstils. Am Beispiel des *War Games Studies Centre* läßt sich sehr genau der Mentalitätsunterschied zwischen Briten und Amerikanern verdeutlichen. Der britische Agent und sein Freund Ferdy Foxwell verbringen viel Zeit damit, in dem Center die *Battle of Britain* in immer wieder neuen Variationen durchzuspielen. Der neue Chef des Centers, US-Colonel Schlegel, hat für derartige Spielereien kein Verständnis. Statt Aussagen über die Vergangenheit will er "projections forward: strategic guesses on what might happen in the future". (*SS* 50) Während die Briten immer noch in der Vergangenheit leben, setzen die Amerikaner blindlings auf die Zukunft. Finanziell gesehen sind die Amerikaner den Briten überlegen, doch ihr materieller Wohlstand geht einher mit einer kulturellen Armut. Colonel Schlegel beispielsweise kann sich zwar ein teures Auto und sonstige technische *gimmicks* leisten, trägt aber eine Jacke mit Mickey-Mouse-Emblemen:

Bright red export model XKE – well, why didn't I guess. He came out of it like an Olympics hurdler and grasped my hand firmly and held my elbow, too, so that I couldn't shake myself free. "It must have got in early," he said resentfully. He consulted a large multi-faced wristwatch of the sort that can time high-speed races under water. He was wearing charcoal trousers, hand-made brouges, a bright-red woollen shirt that exactly matched his car, and a shiny green flying jacket, with lots of Mickey Mouse on sleeves and chest. (*SS* 33)

Auch der andere amerikanische Chef, Major Mickey Mann, steht in Beziehung zu Walt Disneys Comicfigur, da sein Name sehr stark an Mickey Mouse erinnert.[96] In *Billion-Dollar Brain* (1966) findet sich ein weiterer Verweis auf Walt Disney. Harvey Newbegin, ein gebürtiger Russe, der in die USA eingewandert war, begründet seine Flucht zurück in die UdSSR wie folgt: "They tried to make me into an American but they couldn't do it. I don't need Walt Disney and Hollywood, Detroit and Madison Avenue to tell me how to dress and think and hope. But they write the script for the American dream." (*BDB* 286) Die US-Kultur ist für Deighton eine Populärkultur, die nicht authentisch und echt wirkt. Der Umgang der Amerikaner mit Tradition erinnert insgesamt an Disneyland: Da sie selbst wenig Altes, Authentisches haben, können sie das Alte, Authentische anderer Kulturen nicht würdigen. Das Resultat sind Stilbrüche und Kitsch. Schlegels Haus in Großbritannien liefert hierfür ein gutes Beispiel. Es liegt in einem "kind of authentic English village" (*SS* 34), in dem jedoch wegen der hohen Grundstückspreise fast nur Amerikaner wohnen. Auf den ersten Blick wirkt es wie ein stilechtes englisches Landhaus, doch bei näherem Hinsehen erweist es sich als künstlich. Schon das Schild, auf dem der Name des Hauses in "ye Olde English lettering" (*SS* 35) steht, ist aus Plastik. Und als der britische Agent das Reetdach lobt, erlebt er eine weitere Überraschung: "'What a wonderful thatching job,' I said. 'Plastic,' said Schlegel. 'Real thatch harbours vermin. Plastic is cleaner, quicker and longer lasting.'" (*SS* 35) Der *faked fireplace* und die *faked rosewood door* aus le Carrés Romanen finden hier ihre Entsprechung in dem *faked thatched roof* aus Deightons Roman. Für beide Autoren stellt der *American way of life* keine wünschenswerte Alternative dar, weil er zum Synonym für Traditionslosigkeit, Künstlichkeit und Kitsch geworden ist.

Neben dem Verhältnis Großbritanniens zu den USA wird in Deightons Spionageromanen auch das Verhältnis zur Bundesrepublik

Deutschland thematisiert, wobei die Befürchtung deutlich wird, daß Großbritannien auch in Europa zu einer zweitrangigen Macht werden und von der ökonomisch überlegenen Bundesrepublik überflügelt werden könnte. Erste Hinweise darauf gibt es in *Spy Story* (1974). In diesem Roman verhandeln die UdSSR und die USA über die deutsche Wiedervereinigung. Die meisten Briten reagieren auf diese Wiedervereinigungskonferenz zurückhaltend und sehen darin einen Pakt der beiden Supermächte ohne ihre Beteiligung. "The Yanks are behind it, ... God knows what kind of a deal they are cooking up behind the scenes with the Russians" (*SS* 162), argwöhnt ein Brite. Gerade die britischen Interessen aber wären von einer Wiedervereinigung Deutschlands betroffen. Das neue, größere Deutschland, so die Furcht auf britischer Seite, werde eine ökonomische Führungsrolle in Europa einnehmen und vielleicht sogar der Versuchung erliegen, erneut einen starken Führer zu wählen:

Working like little beavers, they are. They are the Japs of Europe, if you ask me, and equally treacherous. (*SS* 85)
It's a deal between the Americans and the Russians, out of which will come a bigger stronger capitalist Germany – no thanks. Those West German buggers are trouble enough already. (*SS* 86)
You can't trust the Germans .... Let them all get together and they'll be electing another Hitler, mark my words. (*SS* 87)
You get these damned Huns reunified and you'll start to see what's what .... (*SS* 162)

Wenngleich es sich bei diesen Zitaten nur um figurenspezifische Äußerungen und nicht um die Meinung des Autors handelt,[97] so wird doch deutlich, daß in Großbritannien starke Vorbehalte gegen die deutsche Wiedervereinigung bestehen.[98] Die Furcht der Briten bleibt unbegründet. USA und UdSSR sind aus machtpolitischem Kalkül ebenfalls nicht an einem vereinten Deutschland interessiert und sabotieren die Konferenz. Der Roman endet daher schließlich mit einer für die britischen Leser sehr beruhigenden Feststellung: "The stop press said the D Mark had already begun falling against the dollar and sterling." (*SS* 243)

Im Kontext des britischen Machtverlustes in Europa ist auch *SS-GB* von Bedeutung. In diesem Roman entwirft Deighton ein kontrafaktisches Geschichtsbild: das von Deutschen besetzte Großbritannien des Jahres 1941. Wie schon oben ausgeführt, hat der Roman nicht nur einen spekulativen Charakter, sondern auch einen aktuellen politischen Bezug. Die historisch nicht eingetretene Situation in *SS-GB* entspricht der realen Situation Großbritanniens nach dem EG-Beitritt.

Das Land hat einen Souveränitätsverlust erlitten und ist Teil eines europäischen Zentralstaates geworden, in dem wichtige Entscheidungen in der Zentrale auf dem Kontinent getroffen werden.

Auch in der *Game, Set & Match*-Trilogie finden sich Verweise darauf, daß sich das deutsch-britische Verhältnis seit Kriegsende verändert hat. Die britischen Agenten, deren Erfahrungen mit Deutschland noch aus der Besatzungszeit stammen, müssen einsehen, daß die Deutschen zu gleichrangigen Partnern geworden sind:

But times have changed, Bernard. The days of rough-and-tumble stuff are over and done with. That was okay in your father's time, when we were a de facto occupying power. But now – whatever the lawyers say – the Germans have to be treated as equal partners. What the Berlin job needs is a smoothie like Bret, someone who can charm the natives and get things done by gentle persuasion. (*LM* 32)

Derartige Aussagen über den britischen Machtverlust nach 1945 bleiben jedoch die Ausnahme. Insgesamt zeigt sich Deighton in seinen Romanen seit Ende der siebziger Jahre gemäß dem Motto „Rückkehr zur Geschichte“[99] weitaus stärker am Zweiten Weltkrieg interessiert und behandelt die internationale Stellung Großbritanniens nur am Rande.

## *3. Der Kalte Krieg*

Die weltpolitische Konfrontation der beiden politischen und militärischen Blöcke unter Führung der USA, bzw. der UdSSR nach Ende des Zweiten Weltkrieges wird generell als Kalter Krieg bezeichnet. Wechselseitige Fehleinschätzungen, Furcht und Mißtrauen führten zu einer Eskalation der internationalen Spannungen. Die Sowjetunion etablierte in ihrem Machtbereich in Osteuropa kommunistische Regimes, die USA antworteten mit der *containment*-Politik und der *roll back*-Strategie. Zu militärischen Auseinandersetzungen zwischen Ost und West kam es nur in Übersee, z.B. in Korea und Vietnam; in Europa und Nordamerika wurde vor allem mit den Waffen der Spionage gekämpft: In den USA wurden die Rosenbergs verhaftet und hingerichtet. In Großbritannien wurden die „Atomspione“ Klaus Fuchs und Alan Nunn May entlarvt, und die Enthüllungen über Philbys Agentenring erschütterten die Nation. Neben den Spionen hatten auch die Spionageromanautoren Hochkonjunktur. Die dichotomische Grundstruktur des Spionageromans entsprach exakt dem durch den Eisernen Vorhang zweigeteilten Europa. Im folgenden soll untersucht werden, wie Fleming, le Carré und Deighton den ideologischen Konflikt zwischen Ost und West in ihren Romanen darstellen.

### a) *Cashing in on the Cold War*: Ian Fleming

Eine Dinnerparty bei John F. Kennedy in Washington: Unter den Gästen befindet sich auch der von Kennedy geschätzte Spionageromanautor Ian Fleming. Als das Gespräch auf das Thema Kuba kommt, entwickelt Fleming spontan einen 3-Punkte-Plan zum Sturz Castros. Der Plan gipfelt in der Forderung, die USA sollten die Kubaner überzeugen, Radioaktivität hielte sich am längsten in Bärten. Dann würden die Kubaner ihre Bärte abschneiden, und ohne kubanische Bärte, so Fleming, gebe es auch keine kubanische Revolution. Alle Partygäste verstehen den Plan als Spaß, nur ein anwesender Ex-Agent nimmt ihn ernst. Er telefoniert nach der Party sofort mit CIA-Chef Allen Dulles, der ebenfalls ein Bewunderer Flemings ist, und Dulles ist enttäuscht, nicht mehr von Flemings Plan zu erfahren.[100] Flemings Kontakte zu Kennedy und der CIA blieben auch der Gegenseite nicht verborgen. 1962 veröffentlichte die sowjetische Parteizeitung *Izwestija* einen Artikel über Fleming und bemerkte hämisch, die US-Propagandisten müßten ja in einer schlechten Situation sein, wenn sie schon auf die Hilfe eines mittelmäßigen Spionageromanautors zurückgriffen.[101]

Die Vermutung, daß Spionageromane zu Propagandazwecken verfaßt werden, ist nicht unbegründet. Wie gezeigt, schrieben Autoren wie le Queux oder Childers ihre Romane mit der Absicht, damit in den internationalen Konflikt einzugreifen und eine Rückwirkung von *fiction* auf *fact* zu erzielen. Ist James Bond also nur eine Propagandafigur des Westens? Was will Ian Fleming mit seinen Spionageromanen erreichen?

Wie bereits mehrere Kritiker festgestellt haben, vertritt Fleming eine dichotomische Weltsicht.[102] Die Welt in seinen Romanen ist klar geteilt. Auf der einen Seite steht der Protagonist James Bond, auf der anderen ein jeweils wechselnder Antagonist. Beiden Seiten werden die Eigenschaften „gut“ bzw. „böse“ eindeutig zugeordnet. Während Bond und seine Helfer “on the side of angels” (*DN* 86) sind, werden seine Gegner verteufelt und als Unmenschen dargestellt. Eine Figur, die nur scheinbar auf Bonds Seite steht, in Wahrheit aber für den Gegner arbeitet – d.h. der von le Carré so gern benutzte Typ des Doppelagenten – tritt in den Bond-Romanen nur einmal auf. Zumindest in

Flemings Romanen der fünfziger Jahre ist dieser Gegensatz zwischen gut und böse identisch mit dem Gegensatz zwischen der westlichen Welt und der UdSSR, denn mit Ausnahme der Gangster in *Diamonds Are Forever* stehen alle Gegner in Beziehung zum sowjetischen Geheimdienst SMERSH. Lassen wir sie kurz Revue passieren:

- Le Chiffre, der eine französische Gewerkschaft unterwandert,
- Mr. Big, der ein sowjetisches Agentennetz in Nordamerika finanziert,
- Hugo Drax, der London mit einer Atomrakete vernichten will,
- Red Grant, der James Bond im Orient-Express liquidieren soll,
- Dr. No, der US-Raketen vom Kurs ablenkt,
- Auric Goldfinger, der Fort Knox ausrauben will.

Zwischen diesen Figuren bestehen einige auffällige Parallelen, die im folgenden kurz herausgearbeitet werden sollen.[103]

Keiner von Bonds Gegenspielern ist Brite, statt dessen sind sie deutscher, osteuropäischer, asiatischer oder afrikanischer Herkunft. Die Mehrzahl von ihnen sind Mischlinge, oft mit jüdischen Vorfahren. Zwei von ihnen, Le Chiffre und Drax, können sich wegen einer Amnesie angeblich nicht an ihre Vergangenheit erinnern. Diese Figuren sind Repräsentanten eines gefährlichen Internationalismus, Männer ohne Vergangenheit, ohne Vaterland und somit auch ohne Loyalität. Die Verwendung dieser Feindbilder hat Fleming scharfe Kritik eingetragen. Kingsley Amis versuchte zwar, Fleming zu rechtfertigen: "To use foreigners as villains is a convention older than our literature",[104] doch die Mehrzahl der Kritiker bezichtigte Fleming des Rassismus, Faschismus und Antisemitismus.[105]

Alle Gegner sind psychisch anormal, pervers, größenwahnsinnig. Drax z. B. ist besessen von dem Wunsch, sich an Großbritannien zu rächen, Goldfinger – ein moderner König Midas – ist besessen von der Gier nach Gold, Dr. No ist besessen von der Gier nach Macht. Der Kampf zwischen Bond und diesen *megalomaniacs* ist der Kampf zwischen dem Normalen, Maßvollen und dem Maßlosen, Unersättlichen: "As it was, Bond only wanted to destroy Goldfinger, seize his gold, get him behind bars. Goldfinger's gold-lust was too strong, too ruthless, too dangerous to be allowed the run of the world." (*G* 136)

*Mens sana in corpore sano* – dieser Grundsatz gilt in Flemings Romanen auch im umgekehrten Sinne. Zu der psychischen Anormalität der Feinde gesellt sich ihre physische Anormalität. Dr. No beispielsweise ist außergewöhnlich groß, hat einen Kopf wie einen Totenschädel, seine Hände sind durch zwei Metallgreifer ersetzt, und sein Herz sitzt auf der rechten Seite. Die Feinde sind dermaßen außergewöhnlich, daß sie überzogen und konstruiert erscheinen. Auf Goldfinger etwa treffen gleich mehrere von Bonds Vorurteilen zu:

Bond always mistrusted short men. ... Napoleon had been short and Hitler. It was the short men that caused all the trouble in the world. And what about a mishapen short man with red hair and a bizarre face? That might add up to a really formidable misfit. (*G* 28)

Das bemerkenswerteste Kennzeichen der Gegner sind ihre Augen, Spiegelbilder der Seele, die ihre Anormalität und Gefährlichkeit erkennen lassen. Als Beispiel sei hier eine Passage aus der Beschreibung von Mr. Big zitiert:

There were no eyebrows and no eyelashes and the eyes were extraordinarily far apart so that one could not focus on them both, but only on one at a time. Their gaze was very steady and penetrating. When they rested on something, they seemed to devour it, to encompass the whole of it. They bulged slightly and the irises were golden round black pupils which were now wide. They were animal eyes, not human, and they seemed to blaze. (*LLD* 64)

Alle Gegner haben *speaking names*, die ihren Charakter sofort erkennen lassen. Auric Goldfinger zum Beispiel liebt Gold über alles, Le Chiffre spielt Roulette, Red Grant arbeitet für die Sowjets, die *Reds*. Gemäß E. M. Forsters Definition sind sie alle *flat characters*, die während des Romans keine Entwicklung zeigen.

Alle Antagonisten – das dürfte nach dieser kurzen Analyse deutlich geworden sein – gehören in den Bereich der Mythen und Märchen. Die Literaturwissenschaft hat denn auch die Analogie zwischen Flemings Spionageromanen und Märchen ausgiebig untersucht und dabei nachgewiesen, daß die Romane in ihrer Grundstruktur dem Märchen vom Ritter und dem Drachen entsprechen.[106] Das Motiv des Drachentötens wird in den Romanen ja auch mehrfach explizit verwendet. In *Moonraker* ist der Zusammenhang zwischen dem Antagonisten und dem Drachen zumindest für deutschsprachige Leser sofort am Namen erkennbar: Hugo Drax heißt in Wirklichkeit Hugo von der Drache. In *Dr. No* wagt sich kein Eingeborener auf die Insel Crab Key, weil es dort angeblich einen Drachen gibt. Als Bond auf Crab Key landet, begegnet er tatsächlich einem „Drachen“ – ein Amphibienfahrzeug mit Flammenwerfer, mit dem Dr. No ungebetene Besucher abschreckt. Und in *The Spy Who Loved Me* (1962) vergleicht die Ich-Erzählerin Vivienne Michel James Bond mit einem Drachentöter:

I think I know why I gave myself so completely to this man, how I was capable of it with someone I had met only six hours before. Apart from the excitement of his looks, his authority, his maleness, he had come from nowhere, like the prince in the fairy tales, and he had saved me from the dragon. ... And then when the dragon was dead, he had taken me as his reward. (*SWLM* 153f.)

Die Bond-Romane sind die Märchen des Kalten Krieges. Der Kampf zwischen James Bond und seinen Gegnern entspricht dem epischen Kampf zwischen Märchenprinz und Drachen, gut und böse, Tugend und Laster, oder, theologisch betrachtet, Glauben und Sünde. Diesen archetypischen Konflikt präsentiert Fleming in einer modernen, seine Leser ansprechenden Version. Ritter und Drache haben gewissermaßen eine Metamorphose erlebt. Der „Ritter" ist jetzt ein Geheimagent mit Aston Martin und Beretta in der Schulterhalfter und der „Drache" ein größenwahnsinniger Verbrecher. Um beide Seiten von vornherein eindeutig als gut und böse zu kennzeichnen, greift Fleming auf die oben skizzierten Oppositionen zurück. Der „Ritter" James Bond ist britisch, maßvoll und gutaussehend, die „Drachen" sind ausländisch, maßlos und häßlich. Zu den genannten negativen Charakteristika, die die Antagonisten ohnehin schon abqualifizieren, kommt dann noch eine negative Eigenschaft hinzu: die Tatsache, daß sie für die UdSSR arbeiten. Diese Verbindung der Antagonisten zum sowjetischen Geheimdienst wirkt allerdings sehr konstruiert und künstlich. In den meisten Fällen wird die Beziehung zu SMERSH nur beiläufig erwähnt und dient nur als Vorwand, um Bonds Eingreifen zu legitimieren. Im Fall Goldfinger etwa geht der britische Geheimdienst nur von einer Vermutung aus: "D'you, 007, I wouldn't be at all surprised if Goldfinger doesn't turn out to be the foreign banker, the treasurer so to speak, of SMERSH." (*G* 61) Dr. No hingegen arbeitet zwar eindeutig für die Sowjets, ist aber bereit, sein Wissen an den Meistbietenden zu verkaufen: "Perhaps Communist China will pay more. Who knows? I already put my feelers out." (*DN* 144) Es ist offensichtlich, daß keiner von Bonds Gegenspielern ein sowjetischer Agent ist, wie man ihn aus anderen Spionageromanen der Zeit kennt. Bonds Gegner sind vielmehr *megalomaniacs*, die aus privaten Motiven wie Gier nach Gold (Goldfinger) oder Gier nach Rache (Drax) handeln und zur Erlangung ihrer Ziele temporäre Zweckbündnisse mit der UdSSR eingehen.

So wie die Verbindung der Antagonisten zur UdSSR nur beiläufig erwähnt wird, so finden sich in den Bond-Romanen auch generell kaum Aussagen über die UdSSR. Und wenn Fleming Kritik an der UdSSR übt, dann nicht auf ideologischer Basis, sondern auf der Basis nationaler Vorurteile: Die Russen sind grausam, prüde, fluchen unanständig, waschen sich selten und benutzen zu viel billiges Parfum. Das sind abwertende Äußerungen, gewiß, doch gegenüber anderen Nationen lassen sich in den Romanen ähnliche Vorwürfe finden. Eine *ideologische* Auseinandersetzung mit dem Sowjetkommunismus findet in den Romanen nicht statt. Ein Vergleich zwischen Fleming und le Carré verdeutlicht es: Für le Carré ist der Kalte Krieg moralisch gerechtfertigt, weil die UdSSR im Namen einer Ideologie Individuen tötet. Fleming dagegen erwähnt die stalinistischen Säuberungen, ohne moralisch zu werten. In den Bond-Romanen reduziert sich die Ermordung Millionen Unschuldiger auf ein rein technisches Problem:

A great deal of killing has to be done in the USSR, not because the average Russian is a cruel man, although some of their races are among the cruellest peoples in the world, but as an instrument of policy. People who act against the State are enemies of the State, and the State has no room for enemies. There is too much to do for precious time to be allotted to them, and, if they are a persistent nuisance, they get killed. In a country with a population of 200000000, you can kill many thousands a year without missing them. If, as happened in the two biggest purges, a million people have to be killed in one year, that is also not a grave loss. The serious problem is the shortage of executioners. Executioners have a short "life". They get tired of the work. ... When the employer sees these signs he has no alternative but to execute the executioner and find another one. (*FRWL* 23)

Da die Verbindung der Antagonisten zu SMERSH nur eine untergeordnete Rolle spielt und die UdSSR auch nicht ideologisch kritisiert wird, liegt die Schlußfolgerung nahe, daß Fleming das Feindbild UdSSR, wie Umberto Eco es formuliert, „nicht aufgrund einer ideologischen Entscheidung, sondern nur aus rhetorischen Gründen"[107] wählt. Als „rhetorisch" versteht Eco in diesem Zusammenhang die Kunst, glaubhaft zu argumentieren, indem der Autor das aufgreift, was seine Leser denken. In seinen modernen Märchen besetzt Fleming die Rolle des Bösewichts mit einer Figur, die in der Meinung seiner Leser ohnehin „böse" ist. So erzielt er *emotional response* und stellt den Verkaufserfolg seiner Romane sicher:

Er ist Manichäer einfach nur aus Gründen des Metiers. ...
Fleming sucht elementare Oppositionen; um den universalen Urkräften Gestalt zu geben, bedient er sich der Klischees. Um die Klischees herauszufinden, bedient er sich der Durchschnittsmeinung. In Zeiten internationaler Spannung ist der böse Kommunist ein Klischee, ebenso wie – mittlerweile historisch belegbar – der straflos ausgegangene Naziverbrecher ein Klischee ist. Fleming verwendet beide mit größter Nonchalance.[108]

Fleming hat keine persönliche Abneigung gegen die Gruppen, die er als Feindbilder benutzt. Er trifft die Wahl aus rein kommerziellen

Gründen. Die von den Kritikern vorgebrachten Vorwürfe sind daher differenziert zu betrachten:

Ein Mann, der eine solche Entscheidung fällt, ist weder Faschist noch Rassist: er ist Zyniker, Ingenieur des Konsumromans.
Fleming ist nicht Reaktionär, weil er das „böse“ Schema mit einem Russen oder einem Juden füllt. Allenfalls ist er reaktionär, weil er mit Schemata arbeitet. Die Schematisierung, die manichäische Zweiteilung ist immer dogmatisch, intolerant; demokratisch ist, wer Schemata zurückweist und Nuancen, Unterscheidungen anerkennt, Widersprüche zu rechtfertigen weiß. Fleming ist reaktionär wie im Grunde das Märchen, jedes Märchen reaktionär ist; . . . .[109]

In der Zeit des Kalten Krieges sind es nun einmal vor allem die Sowjets, die als „böse“ gelten. Flemings Methode impliziert aber auch, daß er das Feindbild UdSSR in dem Moment aufgeben muß, in dem es zu einer Entspannung kommt, d. h. sich im Westen die Einschätzung der Sowjets ändert. Ende der fünfziger Jahre trat dieser Fall ein. Auf ihrem 20. Parteikongreß 1956 revidierte die KPdSU die These von der Unvermeidbarkeit eines Krieges zwischen dem Kapitalismus und dem Sozialismus und proklamierte statt dessen die Theorie der friedlichen Koexistenz. In der Folgezeit verschärften sich die internationalen Spannungen zwar einerseits (Chruschtschows Berlin-Ultimatum 1958, Abschuß eines U2-Aufklärungsflugzeuges 1960, Mauerbau 1961), andererseits aber betrieb die UdSSR eine Besuchs- und Gipfeldiplomatie. 1959 reiste Chruschtschow in die USA, wo er für seine Koexistenz-Politik warb und weitere Verhandlungen vereinbarte. 1961 dann traf er sich in Wien mit dem neugewählten US-Präsidenten John F. Kennedy. Fleming reagierte; In *Thunderball* (1961) kämpft Bond gegen den Supergangster Ernst Stavro Blofeld, der nicht für SMERSH arbeitet, sondern für das internationale Verbrechersyndikat SPECTRE – *The Special Executive for Counterintelligence, Terrorism, Revenge, and Extortion*. SPECTRE ist zeitunabhängig „das Böse“ schlechthin, ein Konglomerat aus verschiedenen Feindbildern: SPECTRE setzt sich zusammen aus Mitgliedern der Gestapo, des sowjetischen Geheimdienstes, des jugoslawischen Geheimdienstes, der Mafia, der Union Corse und türkischen Heroinhändlern.[110] Diesen Wechsel von SMERSH zu SPECTRE hat Fleming als direkte Antwort auf die neue Politik der Koexistenz vollzogen. Sein Biograph Richard Gant zitiert ihn mit folgender Bemerkung:

I have always liked the Russians as a people, and I have enjoyed myself when I worked in Moscow, . . . I could not see any point in going on digging at them, especially when the co-existence thing seemed to be bearing some fruit. So I closed down SMERSH and thought up SPECTRE instead.[111]

In einem Interview mit der Zeitschrift *Playboy* aus dem Jahre 1964 hat er sich zu der Frage ähnlich geäußert. Hier bezieht er sich direkt auf das Gipfeltreffen Chruschtschow – Kennedy in Wien 1961:

> But in that book – I think it was *Thunderball* that I was writing at the time of the proposed summit meeting – I thought well, it's no good going on if we're going to make friends with the Russians. I know them. I like them, as anyone would ... I thought, I don't want to go on ragging them like this. So I invented SPECTRE as an international crime organization which contained elements of SMERSH and the Gestapo and the Mafia – the cozy old Cosa Nostra – which, of course is a much more elastic fictional device than SMERSH, which was no fictional device, but the real thing.[112]

Diese Aussagen belegen deutlich, daß Fleming das Feindbild UdSSR eben nicht aus persönlicher oder ideologischer Überzeugung gewählt hat.

Die Abkehr vom Feindbild UdSSR markiert zweifellos einen Einschnitt innerhalb der Bond-Saga. Ein wirklicher Bruch ist jedoch nicht erkennbar. Da die Beziehung des Antagonisten zu SMERSH in den Romanen aus den fünfziger Jahren auch nur eine untergeordnete Rolle spielte, ändern sich die Bond-Romane nicht grundlegend. Ob nun der Gegenspieler für SMERSH oder SPECTRE arbeitet, seine Charakterisierung bleibt gleich. Blofeld steht in bezug auf Herkunft, Erscheinung und Charakter eindeutig in einer Reihe mit Figuren wie Dr. No oder Goldfinger: Er ist kein Brite, sondern ein polnisch-griechischer Mischling, und hat wie die anderen bemerkenswerte Augen:

> Blofeld's own eyes were deep black pools surrounded – totally surrounded, as Mussolini's were – by very clear whites. The doll-like effect of this unusual symmetry was enhanced by long silken black eyelashes that should have belonged to a woman. The gaze of these soft doll's eyes was totally relaxed and rarely held any expression stronger than a mild curiosity in the object of their focus. They conveyed a restful certitude in their owner and in their analysis of what they observed. To the innocent, they exuded confidence, a wonderful cocoon of confidence in which the observed one could rest and relax knowing that he was in comfortable, reliable hands. But they stripped the guilty or the false and made him feel transparent ... (*T* 50)

Auch Blofeld ist nur eine weitere Version des Drachens. Als Tiger Tanaka James Bond in *You Only Live Twice* auffordert, Blofeld zu töten, wählt er dabei die Worte: "You are to enter this Castle of Death and slay the Dragon within." (*YOLT* 78) In drei Romanen – *Thunderball* (1961), *On Her Majesty's Secret Service* (1963) und *You Only Live Twice* (1964) – ist Blofeld der Antagonist und versucht, Großbritannien und die USA zu erpressen und bakteriologisch zu verseuchen.

Flemings letzter, posthum veröffentlichter Spionageroman *The Man with the Golden Gun* (1965) markiert dann den erneuten Wechsel zurück zum Feindbild UdSSR. Seine Methode, in Zeiten der Entspannung vom Feindbild UdSSR abzukehren, funktioniert nämlich auch umgekehrt: Verschärft sich der Kalte Krieg wieder, so greift er auf das alte Feindbild zurück. In dem *Playboy*-Interview hatte er dies bereits angekündigt: "But if [the Russians] go on squeezing off cyanide pistols in people's faces, I may have to make them *cosa mia* again."[113] In *The Man with the Golden Gun* jagt James Bond den Supergangster Francisco Scaramanga, der im Auftrag der sowjetischen und kubanischen Geheimdienste arbeitet. Die Tatsache, daß in diesem Roman neben der UdSSR Kuba als Feindbild auftritt, legt die Vermutung nahe, das Buch sei als Reaktion auf die Kuba-Krise 1962 entstanden.

Angesichts dieses zweifachen Wechsels des Feindbildes aufgrund der politischen Großwetterlage könnte man – bewußt überspitzt formuliert – die James-Bond-Romane als ein Thermometer ansehen, an dem sich die jeweilige Temperatur des Kalten Krieges ablesen läßt.

Noch einmal zurück zur Ausgangsfrage: Ist Ian Fleming der William le Queux des Kalten Krieges? Nach der vorliegenden Analyse muß die Antwort eindeutig „nein" lauten. In ihrer Haltung zu den internationalen Konflikten ihrer Zeit – deutsch-britische Rivalität bzw. Kalter Krieg – unterscheiden die beiden Autoren sich grundlegend. Le Queux ist ernsthaft um die Sicherheit Großbritanniens besorgt und will mit seinen Romanen die Politik beeinflussen; Fleming hingegen benutzt den Kalten Krieg nur als Kulisse für seine modernen Märchen, um sie besser zu verkaufen. In seinem Aufsatz "How to Write a Thriller" hat er seine Ziele in aller Offenheit dargelegt: "I'm not 'involved'. My books are not 'engaged'. I have no message for suffering humanity. ... I write, unashamedly, for pleasure and money."[114]

### b) *A Society Worth Defending?*: John le Carré

Wie sein Kollege Ian Fleming war auch John le Carré in der UdSSR bei den offiziellen Stellen nicht beliebt. Nachdem *The Spy Who Came in from the Cold* (1963) zum Weltbestseller avanciert und in mehrere Sprachen übersetzt worden war, bat le Carré seinen Agenten, den Roman auch sowjetischen Verlagen anzubieten. Das Buch durfte dort nicht erscheinen, wurde aber dennoch in der *Literaturnaya Gazeta* rezensiert. In dieser Rezension wurde le Carré mit Fleming verglichen und als Apologet des Kalten Krieges beschimpft. Er nehme die Rolle eines unparteiischen Beobachters ein, doch in Wahrheit wolle er den Kalten Krieg anheizen. Le Carré richtete daraufhin einen offenen Brief an die Zeitschrift und bemühte sich, die Vorwürfe zurückzuweisen.[115]

Le Carrés Beschwerde ist berechtigt. Im Gegensatz zu Ian Fleming versucht er nämlich, die dichotomische Weltsicht zu überwinden. In seinen Spionageromanen verwischen die Grenzen zwischen den beiden Seiten; gut und böse sind gleichmäßig verteilt, und keine der Seiten ist der anderen moralisch überlegen. Wie Connie Sachs in *Smiley's People* konstatiert: "It's grey. Half-angels fighting half-devils. No one knows where the lines are." (*SP* 182) Le Carré unterstützt in seinen Spionageromanen nicht die Philosophie des Kalten Krieges, sondern untersucht die ethischen Probleme und die Konsequenzen, die dem Westen aus seinem Engagement in diesem Konflikt erwachsen. Der Westen, so hat le Carré in einem Interview ausgeführt,[116] kämpfe im Kalten Krieg nicht gegen einen identifizierbaren Gegner, sondern gegen eine Ideologie, den Kommunismus. Le Carré hat mehrfach betont, daß der Westen nicht nur das Recht, sondern auch die Pflicht zu diesem Kampf habe: "I do believe, reluctantly, that we must combat communism. Very decisively."[117] Dieser Kampf ist für ihn humanistisch begründet, denn im Osten werde das Individuum der Masse geopfert, wohingegen im Westen das Individuum mehr zähle als eine Ideologie: „Meine Abneigung gegen den Sowjetkommunismus war humanistisch, denn er fügte im Namen einer Ideologie den Menschen schreckliche Dinge zu. Aus diesem Grund hielt ich ihn für eine abstoßende Doktrin."[118] Das Paradox bestehe nun darin, daß der Westen im Zuge dieses humanistisch begründeten Kampfes zu den Methoden des Ostens greife, d. h. um das Individuum zu schützen, wird ein Individuum geopfert. So verrate der Westen die Ideale, für die er kämpfe. Es ist das Problem von *means and ends*. Der Westen habe zwar die besseren Ideale, verteidige sie jedoch mit Mitteln, die diesen Idealen widersprechen. Auf diese Weise laufe der Westen Gefahr, sich dem Osten zu sehr anzugleichen und selbst zu einer Gesellschaft zu werden, die es nicht wert ist, verteidigt zu werden:

> There is a constant moral ambiguity as there is in most things in our lives. It resides in the basic paradox that we are in the process of doing things in defence of our society which may very well produce a society which is not worth defending; we're constantly asking ourselves what is the price we can pay in order to preserve a society, yet what sort of society is preservable?[119]

Im folgenden soll dieses Problem an zwei Beispielen verdeutlicht werden: an Alec Leamas aus *The Spy Who Came in from the Cold* und an le Carrés Hauptfigur George Smiley. Im Zentrum von *The Spy Who Came in from the Cold* stehen drei Diskussionen über die Ethik der westlichen und östlichen Geheimdienste. Leamas diskutiert darüber mit seinem Chef Control (*SWCIFC* 17–23), dem Stasi-Agenten Fiedler (*SWCIFC* 133–135) und seiner Geliebten Liz. (*SWCIFC* 227–233) Für Control ist das Problem von *means and ends* klar. Die westliche Seite habe die besseren Ziele als die östliche. Sie wolle nicht den Gegner angreifen, ihre Maßnahmen seien rein defensiver Natur, um die eigene freie Gesellschaft zu schützen:

> The ethic of our work, as I understand it, is based on a single assumption. That is, we are never going to bc aggressors. Do you think that's fair? ...
> Thus we do disagreeable things, but we are *defensive*. That, I think, is still fair. We do disagreeable things so that ordinary people here and elsewhere can sleep safely in their beds at night. Is that too romantic? (*SWCIFC* 20)

Die Ziele des britischen Geheimdienstes unterscheiden sich also von denen seiner östlichen Gegenspieler. Will er in diesem Kampf aber nicht unterliegen, so muß er notgedrungen seine Methoden denen der östlichen Seite angleichen:

> And in weighing up the moralities, we rather go in for dishonest comparisons; after all you can't compare the ideals of one side with the methods of the other, can you, now? ...
> I mean you've got to compare method with method, and ideal with ideal. I would say that since the war, our methods – ours and those of the opposition – have become much the same. I mean you can't be less ruthless than the opposition simply because your government's *policy* is benevolent, can you now? ... That would *never* do. (*SWCIFC* 20)

Die guten Ziele heiligen für Control die verwerflichen Methoden, und das bedeutet in diesem Fall die Opferung eines Individuums für den Sieg der westlichen Seite. Diese Angleichung der Methoden führt dazu, daß zwischen den westlichen und östlichen Agenten kein entscheidender Unterschied mehr besteht. Auf Controls Bemerkung, Mundt sei ein "practicioner of the cold war", antwortet Leamas nur trocken: "Like us". (*SWCIFC* 22)

Auch im Osten werden Individuen der Gesellschaft geopfert, doch für den Stasi-Agenten Fiedler ist die Rechtfertigung einfacher als für Control. Laut der kommunistischen Ideologie führt die Partei das Volk zu Frieden und Fortschritt. Wenn sich Individuen dieser angeblich historischen Mission widersetzen, werden sie von der Speerspitze der Partei, dem Staatssicherheitsdienst, ausgeschaltet. Wie vorher Control Leamas die Ethik eines westlichen Geheimdienstes erläuterte, so erläutert ihm jetzt Fiedler die Ethik eines östlichen:

"But what is the justification then? What is it? For us it is easy, as I said to you last night. The Abteilung and organizations like it are the natural extension of the Party's arm. They are in the vanguard of the fight for Peace and Progress. They are to the party what the party is to socialism: they *are* the vanguard. Stalin said so" – he smiled drily, "it is not fashionable to quote Stalin – but he said once 'half a million liquidated is a statistic, and one man killed in a traffic accident is a national tragedy.' He was laughing, you see, at the bourgeois sensitivities of the mass. He was a great cynic. But what he meant is still true: a movement which protects itself against counter-revolution can hardly stop at the exploitation – or the elimination, Leamas – of a few individuals. ..." (*SWCIFC* 134)

Fiedler ist von seiner Rechtfertigung überzeugt: Er würde unschuldige Menschen töten und seine Agenten opfern, wenn es dem historischen Ziel des Kommunismus dienlich wäre. Was er nicht versteht, ist, wie die humanistische, christliche Gesellschaft des Westens das Töten Unschuldiger legitimiert. In dieser Diskussion mit Fiedler unterliegt Leamas, denn auch er kann nicht erklären, weshalb die Abneigung des Westens gegen den Kommunismus die Verletzung der christlichen und humanistischen Grundprinzipien erlaubt:

[Leamas] hesitated, then added vaguely: "I suppose they don't like Communism."
"And that justifies, for instance, the taking of human life? That justifies the bomb in the crowded restaurant; that justifies the write-off of agents – all that?"
Leamas shrugged. "I suppose so."
"You see, for us it does," Fiedler continued, "I myself would have put a bomb in a restaurant if it brought us further along the road. Afterwards I would draw the balance – so many women, so many children; and so far along the road. But Christians – and yours is a Christian society – Christians may not draw the balance."
"Why not. They've got to defend themselves, haven't they?"
"But they believe in the sanctity of human life. They believe every man has a soul which can be saved. They believe in sacrifice."
"I don't know. I don't much care," Leamas added. (*SWCIFC* 134f.)

In dieser Diskussion muß Leamas zwangsläufig unterliegen, denn Fiedlers Kritik ist berechtigt. Die Handlungen der Geheimdienste stehen mit der kommunistischen, nicht aber mit einer christlichen, humanistischen Ideologie in Übereinstimmung:

For this reason, my Western agent is at a loss to defend himself in ideological dispute with his Communist interrogator. The Communist should be able to reconcile the loss of innocent life with the progress of the proletarian revolution; Western man can't.[120]

Auch in dieser zweiten Diskussion wird erneut deutlich, daß sich die Agenten beider Seiten nicht unterscheiden. Zu Recht stellt Fiedler fest: "We're all the same, you know that's the joke." (*SWCIFC* 174) Eine Feindschaft zwischen Fiedler und Leamas besteht nicht, statt dessen ein Verständnis über die Systemgrenzen hinweg. Fiedler sagt zu Leamas "I'm beginning to like you" (*SWCIFC* 147), und Leamas schläft ein, "content in the knowledge that Fiedler was his ally". (*SWCIFC* 174)

Nachdem in diesen beiden Diskussionen durch Control und Fiedler die Ethiken der beiden Geheimdienste dargelegt worden sind, müssen Leamas und Liz in der dritten Diskussion erkennen, daß es keinen Unterschied zwischen den beiden Seiten gibt: Beide sind gleichermaßen bereit, unschuldige Individuen für den Sieg der eigenen Seite zu opfern. Um den Doppelagenten Mundt vor der Enttarnung zu retten und so die "great moronic mass" (*SWCIFC* 231) weiterhin zu schützen, hat der britische Geheimdienst Leamas auf eine Mission geschickt, die Fiedler, Liz und ihn selbst das Leben kostet. Verbittert erklärt Leamas seiner Freundin, der jüdischen Kommunistin Liz, daß der britische Geheimdienst die Methoden der Kommunisten übernommen hat:

What the hell you are complaining about ... Your Party's always at war, isn't it? Sacrifying the individual to the mass. That's what it says Socialist reality: fighting night and day – that relentless battle – that's what they say, isn't it? (*SWCIFC* 229)
But don't complain about the terms, Liz; they're party terms. A small price for a big return. One sacrified for many. (*SWCIFC* 230)

Diese Angleichung der Methode führt zu einer Aufweichung des starren Freund-Feind-Schemas, so daß die beiden Seiten nicht mehr zu unterscheiden sind, weil sie mit gleichen Methoden arbeiten. Vergeblich versucht Liz, zwischen den Seiten zu differenzieren: "what side are you on?" (*SWCIFC* 230) Ihr Fazit lautet daher: "It makes you the same ... You're all the same, Alec." (*SWCIFC* 232) Trotz dieser Verbitterung glaubt Leamas noch weiterhin an das Ziel seines Auftrags, denn für ihn gilt der Grundsatz "intelligence work has a moral law – it is justified by results". (*SWCIFC* 13) Gemäß diesem Grundsatz hält er seine Mission für gelungen: "London won – that's the point. It was a foul, foul operation. But it's paid off, and that's the only rule." (*SWCIFC* 229) Becker wertet dieses Festhalten Leamas' an seinem

Auftrag als Beweis dafür, daß „die Grenzen von Gut und Böse noch nicht verwischt“[121] sind. Leamas hält aber nur noch oberflächlich an seinem Auftrag fest. Er wiederholt nur noch eingedrillte Argumente mit lauter Stimme, um sich selbst zu überzeugen, wie Liz gleich zweimal feststellt (*SWCIFC* 229, 231). Tatsächlich kann auch Leamas die Unterscheidung zwischen gut und böse, eine Entscheidung für eine der beiden Seiten nicht mehr treffen. Die Schlußszene zeigt ihn auf der Berliner Mauer, einem Platz, auf dem er buchstäblich zwischen zwei Welten sitzt. Auf der Westseite fordert Smiley ihn auf, zu ihm herunterzuspringen, und auf der Ostseite legen die Grenzposten ihre Gewehre auf ihn an. Leamas jedoch kann sich nicht entscheiden, weil sein Auftrag ihm den Glauben an den britischen Geheimdienst genommen hat. Von der Mauer auf beide Seiten herabblickend, hält er sie für gleich.

Das einzige, an das er noch glaubt, ist seine Liebe zu Liz. Als sie an der Ostseite der Mauer erschossen wird, hat sein Leben den Sinn verloren, und er klettert die Mauer zu ihr herab und läßt sich ebenfalls erschießen. Während er stirbt, erinnert er sich an einen Verkehrsunfall, bei dem ein Kleinwagen zwischen zwei LKWs zerquetscht wird. Diese Erinnerung, die ihn schon vorher gequält hat (*SWCIFC* 113f.), hat eine tiefere Bedeutung: Sie nimmt sein Schicksal vorweg. Die beiden LKW symbolisieren die östlichen und westlichen Geheimdienste, die unschuldige Individuen zwischen sich zerquetschen. Durch die Auswahl der Charaktere verstärkt le Carré seine Kritik am britischen Geheimdienst noch: Die beiden einzigen Charaktere, die kein doppeltes Spiel spielen, werden getötet: Es sind Liz und Fiedler, beide sind Juden. Sie werden geopfert, um Mundt zu decken, der, bevor er beim MfS angestellt wurde, in der HJ war und weiterhin ein Antisemit geblieben ist. Der britische Geheimdienst opfert also zwei Juden für einen Nazi.

Der Ausgang des Romans erscheint ambivalent. Controls sorgfältig ausgeklügelter Plan ist erfolgreich, und insofern stellt die Operation einen „Sieg des Westens über den Kommunismus“[122] dar. Doch dieser Sieg ist zugleich auch eine Niederlage, denn er war nur möglich, indem der britische Geheimdienst die Methoden des Gegners übernahm. Der Tod von Individuen, den beide Seiten in diesem Kampf billigend in Kauf nehmen, ist mit der kommunistischen Ideologie vereinbar, mit westlichen Vorstellungen von Humanismus und Christentum jedoch nicht. So begeht der Westen Verrat an seinen Idealen und nähert sich ideologisch dem Kommunismus an:

In espionage as I have depicted it Western man sacrifices the individual to defend the individual's right against the collective. That is Western hypocrisy, and I condemned it because I felt it took us too far into the Communist camp, and too near to the Communist evaluation of the individual's place in society.[123]

Jens-Peter Beckers Urteil, daß in diesem Roman „noch keineswegs die Philosophie des Kalten Krieges und der Glaube an die Vorherrschaft des englischen Geheimdienstes aufgegeben werden“[124], kann ich mich deshalb nicht anschließen. Anstatt den Tod Unschuldiger mit dem Sieg des eigenen Systems zu legitimieren, lenkt le Carré den Blick auf die Konsequenzen, die diese machiavellistische Politik für den Westen hat:

By these and other means I sought to remove espionage from the sterile arguments of the cold war and concentrate the reader's eye on the cost to the West, in moral terms, of fighting the legitimised weapons of Communism. ... I tried to tickle the public conscience with the issue of *raison d'état*. I have posed this question: for how long can we defend ourselves ... by methods of this kind, and still remain the kind of society that is worth defending?[125]

Mit einer derartigen Thematik stellt le Carré sich in Opposition zu den „Kalten Kriegern“ beider Lager. Nicht nur in der UdSSR, auch im Westen löste der Roman heftige Kritik aus. Von CIA-Chef Richard Helms wird berichtet, daß er das Buch nicht nur nicht mochte, sondern geradezu verabscheute.[126]

Das zweite Beispiel, an dem die Problematik des westlichen Engagements im Kalten Krieg aufgezeigt werden soll, ist George Smiley. In le Carrés fiktionalem Universum ist er diejenige Figur, die den Konflikt zwischen *means and ends* am deutlichsten verspürt: “It was peculiarity of Smiley's character that throughout the whole of his clandestine work he had never managed to reconcile the means to the end.” (*MQ* 79) Er hat das Paradox der westlichen Geheimdienste erkannt: “To be *inhuman in defence of our humanity*, he had said, *harsh in defence of compassion*. To be *singel-minded in defence of our disparity*.” (*HS* 522)

Schon bei seinem ersten Auftreten in *Call for the Dead* wird seine zwiespältige Haltung zum Geheimdienst erkennbar. In diesem Roman deckt er einen ostdeutschen Spionagering auf, dessen Chef sein ehemaliger Freund und Schüler Dieter Frey ist. Am Ende des Romans kommt es zum Kampf zwischen den beiden. Frey schießt nicht auf Smiley, weil er sich an ihre Freundschaft erinnert; Smiley hingegen vergißt die Freundschaft und tötet Frey. Moralisch gesehen ist Smiley dem ostdeutschen Spion unterlegen. Frey zeigt sein menschliches Gesicht, Smiley nicht. Über seinen Sieg kann Smiley sich deshalb nicht freuen. Er stellt sich statt dessen selbstquälerisch die Frage, ob es nicht gerechter gewesen wäre, wenn Dieter Frey ihn getötet hätte:

> Dieter had remembered and Smiley had not. They had come from different hemispheres of the night, from different worlds of thought and conduct. Dieter, mercurial, absolute, had fought to build a civilization. Smiley, rationalistic, protective, had fought to prevent him. "Oh God," said Smiley aloud, "who was then the gentleman ...?" (*CFD* 145)

Aus seinen moralischen Skrupeln und seiner Entfremdung vom Geheimdienst zieht Smiley seine persönlichen Konsequenzen: das Angebot einer Beförderung lehnt er ab. Das letzte Kapitel dann zeigt ihn auf dem Flug nach Zürich:

> It was a beautiful night, and through the small window beside him he watched the grey wing, motionless against the starlit sky, a glimpse of eternity between two worlds. The vision soothed him, calmed his fears and his doubts, made him fatalistic towards the inscrutable purpose of the universe. (*CFD* 156)

*Between two worlds* – so auch die Überschrift dieses Kapitels – ist der einzige Platz, an dem le Carrés Helden ihren Seelenfrieden finden. Diese Welten sind in diesem konkreten Fall Himmel und Erde, im übertragenen Sinne Ost und West. Le Carrés Helden nähmen am liebsten eine Position zwischen den beiden Systemen ein. Auch Leamas befindet sich, wie gezeigt, am Schluß in einer Position, in der er buchstäblich „zwischen zwei Welten" sitzt. Da sowohl Ost als auch West dem persönlichen Humanismus der Helden widersprechen, ist eine Parteinahme für eine der Seiten eigentlich nicht möglich. Doch die Polarität des Kalten Krieges läßt einen "third way" (*SP* 328), eine Stellung zwischen den konkurrierenden Systemen, nicht zu. Leamas bezahlt seinen Entschluß mit dem Leben; Smiley erreicht diese ideale Mittellage nur in kurzen Augenblicken. Durch den Ost-West-Konflikt zu einer Parteinahme gezwungen, entscheidet er sich letztlich für den Westen als das kleinere Übel.

Auch in den folgenden Romanen dokumentiert Smiley, daß er sich der moralischen Problematik des westlichen Engagements im Kalten Krieg durchaus bewußt ist. In *The Spy Who Came in from the Cold* beispielsweise ist er bei dem Gespräch zwischen Control und Leamas absichtlich nicht anwesend:

> "Why isn't Smiley here?" Leamas asked.
> "He doesn't like the opearation," Control replied indifferently. "He finds it distasteful. He sees the necessity but he wants no part in it. ..." (*SWIFC* 55f.)

Den Höhepunkt erreicht der ethische Konflikt im letzten Band der Smiley-Saga, *Smiley's People*. In diesem Roman erhält Smiley die Chance, seinen langjährigen Widersacher Karla endgültig zu besiegen.

Karla hat nämlich seinen wunden Punkt gezeigt: die Liebe zu seiner geisteskranken Tochter. Aus Angst, sie würde in der UdSSR nicht entsprechend behandelt, hat er sie heimlich in ein Schweizer Sanatorium gebracht und dafür Staatsmittel zweckentfremdet. Smiley erkennt, daß Karla ein "human face" (*SP* 315) besitzt: "It was no brute whom Smiley was pursuing with such mastery, no unqualified fanatic after all, no automation. It was a man". (*SP* 315) Obwohl Smiley einerseits Verständnis für den KGB-Chef aufbringt, ist er andererseits doch bereit, dessen Liebe – „a weakness with which Smiley himself from his own tangled life was eminently familiar" (*SP* 315) – für seine Zwecke auszunutzen. Er droht Karla an, dessen Geheimnis zu verraten, und fordert ihn zum Überlaufen auf. Moralisch gesehen begibt Smiley sich damit auf Karlas Ebene. Einst hatte Karla Smileys Liebe zu Ann ausgenutzt, nun nutzt Smiley Karlas Liebe zu dessen Tochter aus. Smiley und Karla – das ist kein Gegensatz zwischen gut und böse. Beide empfinden Liebe und Haß, kennen Humanismus und Fanatismus, haben naive und sentimentale Charakterzüge[127], doch sie versuchen, jeweils die eine Seite ihrer Persönlichkeit zu verleugnen. Der Kampf gegen den anderen ist zugleich der Kampf gegen die uneingestandene Hälfte von sich selbst. Nur in ihrer Verbindung können sie zu vollständigen Menschen werden, kann aus zwei Hälften ein Ganzes entstehen: "Twin cities, we used to say you were, you and Karla, two halves of the same apple." (*SP* 186) Am Schluß des Romans steht wie in *The Spy Who Came in from the Cold* der *showdown* an der Berliner Mauer. Smileys Plan ist erfolgreich, Karla läuft über. Doch im Unterschied zu seinen Kollegen kann Smiley keine Begeisterung hierüber empfinden. Er allein begreift, wie teuer der Sieg bezahlt wurde. Der Erfolg war ja nur möglich, indem Smiley sich Karla anglich und genau wie jener die Mittel dem Zweck unterordnete:

> On Karla has descended the curse of Smiley's compassion; on Smiley the curse of Karla's fanaticism. I have destroyed him with the weapons I abhorred, and they are his. We have crossed each other's frontiers, we are the no-men of this no-man's-land.(*SP* 332).

Gerade im Augenblick seines Sieges ist Smiley sich der Parallelen zu Karla bewußt: "They exchanged one more glance and perhaps each for that second did see in the other something of himself." (*SP* 334) Symbol für diese Angleichung von Smiley an Karla ist Smileys Feuerzeug, das Karla ihm bei ihrer ersten Begegnung gestohlen hatte und nun wiedergibt. Damit drückt Karla aus, daß Smiley ihm gleichwertig geworden ist. Bezeichnenderweise hat Smiley kein Interesse, es wieder an sich zu nehmen. Das Ende des Romans ist – wie auch in *The Spy Who Came in from the Cold* – insgesamt ambivalent. Auf Peter

Guillams Bemerkung "George, you won" antwortet er nur: "Did I? ... Yes. Yes, well I suppose I did." (*SP* 335) In einem Interview, das le Carré kurz nach der Veröffentlichung von *Smiley's People* gegeben hat, ist er näher auf Smileys Einstellung zum Kalten Krieg eingegangen und hat dabei das angesprochene Problem erneut aufgegriffen:

His engagement against Communism is really an intellectual one. I think he stands where I stand: he feels that to pit yourself against any "ism" is to strike a posture which is itself ideological and therefore offensive in terms of practical decency. In practice almost any political ideology invites you to set aside your humanitarian instincts. ... He accepts, however reluctantly, that you have to resort to very unpleasant means in order to preserve society, though he sometimes wonders how much you can do in the name of that society and feel sure that it's still worth preserving.[128]

Am Ende von le Carrés Spionageromanen steht also stets der Sieg des britischen Geheimdienstes. Der Westen hat eine Schlacht im Kalten Krieg gewonnen. Doch es ist kein Sieg der Humanität über die Inhumanität, kein Sieg von gut über böse, von Freiheit über Diktatur. Der Sieg ist zugleich eine Niederlage, weil er mit dem Verrat der eigenen Ideale bezahlt wurde. E.M. Forster hat einst gesagt, vor die Wahl gestellt, seinen Freund oder sein Land zu verraten, hoffe er, den Mut zu haben, sein Land zu verraten.[129] Diese Einschätzung, daß das Individuum mehr wert ist als die Masse, liegt auch le Carrés Spionageromanen zugrunde. Im Kalten Krieg, so sieht le Carré die Gefahr, opfert der Westen dieses Prinzip und wird selbst zu einer Gesellschaft, die weder christlich noch humanistisch und daher auch nicht verteidigenswert ist.

### c) Das Spiel der Spione: Len Deighton

Genau wie le Carré bemüht sich auch Len Deighton um eine Überwindung der dichotomischen Weltsicht. Wie Bernd Lenz nachgewiesen hat, sind in Deightons Spionageromanen gut und böse gleichmäßig auf beide Seiten verteilt; klare Zuordnungen scheitern, weil Doppel- und Tripelagenten zur Normalität geworden sind.[130] Keine der beiden Seiten verfügt über ein reines Gewissen oder ist im Besitz der absoluten Wahrheit. Hier wie dort wird Realpolitik betrieben: Fragen der Moral werden Nützlichkeitserwägungen untergeordnet. Die Spionagetätigkeit ist zu einem Geschäft entartet, bei dem die Akteure nicht aus Patriotismus oder ideologischer Überzeugung, sondern aus Karriere- und Gewinnstreben handeln:

It's the same everywhere: bribery and corruption. Twenty or more years ago, when we first got involved in this business, people stole secrets because they were politically committed or patriotic. ... How many people are like that nowadays? Not many. Now both sides have to pay dearly for their espionage. (*MS* 239)

Trotz dieser allgemeinen Angleichung zwischen Ost und West findet man in Deightons Spionageromanen Textstellen, in denen eine manichäische Ideologie vertreten wird. So zieht beispielsweise Dicky Cruyer in *Mexico Set* (1984) eine scharfe Abgrenzung zwischen den Systemen. Der Westen stehe für Freiheit, der Osten für Zwang: "All they have to offer is a perverted ideology and a medieval social system based on privilege and obedience. We have a free society; a free press, freedom to protest, freedom to say anything we like." (*MS* 124) Derartige Passagen sind zwar die Ausnahme in Deightons Werk, dennoch haben sie ihm die Kritik eingetragen, er sei ideologisch inkonsequent.[131] Textstellen wie die oben zitierte haben jedoch einen rein rhetorischen Charakter und entsprechen lediglich der notwendigen dichotomischen Grundstruktur des Spionageromans. Sie repräsentieren nicht die Meinung des Autors, sondern stellen nur „figurenspezifische Aussagen [dar], die keineswegs der Grundposition der Romane insgesamt entsprechen“[132].

Für Deighton ist der Kalte Krieg keine todernste Auseinandersetzung zweier verfeindeter Systeme, sondern eher ein Spiel zwischen zwei Partnern. Spielmetaphern, vor allem aus den Bereichen Schach und Tennis, sind in den Romanen zahlreich vorhanden.[133] Bei diesem Spiel gewinnt mal die eine, mal die andere Seite, meistens jedoch enden die Partien mit einem Remis bzw. *deuce*. In *London Match* (1985) beispielsweise ist der Ausgang wie in le Carrés *Smiley's People* ungewiß und läßt mehrere Deutungen zu. Für Bernard Samsons Freund Werner Volkmann hat die (scheinbare) KGB-Agentin Fiona das Spiel gewonnen, Samson aber widerspricht diesem Urteil:

Forget game, set and match. We're not playing tennis; it's a rougher game than that, with more chances to cheat. We bluffed them; we bid a grand slam with a hand full of deuces and jokers, and we fooled them. ...
Okay, there are wounds, and there will be scars, but it's not game, set and match to Fiona. It's not game, set and match to anyone. It never is. (*LM* 404 f.)

Eindeutige Sieger und Besiegte gibt es in Deightons Welt nicht. Es entsteht der Eindruck, daß die beiden Seiten, Ost und West, nicht gegen-, sondern vielmehr miteinander spielen. In Deightons erstem Spionageroman, *The Ipcress File* (1962), findet sich eine Passage, die seine Sicht des Kalten Krieges sehr gut illustriert. Der Held des Romans, der anonyme britische Agent, wird von den Amerikanern auf ein Atoll im Pazifik eingeladen, auf dem die USA Atomtests durchführen, um eine noch größere Atombombe zu konstruieren und die UdSSR abzuschrecken. Ein anwesender US-Offizier vergleicht dabei den Ost-West-Konflikt mit einem Konkurrenzkampf zweier Unternehmen: “Oh heck, relationships between any rival business outfits are the same as between nations.” (*IF* 169) Der anonyme Agent jedoch sieht es anders: “I think that was true at one time, but now the destructive capabilities are such that, to extend your analogy, we must think in terms of cartels. Rivals must unite to live and let live.” (*IF* 169) Diese Vorstellung, daß die beiden Seiten wie ein Kartell zusammenarbeiten, durchzieht Deightons gesamtes Werk. “Live and let live” statt “live and let die” wie es bei Fleming heißt. In Deightons Spionageromanen sind weder der Osten noch der Westen ernsthaft daran interessiert, ihre Einflußsphäre auszuweiten. Statt dessen begnügen sie sich damit, ihren Besitzstand zu wahren und den Status quo beizubehalten. Versuche von dritter Seite, in diesen Konflikt einzugreifen und die Machtverhältnisse zu verändern, werden von östlichen und westlichen Geheimdiensten gemeinsam zu Fall gebracht. So erhält General Midwinter in *Billion-Dollar Brain* (1966) keinerlei Unterstützung für seinen Plan, Lettland mit einer Privatarmee zu befreien. Midwinter ist, wie der Name schon sagt, ein „Kalter Krieger“, der einen Erstschlag gegen die UdSSR propagiert:

> “Between 1945 and 1950 the Reds expanded at the rate of sixty square miles per hour. Retreat brings the threat of war closer because finally we’re going to hit them, and I say the sooner the better.
> … Khrushchev once said that he would support all interior wars against colonialism because he said quote they are in the nature of popular uprisings unquote. Well that’s what I’m going to do in the territory the Reds occupy. Get me?”
> I said, “That’s the sort of decision only governments should make.” (*BDB* 227)

Midwinters Plan scheitert kläglich, weil der britische Geheimdienst mit dem sowjetischen KGB zusammenarbeitet. Jede Einzelperson, die sich in das Spiel der großen Mächte einmischt, ist zum Scheitern verurteilt. Noch offensichtlicher wird die kartellhafte Zusammenarbeit der Blöcke am Beispiel von *Spy Story*: In diesem Roman aus dem Jahr 1974 geht es um eine Konferenz, auf der über die Wiedervereinigung Deutschlands verhandelt werden soll. Weder die UdSSR noch die USA noch Großbritannien sind jedoch wirklich an der Wiedervereinigung interessiert. Deshalb arbeiten die Geheimdienste der drei

Nationen Hand in Hand, um die Konferenz zu sabotieren. Der Grund für die Ablehnung der Wiedervereinigung ist simpel: "A united Germany would have upset the status quo." (*SS* 243) Die USA und Großbritannien haben das Szenario der deutschen Wiedervereinigung als Computersimulation durchgespielt und waren mit dem Ergebnis unzufrieden. Die Vorstellung, daß das neue Deutschland das labile Gleichgewicht des Kalten Krieges zuungunsten einer der beiden Blöcke – oder gar beider – verändern könnte, wird allgemein als nicht erstrebenswert angesehen:

A reunited Germany that moved closer to the West would make the Russians very nervous. If Germany moved closer to the East they'd make *us* nervous. If, and this is more likely, Germany decided to play man in the middle, the worst days of the cold war could be remembered with nostalgia. (*SS* 86)

Analog zu dieser Kooperation der Geheimdienste auf der Führungsebene kommt es auch zu einer Solidarität der kleinen Agenten untereinander. Der anonyme britische Agent sieht in jedem sowjetischen Agenten nicht automatisch einen Feind. Am Ende von *The Ipcress File* etwa läßt er zwei SMERSH-Agenten entkommen, damit sie ihm bei Gelegenheit ebenfalls hilfreich sein können. Es gibt ein grenzüberschreitendes Netzwerk der kleinen Agenten:

"A spy has no friends" people say; but it's more complex than that. A spy has to have friends, in fact many sets of friends. Friends he's made by doing things and by not doing other things. Every agent has his own "old boy network" and like every other "old boy network" it cuts across frontiers, jobs and every other loyalty – it's a sort of spy's insurance policy. One has no specific arrangement with anyone, no code other than a mutual sensitivity to euphemisms. (*IF* 172)

Sowjetische Agenten sind nicht die wahren Feinde, oder zumindest nicht die einzigen. So wie Deightons Agenten außenpolitisch gesehen in Opposition zur UdSSR stehen, stehen sie innergesellschaftlich gesehen in Opposition zum Establishment. Der anonyme Agent in *The Ipcress File* drückt diese doppelte Feindstellung beispielhaft aus: "What chance did I stand between the Communists on the one side and the Establishment on the other – they were both out-thinking me at every move."(*IF* 91) Der Kampf der *working class*-Agenten gegen ihre *public school*-Vorgesetzten wird in Deightons Spionageroman ausführlicher thematisiert als der Kalte Krieg. Der Ost-West-Konflikt ist „lediglich die Folie, auf der sich diese innenpolitischen, innergesellschaftlichen Auseinandersetzungen vollziehen".[134] Das eigentliche Feindbild ist die "public-school mafia at London Central" (*LM* 144), jene Gruppe aus Eton- und Oxbridge-Absolventen, die die Führungspositionen im britischen Geheimdienst bekleiden. Von diesen Leuten droht Deightons Agenten mehr Gefahr als von den Agenten der gegnerischen Seite. Um den Konflikt zwischen Agent und Vorgesetzten zu verdeutlichen, benutzt Deighton oftmals Spielmetaphern. Im Schachspiel der Spione ist Deightons Protagonist "just a pawn" (*FIB* 34), ein Bauer, der in der Frontlinie steht und – wie bei le Carré – geopfert werden kann, wenn sich die eigene Seite davon einen Vorteil verspricht:

"... That's what chess players call a gambit, isn't it? A piece is sacrificed to gain a better position from which to attack."
"I don't know much about chess," I said.
"I'm surprised," said Bret. "I would have thought you'd be good at it. But you'll remember that next time you're playing – about losing a piece to get into a better position – won't you?" (*MS* 311)

Die Leiter des britischen Geheimdienstes planen Operationen, die die Agenten, selbst wenn sie am Leben bleiben, zu psychischen Wracks machen. Privatleben, Ehe, Gefühle – auf all dies nehmen die Geheimdienstbürokraten keinerlei Rücksicht. Anders als bei le Carré werden Agenten nicht unbedingt der breiten Masse wegen geopfert, sondern oftmals nur, um die Karrieregelüste einzelner Vorgesetzter zu befriedigen. Fiona Samson, die sich als Tripelagentin in den Stasi einschleusen ließ und dafür ihre Ehe ruinierte und auf ihre Kinder verzichtete, erkennt, daß der Zweck die Mittel eben nicht heiligt:

She'd begun to suspect that she was the lamb slaughtered at the altar of Bret Rensselaer's ambition. ... She was expendable: as useful and as readily discarded as a Kleenex tissue.
Fiona was the loser: Fiona, her husband and her children. They would never recover from what she had done. Was any political ... victory worth it? The answer was no. (*SSI* 361)

Eine überzeugte Parteinahme für den Westen ist unter diesen Umständen von Deightons Agenten wohl nicht zu erwarten. Fragen der Ethik werden in Deightons Spionageromanen generell auch nur sehr kurz thematisiert. Wenn die Agenten überhaupt über die Ethik ihrer Arbeit reflektieren, dann sehen sie sich nicht als ideologisch engagierte „Kalte Krieger", sondern als Profis, die ihren Job machen: "I couldn't start thinking I was part of a struggle of good against evil or freedom against tyranny. The only way I could work was to concentrate on the nuts and bolts of the job and do it as well as I could do it." (*LM* 251) Indem Deightons Helden den moralischen Problemen ausweichen und sich selbst nur als Profis definieren, können sie sich mit den Profis der Gegenseite identifizieren. Zwischen den Spionen aus Ost und West herrscht keine ideologische Feindschaft, sondern kollegialer Respekt. So betont der anonyme britische Agent in *Funeral in Berlin*: "Stok and I are in the same business – we understand each other only too well." (*FIB* 294) Und auch Bernard Samson kann den "hard-nose communist" (*MS* 124) Erich Stinnes auf einer professionellen Basis gut verstehen: "I identified with Stinnes. ... I respected his professionalism, and that coloured all my thoghts and my actions." (*LM* 132) Nur wer nicht engagiert ist, kann seine Aufgabe wirklich gut verrichten. Ideologische Überzeugungen behindern die Agenten nur. "We soldiers must not talk politics" (*BDB* 143) betont der KGB-Agent Stok. Fragen der Ideologie überlassen Deightons Agenten den Politikern; sie selbst haben ein rein professionelles Ethos, und "Professionals never make problems". (*FIB* 185)

Bei ihren Gesprächen mit ihren östlichen Kollegen stellen Deightons Helden fest, daß für die untergeordneten Agenten die Arbeitsbedingungen auf beiden Seiten gleich sind. Die Ungerechtigkeiten, unter denen Deightons Helden im britischen Geheimdienst leiden, bestehen in ähnlicher Form auch im Osten. Auch dort werden Agenten von ihren Vorgesetzten wie Bauern im Schach geführt und gegebenenfalls geopfert:

"They are making a fool of you, English," Stok said. "They all have their roles to play except you. You are expendable."
"There goes that word again," I said. "Someone was saying the same thing about you only the other day." (*FIB* 109)

Und hüben wie drüben besteht der Unterschied zwischen den *desk men* und den *field agents*:

"Moskvin a desk man, is he?"
"Yes," said Stinnes. "And I hate desk men."
"So do I," I said feelingly. "They're bloody dangerous." (*MS* 381)

Das Verbindende zwischen den Agenten beider Seiten wiegt stärker als das Trennende. Daher besteht in Len Deightons fiktionaler Welt die Feindstellung weniger zwischen Ost und West als vielmehr zwischen den untergeordneten Agenten und der jeweiligen Führungsschicht. Vom Standpunkt der Agenten aus, die für ihre Vorgesetzten die schmutzige Arbeit machen müssen, besteht zwischen Ost und West kein Unterschied. In beiden Gesellschaftsformen herrscht eine Führungsschicht, die sich durch gemeinsame Ausbildung bzw. Parteizugehörigkeit definiert, weitgehend inkompetent ist und sozialen Aufstieg nur Mitgliedern dieser Gruppe ermöglicht. Auf diese Weise vollzieht sich in Deightons Spionageromanen die Angleichung der ideologischen Positionen. Während diese Angleichung bei le Carré philosophisch begründet wird, resultiert sie bei Deighton aus dem subjektiven Gefühl der kleinen Agenten, benachteiligt zu werden. In *Berlin Game* (1983) diskutiert Bernard Samson darüber mit Erich Stinnes:

"Both of us work the tough side of the business. I've been West a few times, just as you've come here. But who gets the promotions and the big wages – deskbound Party bastards. How lucky you are not having the Party system working against you all the time."
"We have got it," I said. "It's called Eton and Oxbridge." (*BG* 318)

Verglichen mit le Carré, wirkt Deighton radikaler. Le Carré geht immerhin noch davon aus, daß die Ideale des Westens – Humanismus, Christentum – besser sind als die des Ostens – Marxismus, Sozialismus –, in der Praxis allerdings korrumpiert werden, so daß die britischen Agenten Gott und Karl Marx im gleichen Atemzug verachten. (*SWCIFC* 232) Für Deighton hingegen sind die Ideale beider Seiten von vornherein identisch, die Namen sind lediglich austauschbar: "God is dialectical materialism; Christ is Karl Marx; the Church is the Party, the elect is the proletariat, and the Second Coming is the Revolution." (*LM* 155) Diese Gleichsetzung von Christentum und Marxismus wird in den Romanen mehrfach vollzogen. Beide erscheinen als Lehren, die die Menschen ausbeuten und auf eine bessere Zukunft vertrösten. In *Billion-Dollar Brain* unterhält sich der anonyme Agent darüber mit Colonel Stok:

"Christianity tells you to work hard today for little or no reward, and tomorrow you will die and awake in paradise. Faith like that is a luxury."
I shrugged. "And Marxism says work hard today for little or no reward, and tomorrow you will die and your children will awake in paradise. What's the difference?" (*BDB* 302)

In *London Match* plant KGB-Agent Stinnes sogar, eine Abhandlung über die Parallelen von Christentum und Marxismus zu verfassen. Seine Auflistung der Parallelen erinnert an die oben zitierte Passage:

"... there is the way in which the Christian faithful are urged to deny themselves all the pleasures of this world to get their reward in paradise after they die."
"And Communists?" [Gloria] asked.
He smiled a hard close-lipped smile. "If *they* work hard and deny themselves the pleasures of this world, then after they die their children will grow up in paradise," said Stinnes. He smiled again. (*LM* 187f.)

Was bei Deighton zudem auffällt, ist sein leichtfertiger, spielerischer Umgang mit dem Kalten Krieg. Während bei le Carré Agenten aus Ost und West in einem Verhör tiefgründig über Philosophie diskutieren, sitzen die gegnerischen Agenten bei Deighton gemütlich zusammen, trinken miteinander und reißen Witze über den Systemkonflikt:

"Another," said Stok. "Capitalism is the exploitation of man by man. Yes? Well socialism is exactly the reverse."
Everyone laughed and swilled down another drink. Harvey was getting quite merry. He said to Stok, "Where do you get all these gags – *Reader's Digest*?"
Stok grinned. "No, no, no, no – from people. That one about capitalism and socialism – we arrested a man for telling that this morning." Stok laughed his booming baritone laugh till the tears came into his eyes. (*FIB* 170)

## *4. Exkurs: Reale und fiktionale Spionage*

Ein Reiz für den Leser von Spionageromanen liegt darin, daß er in diesen Romanen scheinbar echte Einblicke in eine Welt erhält, von der er nur vage Vorstellungen hat. Viele der Autoren haben selbst für den Geheimdienst gearbeitet, so daß die Vermutung nahe liegt, sie schilderten in ihren Romanen die Geheimdiensttätigkeit so, wie sie in Wirklichkeit abläuft. Auch die Kritiker haben sich mit dem Problem der Authentizität ausgiebig befaßt.[135] Sind die Spionageromane nur reine Phantasieprodukte, oder sind sie gar „wirklicher als die Wirklichkeit"[136]? Diese Frage soll hier kurz am Beispiel der Romane von John le Carré untersucht werden.

Will man bei Spionageromanen Realität und Fiktion vergleichen, so steht man vor dem Problem, daß man die Realität nicht kennt. Geheimdienste sind ja, wie das Wort schon sagt, geheim. Für die Mehrzahl der Kritiker, die über keine Geheimdiensterfahrung verfügen, ist die Sachlage dennoch eindeutig:

Here is no bogus superman stuff, but what must be something like the real thing.[137]
John le Carré ... has now written what might be called a spy story documentary ....[138]
Le Carrés work is above all plausible, rooted not in extravagant fantasies of the cold war but in the realities of bureaucratic rivalry ....[139]

Personen, die über Insider-Wissen aus dem Spionagegeschäft verfügen, haben sich hingegen eher kritisch zum Wahrheitsgehalt von le Carrés Spionageromanen geäußert. Als le Carré eines Abends Sir

Maurice Oldfield, Chef des MI6, und Sir Alec Guiness, der Smiley im TV verkörperte, zum Essen einlud, bemühte sich Oldfield, Guiness zu versichern: "We are definitely not as our host here describes us."[140] 1965 veröffentlichte der damalige Chef des Bundesamtes für Verfassungssschutz, Günther Nollau, zu dem vielgelobten *The Spy Who Came in from the Cold* eine negative Rezension – Titel: „Nichts ist authentisch" –, in der er le Carré eine Vielzahl von sachlichen Fehlern nachwies.[141] Und Superspion Kim Philby, der selbst jahrelang das Doppelspiel im britischen Geheimdienst praktizierte, zeigte sich von dem Roman ebenfalls nicht überzeugt. In einem Brief an seine Ehefrau betonte er, daß der Roman nur Außenstehenden realistisch erscheinen könnte:

*The Spy* is very disappointing. It was a relief to read a somewhat sophisticated spy-story after all that James Bond idiocy, and there are some well-thought out passages. But the whole plot from beginning to end is basically implausible, and the implausibility keeps on obtruding itself – at any rate, to anyone who has any real knowledge of the business![142]

Philbys Kritik spricht einen wichtigen Punkt an. Philby hat Geheimdiensterfahrung, und er kann daher den Roman mit der Realität vergleichen. Der implizite Leser dieser Romane ist jedoch nicht der professionelle Spion, sondern der außenstehende Laie, der von der realen Arbeit der Geheimdienste keinerlei Ahnung hat. Deswegen müssen Spionageromane die Geheimdienstarbeit nicht unbedingt so präsentieren, wie sie in Wirklichkeit abläuft – d. h. authentisch –, sondern so, wie der Leser glaubt, daß sie abläuft – d. h. glaubwürdig. Le Carré hat in seiner Antwort auf Nollaus Kritik denn auch folgerichtig zwischen Authentizität und Glaubwürdigkeit unterschieden: „Ich hatte nicht gesagt, *Der Spion, der aus der Kälte kam* sei authentisch. Glaubwürdigkeit und Authentizität sind Eigenschaften, die bundesdeutsche Geheimdienste nicht immer rasch voneinander zu unterscheiden vermochten."[143]

Inwieweit le Carrés Spionageromane dennoch authentisch sind, soll im folgenden an zwei Punkten exemplarisch analysiert werden. Zuerst soll der Frage nachgegangen werden, ob reale Spione als Vorbilder für seine fiktionalen Spione gedient haben. Zu dem Zeitpunkt, da le Carré dem britischen Geheimdienst beitrat, hatte dieser gerade seinen legendären Ruf verspielt. Rückblickend erinnert le Carré sich:

The director general of MI5, Sir Roger Hollis, was under suspicion of espionage inside his own house. A novice had no way of knowing this, but nobody

with ears and eyes could have failed to perceive the animosity and mutual suspicion among senior officers.
Its sister service, MI6, was still stretched out on the psychiatrist's couch trying to admit what MI5, and other friends as well, had been telling it for so long: that Kim Philby, once an heir apparent to its post of chief, was now and always had been a Russian spy. Another of its best field officers, George Blake, was about to be sentenced to 42 years' imprisonment for the same aberration. Anthony Blunt, lately of MI5 and the KGB, was still enjoying his knighthood and the fruits of his unofficial amnesty looking after the Queen's pictures. But when his name was mentioned round the corridors, the knowing sighed and puffed and referred to "poor old Anthony" as if to say it could only be a matter of time.[144]

Der berühmteste von all diesen Spionageskandalen war zweifellos der Fall Philby. Hätte ein Spionageromanautor einen derartigen Fall erfunden, man hätte es ihm nicht abgenommen. Philby hatte das Unvorstellbare getan: Aus der Chefetage des MI6 heraus hatte er Geheimnisse an die UdSSR verraten. Schon während seines Studiums vom sowjetischen Geheimdienst angeworben, trat er 1940 dem MI6 bei und machte dort rasch Karriere. 1946 wurde er Leiter der *anti-Soviet section* und 1949 Verbindungsmann zur CIA. Obwohl es schon frühzeitig starke Verdachtsmomente gegen ihn gab, konnte er unbehelligt weiter sein Doppelspiel betreiben. Seine Kollegen konnten sich nicht vorstellen, daß „einer von uns", d.h. Establishment, *public school*, Oxbridge, ein Verräter sein konnte. Als er 1963 dem Beispiel von Burgess und Maclean folgte und in die Sowjetunion überlief, kam es in der britischen Öffentlichkeit zu einem großen Skandal, und die Jagd nach Maulwürfen wurde für viele Briten zu einer Art Nationalsport.[145]

1968 veröffentlichten die britischen Journalisten Page, Leitch und Knightley ihr Sachbuch *Philby – The Spy Who Betrayed a Generation*, zu dem John le Carré die Einleitung schrieb. In dieser Einleitung sagt er über die Philby-Affäre: "Like a great novel, and an unfinished one at that, the story of Kim Philby lives on in us"[146]. Rückblickend gesehen klingt dieser Satz fast wie eine Prophezeiung, denn es kann als sicher gelten, daß die Figur Bill Haydon in seinem sechs Jahre später publizierten Roman *Tinker, Tailor, Soldier, Spy* nach dem Vorbild des Überläufers Kim Philby gestaltet ist. Le Carré hat sich zu dieser Frage ausweichend und widersprüchlich geäußert. In einem Interview mit Miriam Gross erklärte er: "I had all the traitors in mind"[147], andererseits hat er in einem anderen Gespräch zugegeben: "There is clearly a lot of Philby in 'Tinker, Tailor'".[148] In der Forschung herrscht ein breiter Konsens, daß Haydon eine Fiktionalisierung von Philby ist.

"Haydon was manifestly based on Kim Pilby"[149] behauptet Stefan Kanfer, und Tony Barley stimmt ihm zu: "Although le Carré's mole Bill Haydon is in many ways a composite creation, above all he is Philby's fictional counterpart."[150] John Halperin hat die Zusammenhänge zwischen der Philby-Affäre und *Tinker, Tailor, Soldier, Spy* noch genauer untersucht und ist zu dem Ergebnis gelangt, der Roman sei "a careful reconstruction of the last months of Philby's career in the anti-Soviet department of MI6"[151]. Wie Halperin nachweist, bestehen zwischen Haydon und Philby große Ähnlichkeiten in bezug auf sozialen Hintergrund, äußere Erscheinung und persönliche Vorlieben. Teile des Plots in *Tinker, Tailor, Soldier, Spy* hat le Carré zudem direkt aus Philbys Karriere übernommen. So findet man im Roman eine detailgetreue Rekonstruktion des sogenannten *Volkow incidents*, an dem Philby beteiligt war. Die später im Roman geschilderte Zerstörung des tschechischen Agentennetzes basiert auf Philbys Verrat an albanischen und ukrainischen Agenten. Aufgrund dieser Vielzahl von Analogien darf man *Tinker, Tailor, Soldier, Spy* nicht als frei erfundenen Roman sehen, sondern als "the painstaking recreation of the Kim Philby story"[152].

Im Fall Haydon kann man also davon ausgehen, daß ein realer Spion als Vorbild diente. Bei anderen Figuren aus le Carrés fiktionaler Welt haben sich derartige Vermutungen jedoch nicht beweisen lassen. So wurde in Smileys Fall der inzwischen verstorbene Chef des MI6, Sir Maurice Oldfield, als *real life model* angesehen.[153] In der Tat gibt es gute Gründe für diese Vermutung. Oldfield gab wie Smiley seine akademische Karriere (Spezialgebiet: Mediävistik) für die Tätigkeit im Geheimdienst auf, stieg bis in die Führungsposition des Dienstes empor und fiel dann wie Smiley einem internen Machtkampf zum Opfer. Zudem sah Oldfield genauso aus, wie Smiley beschrieben wird: Er war klein, dicklich, trug eine Brille und wirkte eher unscheinbar und plump.[154] Le Carré hat derartige Spekulationen immer wieder bestritten:

> The truth, once and for all, is this. I never heard of Sir Maurice, either by name or in any other way, until long after the name and character of George Smiley were in print. I knew him, whether by reputation or personally, scarcely at all. Our social contact, such as it was, occured after his retirement, and amounted to a couple of lunches, over which he was ininclined to rebuke me, albeit amiably, for what he regarded as the unflattering portrait I had given of his former Service. At his request, I once produced Sir Alec Guiness for him, for the good reason that he had always been, in his modest way, one of Sir Alec's many fans. Sir Maurice was tickled pink.[155]

Die Kritiker haben sich daraufhin im privaten Umfeld le Carrés umgesehen und überlegt, inwieweit Smiley eine Fiktionalisierung von le Carré selbst sein könnte.[156] Als wahrscheinlichste Theorie gilt inzwischen, daß Smiley nach dem Vorbild von Vivian Green, le Carrés Tutor in Oxford, gestaltet ist.[157]

Auch Smileys Gegenspieler Mundt und Karla wurden mit der Realität in Verbindung gebracht. Beide wurden als Fiktionalisierung ein und derselben Person angesehen: des Ex-Stasi-Chefs Markus Wolf.[158] Anläßlich des Prozesses gegen Wolf in Düsseldorf wurden diese Vermutungen so häufig in der Presse wiederholt, daß le Carré sich gezwungen sah, ein öffentliches Dementi abzugeben. In dem Artikel „Markus Wolf, Karla und mein Rasenmäher" gesteht er, daß er „Mundt" ursprünglich „Wolf" nennen wollte, aber nur weil das der Name seines Rasenmähers war. Erst seine Dienstherren im *Foreign Office* machten ihn darauf aufmerksam, daß es einen realen ostdeutschen Spion namens Wolf gebe, woraufhin le Carré „Wolf" durch „Mundt" ersetzte. Weder Mundt noch Karla, so betont er, seien nach dem Vorbild von Markus Wolf gestaltet. Le Carré ist sich aber durchaus bewußt, daß er die Gerüchte nicht zum Verstummen bringen kann, und sieht schon die nächste Schlagzeile voraus: „*Ann* Smiley – so wird die nächste Enthüllung lauten – ist nach Madonna modelliert. Und für Madonna stand Himmlers Tante Pate."[159]

Als zweiter Punkt soll untersucht werden, ob der in le Carrés Romanen benutzte Geheimdienstjargon authentisch ist. Dieser Jargon ist ein spezielles Vokabular, das Worte wie *mole*, *Circus*, *lamplighters* oder *honey-trap* umfaßt. Mehrere dieser Begriffe werden normalerweise im Zusammenhang mit Kindern benutzt: *mother*, *nursery*, *babysitter*, andere wiederum stammen aus dem Bereich des Sports: *run*, *take to first base*, *get into play*. Mit Hilfe dieses Vokabulars unterstreicht le Carré die Aussage seiner Romane, daß die Spione nur Kinder sind, die ihre Spiele spielen. Vor allem aber dient ihm dieser Geheimdienstjargon als Mittel zur Realitätssuggestion. In einem Interview erklärte er: "I thought it very important to give the reader the illusion of entering the secret world and to that end I invented a technical jargon that would be graphic and at the same time mysterious."[160] Einige Begriffe wie *mole* oder *legend* stammen tasächlich aus der Geheimdienstsprache. *Mole* beispielsweise ist laut le Carré "a genuine KGB term for somebody who burrows into the fabric of a bourgeois society and undermines it from within"[161]. Le Carré hat diesen Begriff einem *Royal Commission Report* über einen übergelaufenen KGB-Agenten entnommen.[162] Den Großteil der Begriffe allerdings hat er frei erfunden. Inzwischen haben jedoch die realen Agenten viele dieser Begriffe in ihren Sprachschatz übernommen. Die Romane sind somit nicht nur Abbild der Wirklichkeit, sondern schaffen eine neue Wirklichkeit. Le Carré ist über diese Rückwirkung von *fiction* auf *fact* erfreut: "I'm glad these terms are taken as real. It means people have entered a world you've invented and taken on its jargon, like tradesmen or the professions."[163]

Sind le Carrés Spionageromane also nun unauthentisch oder wirklicher als die Wirklichkeit? Die Wahrheit liegt vermutlich in der Mitte. Nach der Untersuchung von zwei Aspekten kann man festhalten, daß seine Romane aus einer komplexen Mischung aus Erfundenem und Realem bestehen. Einerseits hat le Carré sich bemüht, den Fall Philby detailgetreu zu rekonstruieren. Andererseits aber werden von Journalisten Verbindungen zwischen den Romanen und der Realität konstruiert, die le Carré nicht beabsichtigt hat. Es ist wohl gerade diese Mischung aus *fact* und *fiction*, die den Spionageroman für die Leser so interessant macht.

# VII. Zwischenspiel: Der Spionageroman im Zeichen von *glasnost*

Für das Genre Spionageroman bot der Kalte Krieg einen idealen Hintergrund. In den Zeiten, da Chruschtschow vor der UNO seinen Schuh auszog, auf dem Roten Platz martialische Militärparaden stattfanden, und sich die beiden Blöcke am Eisernen Vorhang hochgerüstet gegenüber standen, hatte der Westen ein klares Feindbild. In der zweiten Hälfte der achtziger Jahre zeichnete sich dann jedoch das Ende des Kalten Krieges ab. Nach dem Amtsantritt Michail Gorbatschows als Generalsekretär der KPdSU führte die UdSSR demokratische Reformen durch, die unter den Schlagworten *glasnost* (Offenheit) und *perestroika* (Umgestaltung) bekannt wurden. Die beiden Supermächte steuerten einen Kooperationskurs. Bei mehrfachen Treffen zwischen Gorbatschow und dem jeweiligen US-Präsidenten wurden weitgehende Abrüstungsverträge vereinbart. Zudem erfreute sich Gorbatschow bei Politikern, Massenmedien und Öffentlichkeit im westlichen Lager einer für sowjetische Politiker ungeahnten Popularität. Margaret Thatcher beschreibt ihn in ihren Memoiren als sympathisch, *TIME* wählte ihn zum *Man of the Decade*, und in der Bundesrepublik brach anläßlich seines Deutschland-Besuchs im Juni 1989 eine regelrechte „Gorbimanie" aus. Das Gefühl, bedroht zu werden, das für die Entstehung des Spionageromans entscheidend war, ließ nach. Bei einer 1989 in Westdeutschland durchgeführten Umfrage erklärten 84% der Befragten, daß sie einen Krieg mit der UdSSR für unwahrscheinlich bzw. ausgeschlossen hielten. Die Russen im allgemeinen wurden fast so positiv bewertet wie die Engländer, und die Sympathiewerte für Gorbatschow persönlich lagen mehr als dreifach so hoch wie die für Bush oder Thatcher.[1] In anderen Staaten Westeuropas hätten die Umfragen vermutlich ähnliche Ergebnisse erbracht. Angesichts dieser veränderten Ost-West-Beziehungen und des damit einhergehenden Verlustes des Feindbildes schien der Spionageroman existentiell bedroht zu sein. Die *Sunday Times* beschrieb das Problem Ende 1989 wie folgt:

It's not just the defence industry which is suffering: the lumbering juggernauts of popular culture have also felt a chill wind of change as relationships between East and West have warmed up. It is anybody's guess how many thriller writers have had their works in progress brought to a grinding halt now that the KGB has become – in Russian terms anyway – an open book.[2]

Ein anderer Kritiker ging sogar noch weiter und erklärte den Spionageroman sogar schon für gestorben: „Gorbatschow ist der Killer des Agentenromans. Feiner formuliert: Die Perestrojka, das tatsächliche Ende des Kalten Krieges, ist nicht nur ein Neubeginn – sie ist der Totengräber eines literarischen Genres."[3] All diesen Unkenrufen zum Trotz erwies sich der Spionageroman als höchst lebendig. Die Autoren waren flexibel genug, um auf das neue Bewußtsein ihrer Leser zu reagieren. Allein im Jahr 1989 legten fünf führende Repräsentanten des britischen Spionageromans Bücher vor, die sich mit *glasnost* befaßten.

## *1. „Ein Augenblick, den wir nutzen müssen": John le Carré*

John le Carré erlebte die Auswirkungen von *glasnost* persönlich. Dank der neuen Offenheit erhielt er 1987 zum erstenmal ein Visum für die UdSSR. "If they'll let *you* in, they'll let *anybody* in" erklärte ihm der sowjetische Kulturattaché in London.[4] Bei seinem Besuch in Moskau absolvierte le Carré ein volles Programm: Er traf sich mit sowjetischen Schriftstellerkollegen und mit Sacharow, hielt einen Vortrag vor Studenten und diskutierte freundschaftlich mit Redakteuren der *Literaturnaya Gazeta*, jener Zeitschrift, die ihn vor gut 20 Jahren als „Kalten Krieger" beschimpft hatte. Lediglich das Angebot, den Überläufer Kim Philby zu treffen, lehnte er höflich, aber entschieden ab. Literarisches Ergebnis seiner Reise ist der 1989 erschienene Spionageroman *The Russia House*. Mit diesem Buch erfüllte sich auch ein langgehegter Wunsch le Carrés. Zum erstenmal – *glasnost* macht's möglich – wird einer seiner Romane in der UdSSR veröffentlicht. Sowjetische Kritiker zeigten sich von dem Buch begeistert und lobten es als Entwicklungshilfe für den Reformprozeß.[5] Auch im Westen war das Echo auf *The Russia House* fast ausnahmslos positiv. Abgesehen von einigen rechtslastigen Kritikern, die le Carré Naivität und Leichtgläubigkeit vorwarfen, lobten die meisten Rezensenten das Buch als intelligenten Spionageroman der *glasnost*-Zeit.[6] Inzwischen wurde der Roman auch schon an Originalschauplätzen in Moskau und Leningrad verfilmt. Die Hauptrolle hat dabei ein Schauspieler übernommen, der ebenfalls aus der Kälte gekommen ist: Ex-Bond-Darsteller Sean Connery.

Die Story von *The Russia House* beruht auf Erfahrungen, die le Carré bei seinem Besuch in der Sowjetunion machte. Die Technik funktionierte nicht zuverlässig, und viele Angelegenheiten des täglichen Lebens waren schlecht organisiert, so daß für ihn der Gedanke nahe lag, auch die sowjetische Militärmaschinerie sei längst nicht so perfekt wie der Westen annimmt:

Die Idee hatte ich schon länger, daß wir den Gegner viel zu sehr verteufeln und wir eine Perestroika unserer eigenen Phantasie brauchen. Mein Rußland-Besuch hat die Idee untermauert: Wo immer ich hinkam, nichts klappte, nichts funktionierte, und in diesem Chaos sollte ein Militärapparat nahtlose Perfektion besitzen?[7]

In le Carrés Roman will ein sowjetischer Physiker, genannt Goethe, eben diese Unzulänglichkeiten publik machen. Er versucht, dem britischen Verleger Barley Blair, einem trinkfesten Saxophonspieler mit einer Abneigung gegen die Thatcher-Politik,[8] ein Manuskript zuzuleiten, in dem die Unfähigkeit des sowjetischen Militärs enthüllt wird, doch durch einen Zufall landet dieses Manuskript beim britischen Geheimdienst, wo es hektische Aktivität auslöst. Die CIA schaltet sich ein, und beide Geheimdienste drängen Barley, nach Rußland zu fahren, um weitere Informationen von Goethe zu beschaffen. In Rußland verliebt Barley sich in Katya, die als Mittlerin zwischen ihm und Goethe fungiert. Als Katya dann vom KGB verhaftet wird, steht Barley vor der E.M. Forsterschen Frage, ob er sein Land oder seine Freundin verraten soll. Genau wie die Helden in le Carrés früheren Romanen entscheidet sich auch Barley für seine Freundin:

Their flags were nothing to him. They could wave in any wind. But he was not their traitor. He was not his own cause. He knew the battle he had to win and whom he had to win it for. He knew the sacrifice he was prepared to make. He was not their traitor. He was complete. (*RH* 381)

In *The Russia House* greift le Carré somit das gleiche Thema auf wie in seinen früheren Romanen, was einen Kritiker zu dem Urteil veranlaßte: „Nichts neues also."[9] Und doch unterscheidet sich *The Russia House* von le Carrés Romanen aus der Zeit des Kalten Kriegs. Während Agenten wie Leamas oder Westerby die Liebe zu einer Frau und die Abkehr von den Zielen des Geheimdienstes mit ihrem Leben bezahlten, endet Barleys Schicksal positiv. Er zieht sich glücklich nach Portugal zurück und wartet auf Katya, die ausreisen darf.

*Glasnost* ist zwar ein wichtiger Bestandteil des Buches, *The Russia House* ist aber dennoch kein Roman, der sich primär mit den Gefahren und Chancen des innersowjetischen Reformprozesses befaßt. Le Carré analysiert genau wie in seinen früheren Romanen in erster Linie die Haltung des Westens. Gorbatschows Reformen eröffnen neue Chancen für das Ost-West-Verhältnis, aber – so argwöhnt le Carré – der Westen ist an einer Veränderung gar nicht interessiert. Wie le Carré in einem Aufsatz mit dem Titel "Will Spy Novels Come In from the Cold?" erklärte, ist der Kalte Krieg zu einer Droge geworden, die man nicht ohne Entzugserscheinungen absetzen kann:

> Personally, I have never doubted that Britain and the United States would suffer serious cold turkey once they took themselves off the Cold War trip. A lot of methadone, a lot of loving care will be needed to bring us safely back from addiction to normality.[10]

Der Westen hat sich in 40 Jahren so sehr an den Kalten Krieg gewöhnt, daß es ihm schwerfällt, sich aus den alten Denkschemata zu lösen. Das Problem sieht le Carré darin, daß der Westen sich viel zu lange über seine Feindschaft zum Osten definiert hat und nach dem Ende des Kalten Kriegs in eine Identitätskrise gerät. Auf einer Promotiontournee in Nordamerika erklärte er, daß er *The Russia House* mit einer polemischen Absicht geschrieben hat: "I wanted to suggest that we are prisoners of attitudes that we can't shake off. For 40 years, we have identified ourselves by our enemies. If the enemy disintegrates, where are we?"[11]

Es sind vor allem die professionellen Kalten Krieger, die an den überholten Feindbildern von gestern festhalten wollen und sich dagegen sträuben, daß eine Ära zu Ende geht. In "Will Spy Novels Come In from the Cold?" sagt le Carré über *The Russia House*: "My most recent effort, unashamedly polemical, drew on the Cold War in order to show that it was over for everyone except the professionals."[12] Barley Blair, Protagonist des Romans, äußert einen ähnlichen Gedanken:

> The old isms were dead, the contest between Communism and capitalism had ended in a wet whimper. Its rhetoric had fled underground into the secret chambers of the grey men who were still dancing away long after the music had ended. (*RH* 347)

Mit den *grey men* sind hier die Spione gemeint, die Profis des Kalten Krieges, die im Zuge von *glasnost* um ihre Existenzberechtigung bangen. In dem Maße, in dem es zu einer Verständigung und Zusammenarbeit zwischen den ehemaligen Feinden kommt, fürchten die Spione um ihre Karrieren und Budgets. Sie haben verständlicherweise ein Interesse daran, internationale Spannungen hoch zu halten. Was für den Normalbürger eine erfreuliche Entwicklung ist, wird für sie zur existenzbedrohenden Krise. Wie das Department in *The Looking-Glass War* wollen auch die Spione in *The Russia House* nicht akzeptieren, daß die Zeit sich geändert hat. Sie spielen weiter ihre alten

Spiele. Barleys Feststellung “I thought the Cold War was supposed to be over” (*RH* 129) löst bei den britischen und amerikanischen Spionen nur höhnisches Gelächter aus. Sie setzen nicht auf Kooperation, sondern auf den Sieg der eigenen Seite. Agent Walter, “the ultimate hawk” (*RH* 138) formuliert es sehr drastisch:

Cheap political theatricals and feigned friendships! ... Here we are, locked into the biggest ideological face-off in history and you tell me it's all over because a handful of statesmen find it convenient to hold hands in public and scrap a few obsolete toys. The evil's empire on its knees, oh yes! Their economy's a disaster, their ideology's up the spout and their back-yard's blowing up in their faces. Just don't tell me that's a reason for unbuckling our guns, because I won't believe a word of you. It's a reason for spying the living daylights out of them twenty-five hours a day and kicking them in the balls every time they try to get off the floor. (*RH* 129)

Auch für Verteidigungspolitiker und Rüstungsindustrielle hat die Ost-West-Entspannung vornehmlich negative Auswirkungen. Das Schrekkensbild einer sowjetischen Bedrohung war im Westen so populär, weil der Westen dadurch seine eigene Aufrüstung legitimieren konnte. Es wurden immer neue, kostspieligere Waffensysteme entwickelt, allen voran die Strategische Verteidigungsinitiative SDI. Die Rüstungsindustrie hat dadurch hohe Profite erwirtschaftet, und Politiker haben in Wahlreden vor der angeblichen sowjetischen Hochrüstung gewarnt. Goethes Enthüllung, die UdSSR sei zu einem atomaren Erstschlag gar nicht fähig, löst bei diesen Gruppen keine Freude, sondern Panik aus, denn sie erschüttert die Grundlage der westlichen Verteidigungspolitik:

“Why does Goethe's material scare them? If the Russians can't shoot straight, Fortress America should be jumping for joy.”
“Oh, we are ... We're ecstatic. Never mind that the entire American military might is invested in the belief that the Soviet hardware is accurate as hell. ... Never mind that zillions of taxpayers' dollars and whole junk-yards of political rhetoric have been lavished on the fond nightmare of a Soviet first strike and the American window of vulnerability. Never mind that even today the idea of Soviet supremacy is the main argument in favour of Star Wars, and the principal strategic fun-game at Washington cocktail parties.” (*RH* 288f.)

In einem weiteren Aufsatz mit dem Titel „Warum ich aus der Kälte kam“ hat le Carré seine Botschaft noch einmal unterstrichen. Der Westen, so argumentiert er, stehe an einem Scheideweg und müsse sich klar werden, was er in der Zukunft eigentlich wolle. Eine Möglichkeit wäre, in Ruhe zuzusehen, wie die Sowjetunion „immer tiefer im Morast ihrer Untaten versinkt"[13] – mit Folgen wie Bürgerkrieg, wirtschaftlichem Elend und erneuter Hochrüstung. Eine andere Möglichkeit wäre, den Sowjets die Hand entgegenzustrecken und ihnen bei den Reformen zu helfen. Es ist eindeutig, welche Alternative le Carré favorisiert: Er bewertet Gorbatschows Reformen als einen „einzigartige[n] historische[n] Augenblick, den wir nutzen müsssen"[14]. Voraussetzung dafür sei, daß der Westen sich aus den starren Denkschemata des Kalten Krieges befreie. Nicht nur Spionageromanautoren, auch Spione und Politiker müssen endlich aus der Kälte kommen.

## 2. *James Bond trifft Gorbatschow: John Gardner*

Auch der berühmteste fiktionale Spion, James Bond, zeigt sich von den Auswirkungen von *glasnost* nicht unbeeinflußt. John Gardner, der die Bond-Saga ab 1981 fortführte, übernahm Flemings Methode und richtete die Romane nach dem jeweiligen Zeitgeschmack aus. So kommt es, daß der einstige Kalte Krieger James Bond in *Win, Lose or Die* (1989) nicht mehr gegen die Sowjets kämpft, sondern – der großen Popularität Michail Gorbatschows entsprechend – zum Schutz von Gorbatschow abkommandiert ist.

Schon zu Beginn des Romans wird die neue Qualität der Ost-West-Beziehungen deutlich. Das alljährliche NATO-Manöver findet 1989 als eine gemeinsame Übung mit den sowjetischen Streitkräften statt. Das Szenario, das in diesem Manöver durchgespielt wird, geht davon aus, daß konservative Kräfte in der Roten Armee Gorbatschow gestürzt haben und den Westen angreifen. Die NATO übt, den Angriff abzuwehren, um so den Erfolg von *glasnost* zu sichern. Die Ost-West-Zusammenarbeit geht noch über dieses Manöver hinaus. An Bord eines britischen Kriegsschiffes treffen sich die Regierungschefs der USA, der UdSSR und Großbritanniens – George Bush, Michail Gorbatschow und Maggie Thatcher –, um eine internationale Zusammenarbeit auf wichtigen Gebieten zu vereinbaren: "Their main objective is to set some ground rules on world finance, security against terrorism, and the acceleration of solving that thorny question regarding the quick phasing out of nuclear weapons." (*WLD* 168) Wie in der Realität, so sind die Sowjets auch in den Bond-Romanen zu "acceptable role partners"[15] geworden. Aus ehemaligen Feinden sind im Zeichen von *glasnost* Partner geworden, die die gegenwärtige Weltordnung sichern wollen.

Bei ihrem Treffen müssen die „Großen Drei" natürlich bewacht werden, und der beste Mann für diese Aufgabe ist selbstverständlich James Bond. So kommt es zu einer Begegnung zwischen Bond und dem sowjetischen Regierungschef. Michail Gorbatschow wird von Gardner als sympathische und charmante Person charakterisiert. In bezug auf Kleidung und Auftreten wirkt er nicht typisch russisch, sondern schon eher britisch[16]:

Mikhail Sergeyevich Gorbachev, General Secretary of the CPSU and President of the Presidium of the Supreme Soviet was dressed in a camel-hair overcoat that he had not bought at GUM. He held a grey felt hat, which could have been purchased at Lock's in Jermyn Street, and wore a broad smile. He was neat, burly, broad-shouldered and relaxed, thanks to all the goodwill that seemed to flow out of him.
Walmsley introduced them, and, to Bond's surprise, Mr Gorbachev replied in English, "Captain Bond, it is a great pleasure to meet you. I hope you mingle with those who look after me in a true spirit of *glasnost.*" The short man's handshake was positively bone-crushing and left Bond speechless as the Russian passed towards his quarters. (*WLD* 163f.)

Wenn sich Ost und West so gut verstehen, wer ist dann überhaupt das Feindbild in dem Roman? Die Antwort lautet: Die internationale Verbrecherorganisation BAST – *The Brotherhood of Anarchy and Secret Terror.* Analog zu früheren Feindbildern aus den Bond-Romanen hat auch BAST eine mythische Qualität:

BAST, it seems, is a word that comes from Ancient Egypt: sometimes known as *Aini* or *Aym.* BAST is said to appear as a three-headed demon – head of a snake, head of a cat, head of a man – mounted on a viper. The demon BAST is connected with incendiarism, and we now have little doubt that the Brotherhood chose the name because of its demonic connotations. (*WLD* 23f.)

Die Ziele des BAST-Chefs sind vollkommen unpolitisch. Er will die drei Regierungschefs entführen und ein hohes Lösegeld erpressen, um damit sein privates Luxusleben zu finanzieren. Betrachtet man *Win, Lose or Die* im Kontext der gesamten Bond-Saga, so kommt einem dieses Feindbild bekannt vor. Gardner wiederholt, was Fleming bereits Anfang der sechziger Jahre vorgemacht hat. In Zeiten der Ost-West-Entspannung wird das Feindbild UdSSR durch ein internationales Verbrechersyndikat ersetzt. BAST ist nichts weiter als eine Neuauflage von SPECTRE. Als Bond zum erstenmal von BAST hört, bemerkt er denn auch: "Sounds like a poor man's SPECTRE to me." (*WLD* 23) So ist *Win, Lose or Die* insgesamt nicht besonders originell, demonstriert aber immerhin, daß die Bond-Formel auch trotz *glasnost* funktioniert. Da in den Bond-Romanen das jeweilige Feindbild nicht aus ideologischen, sondern aus rhetorischen, d. h. verkaufstechnischen, Gründen gewählt wird, besteht eben nicht die Gefahr, daß die Romane in Zeiten der Entspannung überholt wirken.

## *3. Gorbatschow ungeschminkt: Frederick Forsyth*

1980 veröffentlichte Frederick Forsyth seinen Spionageroman *The Devil's Alternative*, in dem die Hardliner im Kreml Westeuropa überfallen wollen. 1984 folgte *The Fourth Protocol*, das den Versuch des KGB schildert, eine Atombombe in Großbritannien zu zünden. Mit der wachsenden Begeisterung für die sowjetische Reformpolitik im Westen sah auch Frederick Forsyth die Notwendigkeit, seine Romane der neuen Stimmungslage anzupassen. "One certainly can't go on using the naughty old KGB as bad guys", erklärte er einer *Sunday Times*-Reporterin.[17] Sein Beitrag zur *glasnost*-Welle im britischen Spionageroman besteht aus *The Negotiator* (1989).

Wie bei Forsyth üblich ist die Handlung in die nahe Zukunft vorverlegt, in diesem Fall in das Jahr 1991. In den USA regiert der fiktionale Präsident Cormack, in der UdSSR immer noch Michail Gorbatschow. Wie in Gardners Roman kommt es auch in *The Negotiator* zu einer Zusammenarbeit der Supermächte: Aus ökonomischer Notwendigkeit vereinbaren der US-Präsident und Gorbatschow einen gigantischen Abrüstungsvertrag, der allerdings Widerstand provoziert. In der UdSSR fürchten die Militärs um ihre Macht, in den USA fürchten Rüstungsindustrielle um ihre Profite. Gut und böse sind somit auf beide Seiten verteilt. Die Grenze verläuft nicht mehr zwischen Ost und West, sondern zwischen Tauben und Falken beider Lager.

Der Versuch der Kalten Krieger, den Abrüstungsvertrag zu verhindern, ist nur ein Handlungsfaden des Romans. Daneben gibt es weitere – z. B. sind die Ölreserven der beiden Supermächte in absehbarer Zeit erschöpft –, aus denen Forsyth ein komplexes Netzwerk spinnt. Alles ist mit allem verbunden. Schauplätze des Romans sind folglich nicht nur Washington und Moskau, sondern noch Dutzende weiterer Orte von Riyadh bis Oldenburg. Forsyths Methode erinnert an die *secret histories*: Das Weltgeschehen wird als Verschwörung interpretiert. Politische Vorgänge sind komplizierter als sie erscheinen. Die wahren Motive hinter den Handlungen sind nur wenigen Eingeweihten bekannt. Wie Forsyth einem Reporter gegenüber erklärte, versteht er sich selbst als eine Art Pfadfinder im Dickicht der internationalen Politik:

Versteht man Forsyth richtig, er konversiert strikt auf deutsch, dann leistet er eigentlich Aufklärungsarbeit. Er nehme, sagt er, den Leser bei der Hand, führe ihn hinter die Bühne, zeige ihm die "special effects" und die „Akteure ohne Schminke".[18]

Wie der gelernte Journalist Forsyth die Mächtigen der Welt präsentiert, erinnert freilich an Schlagzeilen aus der Regenbogenpresse, und die Einblicke, die er offeriert, sind eher trivialer Natur. So wartet er beispielsweise mit der Enthüllung auf, die „Eiserne Lady" Margaret Thatcher sei in Wahrheit sehr menschlich:

The British Prime Minister happens to be an extremely humane lady, far more than her five immediate male predecessors. Although able to stay cooler than any of them under pressure, she is far from immune to tears. (*TN* 108)

Thatcher – das muß als Ergänzung gesagt werden – ist eine begeisterte Leserin von Forsyth' Romanen. Wie die *Sunday Times* berichtet, liest sie seine Bücher auch zweimal und war mit ihrem Porträt in *The Negotiator* zufrieden.[19] Bei der Beschreibung Gorbatschows werden ebenfalls dessen menschliche Qualitäten hervorgehoben:

Two weeks later Mikhail Sergeevich Gorbachev was in no mood to joke. Though often a genial man, with a reputation for having a good sense of humour and a light touch with subordinates, he could also show a hair-trigger temper, as when preached at by Westerners over civil rights issues or when he felt badly let down by a subordinate. (*TN* 90)

Wie in seinen früheren Romanen verwendet Forsyth auch in *The Negotiator* einen halbdokumentarischen Stil. Er läßt dermaßen viele Fakten in den Roman einfließen, daß es schwierig ist, die Grenze zwischen *fact* und *fiction* zu ziehen. Egal, ob es sich um eine Methode zur Identifizierung von falschen Diamanten oder die Brauereigeschichte der Stadt Dortmund handelt – in allen Punkten hat Forsyth sorgfältig recherchiert. Sechs kleinere Fehler, die Lesern der Hardcover-Ausgabe aufgefallen waren, wurden für die Paperback-Ausgabe korrigiert.[20] Mit Hilfe dieser vielen Details verleiht Forsyth seinem Roman den Anstrich der Authentizität. Der Leser fühlt sich als *secret sharer*, der bei den Mächtigen der Welt durch das Schlüsselloch schauen darf. Gorbatschows Arbeitszimmer z. B. wird detailliert beschrieben:

It is a long narrow room, sixty feet by twenty, with the General Secretary's desk at the end opposite the door; he sits with his back to the wall, all the windows on to the square being ranged to his left behind their net curtains and buff velour drapes. Running down the centre of the room is the habitual conference-table of which the desk formed the head of the letter T.

Unlike many of his predecessors he had preferred a light and airy décor; the table is of pale beech, like his desk, and ranged with eight upright but comfortable chairs each side. (*TN* 91)

Diese Beschreibung ist – wenngleich der durchschnittliche Leser es nicht nachprüfen kann – korrekt. Forsyth hat die Information von einem Geschäftsmann, der bei Gorbatschow eingeladen war.[21] Diese Detailbesessenheit ist die Stärke des Romans, markiert aber zugleich seine Grenzen. Das Sammeln von Fakten wird zum Selbstzweck. Forsyth hat selbst zugegeben, die Story sei nur der „Kleiderbügel“[22], an den er seine Recherche hänge. Anders als le Carré versucht Forsyth nicht, eine Botschaft zu übermitteln. Ihm geht es ausschließlich darum, die Popularität Michail Gorbatschows für den kommerziellen Erfolg seiner Romane auszunutzen. Auf die Frage, warum er schreibe, hat er ähnlich wie Ian Fleming geantwortet. Er sei, so sagt er, reich genug, um nicht des Geldes wegen schreiben zu müssen. Da er jedoch keine andere Motivation habe, schreibe er letztendlich doch des Geldes wegen: “It can't be for the honour and glory; it's certainly not for the Booker, or at least it would be a bloody long shot if it was; I'm not interested in the fame; so that leaves the folding stuff.“[23]

## *4. Attentat auf Gorbatschow: Colin Forbes, Adam Hall*

Eine weitere Möglichkeit des *glasnost*-Romans demonstrieren die Thriller-Autoren Colin Forbes und Adam Hall. Im Januar 1989 veröffentlichte Forbes seinen Spionageroman *The Greek Key*, vier Monate später Hall seinen Spionageroman *Quiller K.G.B.* Interessanterweise haben beide Romane den gleichen Plot: *Die-hard*-Kommunisten wollen Gorbatschow ermorden, indem sie sein Flugzeug bei einem Staatsbesuch im Ausland mit einer Boden-Luft-Rakete abschießen, was ein britischer Agent in letzter Sekunde verhindert. Die beiden Autoren reagieren auf die große Popularität Gorbatschows, indem sie die Sowjets in „gut“ und „böse“ unterteilen. Auf der „guten“ Seite steht Michail Gorbatschow, der mit dem Westen kooperieren will und deswegen von den britischen Agenten beschützt wird; auf der „bösen“ Seite stehen die Betonköpfe, die Gorbatschow stürzen wollen. Der Übergang vom Kalten Krieg zu *glasnost* gelingt so fast nahtlos. Das gewohnte Feindbild der „bösen“ Kommunisten kann beibehalten werden.

In Forbes' Roman sind einige sowjetische Generäle wütend auf Gorbatschow, weil er die Macht der Roten Armee beschneidet. In seiner

Abrüstungspolitik sehen sie eine Bedrohung der militärischen Überlegenheit der UdSSR:

"Gorbachev must go, he is destroying the military supremacy we have taken so many years to build up. His crazy *glasnost* will be the ruin of the Soviet state," General Lucharsky said vehemently.
By which he meant the power of the Red Army, his faithful aide, Colonel Volkov, thought as they strolled side by side in full uniform in the Moscow park. (*GK* 243f.)

Die Chancen, *glasnost* zu kippen, scheinen günstig, denn der gesamte Reformprozeß hängt allein von der Person Gorbatschows ab. Gelingt es, ihn durch einen Hardliner zu ersetzen, so könnten die Reformen wieder rückgängig gemacht werden. Die Generäle haben bereits einen detaillierten Plan:

"How can we ever hope to achieve his replacement? The Politburo is now packed with a majority in his favour ..."
"Ligachev," the General said tersely. "He is Number Two. He does not agree with the new madness. Once Gorbachev has been removed he will take over and the yes-men in the Politburo will swing behind him."
"But how can the present General Secretary be removed?"
"He can be killed." (*GK* 244)

So planen die Putschisten ein Attentat auf Gorbatschow. Unterstützung erhalten sie von einer großen Koalition der *glasnost*-Gegner, die Gorbatschows Politik als einen Verrat an der reinen Lehre empfinden: verbitterte Altstalinisten, die reformunwillige DDR und ein britischer Geschichtsprofessor, ein "bloody Trotskyite" (*GK* 258). Ein Attentat in der UdSSR ist nicht möglich, denn: "Gorbachev is no fool. He knows he faces opposition and has eyes and ears everywhere. We must not underestimate him." (*GK* 245) Daher beabsichtigen die Verschwörer, Gorbatschow bei einem Staatsbesuch in Großbritannien zu ermorden. Auf diese Weise kommt der britische Geheimdienst ins Spiel, und einem Agenten mit dem typisch britischen Namen Tweed gelingt es, die Attentäter zu stoppen.

In Adam Halls *Quiller K.G.B.* ist eine Fraktion im Kreml ebenfalls mit Gorbatschows Politik unzufrieden und beauftragt daher einen Profikiller, den Generalsekretär bei einem Besuch in Ostberlin zu ermorden. Eine Gorbatschow-treue KGB-Einheit jagt den Attentäter. Da es sich bei ihm um einen Briten handelt, wird der britische Geheimdienst um Unterstützung gebeten. Quiller übernimmt den Fall – u. a. deswegen, weil er befürchtet, das Attentat könnte auch die Thatcher-Regierung stürzen und dann käme Labour an die Macht und werde die Wirtschaft wieder ruinieren – und läßt sich als Stasi-Agent getarnt in die DDR einschleusen.

Gorbatschows Staatsbesuch in Ostberlin hat eine historische Bedeutung: Gorbatschow will nämlich die Mauer öffnen und Deutschland wiedervereinigen. Da er mit Rücksicht auf die Hardliner im Kreml die Mauer nicht selbst einreißen kann, haben er und seinen Berater einen geheimen Plan erdacht: eine ostdeutsche Bomberstaffel soll bei einem Übungsflug ein Loch in die Mauer sprengen, eine britische Rocksängerin, die zeitgleich in Ostberlin ein Konzert gibt, soll ihre Fans durch das Loch in den Westen führen und Gorbatschow braucht dem Willen der deutschen Bevölkerung scheinbar nur noch nachzugeben. So könnte er sein Gesicht wahren und doch sein Ziel, die deutsche Wiedervereinigung, erreichen. Das geplante Attentat würde die deutsche Einheit somit verhindern, doch Quiller gelingt es ebenso wie Tweed, die Rakete abzulenken.

So unwahrscheinlich die beiden Spionageromane auch klingen mögen, in einigen Punkten haben sich beide als prophetisch erwiesen. Sechs Monate nach dem Erscheinen von *Quiller K.G.B.* wurde die Mauer tatsächlich geöffnet. Und der Putsch der konservativen Kräfte in Moskau im August 1991 wirkt wie eine nachträgliche Bestätigung von Forbes' *The Greek Key.* Beide Ereignisse, Mauerfall und Putschversuch, machen aber zugleich auch den Unterschied zwischen Realität und Fiktion deutlich. In Forbes' und Halls Romanen gibt es wie bei den *secret histories* einige Männer, die die Geschichte verändern. Erfolg oder Mißerfolg der deutschen Vereinigung und des Putschversuches hängen allein von den britischen Agenten Quiller und Tweed ab. So wird wie im Spionageroman üblich ein personalisiertes Geschichtsbild vertreten. Außerdem liefen die Ereignisse nicht so durchorganisiert ab, wie es in den Romanen beschrieben wird. Was in *The Greek Key* zum fast perfekten Plan hochstilisiert wird, war in der Realität ein eher dilettantisches Unternehmen, das schon nach kurzer Zeit zusammenbrach; ohne Hilfe der westlichen Geheimdienste, die den Putsch schlichtweg verschliefen. Und was in *Quiller K.G.B.* als genialer Plan Gorbatschows ausgegeben wird, war in Wirklichkeit nichts weiter als die hilflose Reaktion des SED-Regimes auf Demonstrationen und Massenflucht der ostdeutschen Bevölkerung.

# VIII. Ausblick: Der Spionageroman nach dem Ende des Kalten Krieges

Seit 1989 befindet sich die Welt in einer Phase des Umbruchs. Der Kalte Krieg ist endgültig vorüber. Deutschland ist wiedervereinigt. Die Mauer, an der der Spion, der aus der Kälte kam, erschossen wurde, steht nicht mehr, und Berlin ist nicht länger der Spielplatz für Spione, Scharlatane und Rattenfänger, wie le Carré die Stadt noch in *A Perfect Spy* charakterisierte. Die einstmals mächtigsten Männer Ostdeutschlands sind gestorben, leben im Exil oder im Gefängnis, schreiben ihre Memoiren und treten in Talkshows auf. Der Warschauer Pakt ist zerfallen, die UdSSR zur Gemeinschaft Unabhängiger Staaten geworden, und in Moskau tobt ein Machtkampf zwischen Demokraten, Rechtsradikalen und Altkommunisten. Staaten in Osteuropa zersplittern, und Bürgerkriege sind an der Tagesordnung.

Da der Spionageroman auf die Realität reagiert, befindet sich das Genre zwangsläufig ebenfalls in einer Umbruchphase. In dieser Situation allgemeingültige Aussagen über die Entwicklung des Spionageromans zu treffen, ist nicht möglich. Deshalb wird diese Arbeit mit einem Überblick über die neuesten Spionageromane, der Ansätze für zukünftige Forschungen liefern soll, geschlossen.

Das Ende des Kalten Krieges führt den Spionageroman einerseits in eine Krise, eröffnet ihm andererseits aber auch neue Chancen. Wie John le Carré 1989 erklärte, könnten die Autoren sich jetzt von der Fixierung auf die UdSSR lösen und sich neuen Schauplätzen zuwenden. So wie der Spionageroman lange vor dem Kalten Krieg entstanden sei, werde er auch nach dessen Ende weiterbestehen. Die Autoren müßten nur flexibel genug sein, neue Themen aufzugreifen. Für diesen Fall sagte le Carré dem Genre eine Renaissance voraus:

> If the spy novelist of today can rise to the challenge, he has got it made. He can sweep away the cobwebs of a world grown old and cold and weary, dump the obligatory baggage of the Cold War standoff and take on any number of new hunting grounds. If an era is dead, the genre faces a long and boisterous renaissance. The only question is, can the writers handle it? ...
> The spy writer can turn to almost any corner of the globe, knowing for a certainty that the spooks, arms dealers and phony humanitarians will be there be-

fore him: to Angola, El Salvador, Sri Lanka, Cambodia, Northern Burma, Eritrea, Ethiopia, Chad, Libya. Space prevents me from naming all the rest.[1]

In der Tat gibt es genügend neue Arbeitsfelder für Spione. Die Hoffnung, das Ende des Kalten Krieges werde zu einer friedlicheren Welt führen, hat sich nicht erfüllt. *TIME* schlug Mitte 1991 bereits einige neue Arbeitsgebiete für Spione vor, u. a. Südafrika, Japan und Südamerika.[2] Aus heutiger Sicht läßt sich diese Liste mühelos um Themen wie Bosnien oder Somalia erweitern. So sind sich in einem Punkt alle Spione denn auch einig: arbeitslos werden sie nach dem Ende des Kalten Krieges nicht. „Entgegen landläufigen Vorstellungen glaube ich, daß die Arbeit der Geheimdienste ... noch wichtiger wird" betonte Ex-Stasi-Chef Markus Wolf in einem Interview.[3] Und sein fiktionaler Kollege George Smiley stimmt ihm in *The Secret Pilgrim* (1990) zu:

He scoffed at the idea that spying was a dying profession now that the Cold War had ended: with each new nation that came out of the ice, he said, with each new alignment, each rediscovery of old identities and passions, with each erosion of the old status quo, the spies would be working round the clock. (*SPI* 9)

Tatsächlich wird die Funktion der *human intelligence*, d. h. der Spione, in der *post-Cold-War-era* noch wichtiger. Während es früher nur einen Feind gab, den man genau kannte und überwachen konnte, brechen jetzt an allen Ecken und Enden der Welt kleinere ethnische Konflikte und Bürgerkriege aus, bei denen die elektronische Aufklärung des Westens nutzlos ist. Eine Frühpensionierung der Spione wäre deswegen verfehlt. Als James Bond in John Gardners *Brokenclaw* (1990) seinen Job aufgeben will, lehnt Geheimdienstchef M dieses Ersuchen strikt ab:

Listen to me, 007, and listen well. Europe – the world come to that – is at a crossroads. What with the wind of change blowing among the Eastern Bloc countries, and perestroika running amok in the Soviet Union, we need cool heads. Never ... never since the early days of the cold war have we been so in need of human intelligence – HUMINT. The map of Europe is being changed. For good? Maybe. Who knows? (*B* 26)

Letztendlich hat die vielbeschworene Krise dann auch einen positiven Effekt, indem sie zu einer Diversifizierung der Themen und zu einer Qualitätssteigerung der Romane führen kann. Auf Dauer werden nämlich wohl nur die Autoren bestehen, die flexibel, originell und ideenreich genug sind, um sich den neuen Herausforderungen zu stellen. Ein zehnjähriges Moratorium für Spionageromane, wie Julian Symons es 1972 vorgeschlagen hatte, ist daher nicht notwendig. Spionageromane sind letztendlich auch nur Konsumprodukte und somit den Gesetzen der freien Marktwirtschaft unterworfen:

Spy novels and thrillers dealing with conflicting loyalties will continue to be produced. But future writers will have to find a convincing new scenario which combines this enduring theme with life-and-death issues (personal, departmental and national) as neatly as the Cold War did. It is a matter of survival for the writers themselves, and if the free market works as it should, the best novelists will succeed. Is it too much to hope that the others, like the broken political systems of Eastern Europe, will become extinct?[4]

John le Carré jedenfalls hat keine Angst, sondern freut sich über die neuen Möglichkeiten für Spionageromanautoren. Einem Reporter gegenüber erklärte er:

Es gibt wirklich viel mehr Dinge, über die man schreiben kann. Dazu ist etwas mehr Kopfarbeit nötig und etwas mehr Originalität, aber tatsächlich führt es wieder zur Basis der Spionage-Storys. Das ist wirklich großartig. Und der Spaß ist noch größer: Schreibe ich jetzt vielleicht einmal etwas über Angola? Ich würde gern einen Kuba-Roman schreiben. Man kann heute eben überall hin.[5]

Angesichts le Carrés Aufforderung, sich neuen Herausforderungen zu stellen, wirkt sein erster Roman der neunziger Jahre enttäuschend. In *The Secret Pilgrim* (1991) liefert er nämlich nur einen episodenhaften Rückblick auf den Kalten Krieg. Agent Ned, nach dem Debakel in *The Russia House* in die Ausbildungsabteilung versetzt, lädt George Smiley zu einem Vortrag vor den Neulingen ein. Smileys Vortrag bildet die Rahmenhandlung des Romans, die Binnenhandlung besteht aus einzelnen Geheimdienstoperationen, an die sich Ned während des Vortrags erinnert. Die Anspielung auf Chaucer ist unverkennbar. So wie sich einst die Pilger zur Wallfahrt nach Canterbury trafen und dabei Geschichten erzählten, so treffen sich bei le Carré die Agenten, um die Geschichten des *geheimen Pilgers* George Smiley zu hören. Der Reiz für diejenigen Leser, die mit le Carrés fiktionaler Welt gut vertraut sind, liegt darin, alte Bekannte wiederzutreffen: Peter Guillam, Toby Esterhase, den Verräter Bill Haydon und vor allem die Geheimdienstlegende George Smiley. Viel Neues hat le Carré freilich nicht zu sagen. Der Geheimdienst wird wieder einmal als Mikrokosmos der Gesellschaft gesehen, als "nothing if not a little mirror of the England it protects" (*SPI* 15). Und Smiley philosophiert erneut über das Problem von *means and ends*. Wie er den Geheimdienstschülern aus eigener Erfahrung berichten kann, kostet jeder Sieg einen Preis:

> Please don't ever imagine you'll be unscathed by the methods you use. The end may justify the means – if it wasn't supposed to, I dare say you wouldn't be here. But there's a price to pay, and the price does tend to be oneself. (*SPI* 10)

Bei der Spionagetätigkeit müsse man aufpassen, das Individuum nicht der Masse unterzuordnen:

> I only ever cared about the *man*. ... I never gave a fig for the ideologies, unless they were mad or evil, I never saw institutions as being worthy of their parts, or policies as excuses for not feeling. *Man*, not the mass, is what our calling is about. (*SPI* 321)

Diesen Grundsatz hat der Westen im Kalten Krieg jedoch verletzt. Skrupellos hat er die Mittel dem Zweck untergeordnet und seine Ideale, die doch besser als die des Ostens sind, verleugnet. Dies alles führt Smiley zu der Frage, ob der Westen überhaupt noch eine verteidigenswerte Gesellschaft ist:

> But in the Cold War, when our enemies lied, they lied to conceal the wretchedness of their system. Whereas when *we* lied, we concealed our virtues. Even from ourselves. We concealed the very things that made us right. ... In our supposed ideological rectitude, we sacrificed our compassion to the great god of indifference. ... And we scarcely paused to ask ourselves how much longer we could defend our society by these means and remain a society worth defending. (*SPI* 116)

Le Carré-Experten kommt dieses Problem sehr vertraut vor. Wie oben gezeigt, hat le Carré in einem offenen Brief "To Russia, With Greetings" und in mehreren Interviews die gleichen Formulierungen benutzt, die er hier Smiley in den Mund legt. Le Carré thematisiert in *The Secret Pilgrim* somit noch einmal die gleichen Fragen wie in seinen früheren Romanen. Der Kalte Krieg bleibt auch im Rückblick ambivalent. Der Westen hat zwar gewonnen, aber nicht, weil er es moralisch verdiente. Dem Sieg haftet ein fader Beigeschmack an. Haben am Ende zwar die Richtigen verloren, aber nicht doch die Falschen gewonnen? Ned hegt derartige Zweifel, als er in der letzten Episode des Buches auf den britischen Waffenhändler Bradshaw trifft, einen sozialen Aufsteiger aus der Thatcher-Ära, der jegliche Moral seinem persönlichen Profit unterordnet:

> For a moment, it was as if my whole life had been fought against the wrong enemy. Then it was as if Bradshaw had personally stolen the fruits of my victory. I remembered Smiley's aphorism about the right people losing the Cold War, and the wrong people winning it .... (*SPI* 334)

Lediglich was die Ost-West-Beziehungen betrifft, ist ein Fortschritt zu erkennen. Die Zeichen der Zeit stehen auf Kooperation. Smiley ist zum Vorsitzenden des sogenannten *Fishing Rights Committee* ernannt worden, eines gemeinsamen Komitees des britischen und des sowjetischen Geheimdienstes, das Konfliktherde in der Dritten Welt überwachen soll. Von der Kritik wurde der Roman positiv, aber nicht überschwenglich aufgenommen. Einige Rezensenten beklagten die mangelnde Originalität. *TIME* etwa charakterisierte das Buch als "a series of outtakes from a story that has already been told"[6], und die *Frankfurter Allgemeine Zeitung* argwöhnte sogar, le Carré habe „für diese Publikation altes, früher nicht verwendbares Material aus der Schublade gezogen"[7].

Auch Frederick Forsyth, sonst stets auf der Höhe der Zeit, erschien die Gefahr zu groß, von den politischen Ereignissen überholt zu werden. Sein Spionageroman *The Deceiver* (1991) ist ebenso wie le Carrés *The Secret Pilgrim* ein episodenhafter Rückblick auf den Kalten Krieg. Schon die Widmung des Romans beschwört die Nostalgie vergangener Tage:

> The Cold war lasted forty years. For the record, the West won it. But not without cost. This book is for those who spent so much of their lives in the shadowed places.
> Those were the days, my friends. (*TD* 5)

Erzählt werden in dem Roman vier Abenteuer des Agenten Sam McCready aus den achtziger Jahren, als der Westen noch ein klares Feindbild besaß. Um nicht anachronistisch zu wirken, läßt Forsyth an einigen Stellen den Kenntnisstand von 1991 einfließen. So tritt etwa in einer Geschichte, die im Jahr 1985 spielt, der damalige Stasi-Chef Markus Wolf auf. In einem auktorialen Kommentar bemerkt der Erzähler dazu:

> Of course, not even Marcus Wolf was clairvoyant. He could not know that by 1990 East Germany would have ceased to exist, that Mielke and Honecker would be ousted and disgraced, that he would be retired and writing his memoirs for a fat fee ... (*TD* 105)

*The Deceiver* ist aber kein ausschließlicher Rückblick, sondern thematisiert ebenso wie le Carrés *The Secret Pilgrim* die Funktion der Geheimdienste in der Zeit nach dem Kalten Krieg. Die Rahmenhandlung spielt im Jahr 1990, und Forsyth verweist hier auf aktuelle Ereignisse wie die deutsche Wiedervereinigung und die demokratischen Umwälzungen in Osteuropa (*TD* 16f.). Diese neue weltpolitische Lage hat Konsequenzen für das britische Spionage-Establishment: McCready wird frühpensoniert; denn – so die allgemeine Ansicht – die Zeit der Spannungen ist vorbei:

Halfway across the bridge a newsvendor stood beside his stand with a pile of copies of the *Evening Standard*: At his feet stood a placard. It bore the words: BUSH-GORBY – COLD WAR OVER – OFFICIAL. McCready stopped to buy a paper.
"Thank you, guv," said the newsvendor. He gestured towards his placard. "All over then, eh?"
"Over?" asked McCready.
"Yeh. All them international crises. Thing of the past." (*TD* 477)

Gemäß Forsyths Überzeugung gehören Krisen aber auch nach dem Kalten Krieg nicht der Vergangenheit an. Im letzten Absatz des Romans deutet er bereits das neue Feindbild des Westens an: "Four weeks later, Saddam Hussein invaded Kuwait. Sam McCready heard the news while fishing two miles off the Devon Coast." (*TD* 477) Von der Kritik wurde der Roman noch schlechter als le Carrés *The Secret Pilgim* aufgenommen. So spottete *Der Spiegel*: „Eine Beerdigung erster Klasse für McCready und eine ganze Gattung."[8]

„Zurück in die Vergangenheit" – so scheint generell ein gegenwärtiger Trend im britischen Spionageroman zu lauten. Neben le Carré und Forsyth verlegen noch weitere Autoren die Handlung ihrer Romane in eine vergangene Zeit, in der es noch klare Fronten gab. Großer Beliebtheit erfreut sich der Zweite Weltkrieg. So thematisiert Len Deighton in *City of Gold* (1992) Rommels Nordafrikafeldzug 1942. Ein britischer Spion versorgt Rommel mit geheimen Informationen. Militärpolizist Jimmy Ross soll den Maulwurf aufspüren und gerät dabei – wie bei Deighton üblich – mit seinen *upper class*-Vorgesetzten in Konflikt. Noch weiter in die Vergangenheit geht Gavin Lyall zurück. In seinem neuesten Spionageroman *Spy's Honour* (1993) schildert er mehrere Episoden aus der Gründerzeit des britischen Geheimdienstes kurz vor Ausbruch des Ersten Weltkriegs. Wie der Titel bereits andeutet, thematisiert Lyall das Problem „Spionage und Ehre". Der Held des Romans, Captain Matthew Ranklin, ist ein Offizier, der die Spionagetätigkeit nur schwer mit seinem soldatischen Ehrenkodex in Übereinstimmung bringen kann.

Ein weiterer Trend besteht in der Abkehr vom Spionageroman. Während des Ersten und Zweiten Weltkrieges hatten Autorinnen wie Agatha Christie oder Margery Allingham, die ansonsten Detektivromane schrieben, auch Spionageromane verfaßt. Nach dem Ende des Kalten Krieges scheint sich das Phänomen unter umgekehrten Vorzeichen zu wiederholen. Autoren, die durch Spionageromane bekannt geworden sind, wenden sich dem Detektivroman zu. Die UdSSR, früher ein Schauplatz von Spionage, wird immer stärker zum Schauplatz von Verbrechen. In Brian Freemantles *The Button Man* (1992) jagen ein FBI-Agent und ein sowjetischer Milizionär einen Serienmörder in Moskau, und Philip Kerrs *Dead Meat* (1993) handelt von den Aktivitäten der russischen Mafia in St. Petersburg. Auch Len Deighton kehrte kurzfristig vom Spionageroman ab. Sein erstes Buch nach der Bernard-Samson-Hexalogie war der Abenteuerroman *Mamista* (1991), der das Schicksal einer Gruppe von marxistischen Guerilleros im Dschungel von Spanisch Guyana beschreibt. Seine bislang letztes Werke sind *Blood, Tears and Folly* (1993), ein Sachbuch über den Zweiten Weltkrieg, und *Violent Ward* (1993), ein Kriminalroman, der in Los Angeles vor dem Hintergrund der jüngsten Rassenkrawalle spielt.

Trotz dieser Abkehr und der Rückblicke gibt es noch viele Spionageromane, die in der Gegenwart spielen und aktuelle Themen aufgreifen. Was die UdSSR betrifft, so stehen die Zeichen der Zeit nach wie vor auf Kooperation. In John Gardners *The Man from Barbarossa* (1991), das die Ermordung von Juden in der Schlucht von Babi Yar 1941 aufgreift, arbeitet James Bond unter dem Befehl des KGB und wird am Ende des Romans mit der höchsten sowjetischen Auszeichnung, dem Lenin-Orden, dekoriert.

Die Gefahr, daß der Reformprozeß rückgängig gemacht werden könnte, wird weiterhin thematisiert. In Tony Capes *The Last Defector* (1991) warnt ein Überläufer vor einem Putsch der Hardliner. Nachdem dieser Putsch im August 1991 tatsächlich stattgefunden hatte, versah der Penguin-Verlag die Paperback-Ausgabe des Romans mit dem Slogan "the chilling thriller that predicted the soviet military coup". Wieder einmal war die Fiktion der Realität zuvorgekommen.

Angesichts der Entwicklung in der UdSSR verlagert sich das Interesse der Thrillerautoren stärker auf die letzte kommunistische Großmacht, die Volksrepublik China, zumal die dortigen Machthaber mit dem Massaker auf dem Platz des Himmlischen Friedens brutal demonstrierten, daß sie keinesfalls zu politischen Reformen bereit sind. Zu nennen ist hier wiederum ein Bond-Roman. In John Gardners *Brokenclaw* (1990) vereitelt Bond einen Versuch des chinesischen Geheimdienstes, mit einer Computermanipulation die Wall Street zu ruinieren. Hinweise auf die aktuelle chinesische Politik finden sich in dem Roman jedoch nicht, und der Bösewicht, das chinesisch-indianische Halbblut Brokenclaw Lee, wirkt nur wie eine moderne Version von Dr. No.

Weitaus stärker als Rußland oder China hat jedoch ein anderer Staat in den letzten Jahren für Angst und Bedrohung gesorgt: der

Irak. Als Saddam Hussein Kuwait überfiel, hatte der Westen endlich wieder ein Feindbild. Ironisch kommentiert *die tageszeitung*:

Der Golfkrieg war für viele Kriegsgewinnler ein Glücksfall – ganz besonders aber für die alten und neuen Politthriller-Autoren. Denn nach der bedingungslosen und recht unspektakulären Kapitulation, die das „Reich des Bösen" gar nicht erst angeboten, sondern gleich vollzogen hatte, hatte für ein ganzes Genre die Sauregurkenzeit begonnen. ...
Plötzlich, am 2. August 1990, rauchten wieder die Colts. Saddam Hussein tat dem um seine Wiederwahl bemühten George Bush und den phantasielosen Unterhaltungsschriftstellern einen Gefallen und ließ seine Armee über Kuwait herfallen.[9]

Der erste „phantasielose Unterhaltungsschriftsteller", der Saddam als Feindbild benutzte, war Lord Jeffrey Archer – skandalträchtiger konservativer Politiker und Bestsellerautor. Die Handlung seines Romans *Honour Among Thieves* (1993) setzt allerdings erst nach Ende des Golfkrieges ein. Saddam, im Gegensatz zu Bush noch immer im Amt, will die amerikanische Unabhängigkeitserklärung stehlen lassen und öffentlich verbrennen, um so den „Großen Satan" USA vor aller Welt zu demütigen.

Ebenfalls mit dem Thema Irak befaßt sich *Shadow over Babylon* (1993), das Erstlingswerk von David Mason, eines Elitesoldaten, der mehrere Jahre für den Sultan von Oman arbeitete. Masons Roman schildert, wie ein britischer Minister eine Söldnertruppe inoffiziell in den Irak schickt, um ein Attentat auf Saddam Hussein zu verüben. Die Assoziationen zu Forsyths *The Day of the Jackal* sind wohl mehr als zufällig. Wie Forsyth läßt auch Mason historische Personen auftreten und liefert seitenlange Beschreibungen von Waffen und Technik. Für diejenigen Leser, die mit der neuesten Militärtechnologie nicht so vertraut sind, erklärt Mason in einem achtseitigen Anhang die wichtigsten Abkürzungen und liefert außerdem noch genaue ballistische Tabellen.

Einige Monate später folgte ihm dann Frederick Forsyth mit seinem neuesten Roman *The Fist of God* (1994), der den Krieg vom Einmarsch der Irakis in Kuwait bis hin zum Beginn des Bodenkrieges schildert. Hauptperson des Buches ist der britische SAS-Major Mike Martin, der ins besetzte Kuwait eingeschleust wird, um dort den Widerstand zu organisieren. Britische und amerikanische Geheimdienstler analysieren unterdessen, welche Massenvernichtungswaffen Saddam hat und kommen zu dem Ergebnis, er habe sich außer Giftgas auch die Atombombe beschafft. Daher wird Major Martin nach Bagdad beordert, wo er Kontakt mit dem irakischen Spion "Jericho" aufnehmen soll, um die Atombombe aufzuspüren. Der Roman ist den Witwen und Waisen des Special Air Service Regiments gewidmet, und dementsprechend militaristisch und patriotisch ist der Grundton des Buches. *The Fist of God* ist eine einzige Glorifizierung des Militärs und der neuen „intelligenten" Waffen, die im Golfkrieg zum Einsatz kamen – wobei die Opfer ausgeblendet werden. Forsyths konservative Grundeinstellung dokumentiert sich auch in Lobeshymnen auf Margaret Thatcher (einer begeisterten Forsyth-Leserin). Laut Forsyth ist es vor allem der britischen Premierministerin zu verdanken, daß die Alliierten gegen Saddam aufmarschieren. George Bush jedenfalls muß von der „Eisernen Lady" erst einmal auf den richtigen Kurs eingeschworen werden:

> The Iron Lady soon got the impression that her good friend was about to start wavering again. Within two hours she put a broom handle so far up the President's left trouser leg that it came out near the collar line.
> "He cannot, he simply cannot, be allowed to get away with it, George."
> Faced with those flashing blue eyes and the cut crystal tones slicing through the hum of the air-conditioner, George Bush admitted that this was not America's intention, either. His intimates later felt that he was less worried by Saddam Hussein with his artillery and tanks than by that daunting handbag. (*FG* 48)

Die Tatsache, daß Thatcher später über die umstrittene *poll tax* stürzte, hält Forsyth für ein Komplott einiger Hinterbänkler, und bewertet es als Katastrophe für Großbritannien. Im Roman empfinden die britischen Soldaten im Golf den Rücktritt der „Eisernen Lady" als einen schweren Schlag:

> The news hit the soldiers in the Gulf like a body-blow, Americans and British alike. ...
> Strung out along the Saudi-Iraqi border, sleeping beneath their Challenger tanks in a desert becoming colder and colder as the winter set in, men of the 7th Armoured Brigade, the Deseret Rats, listened to their transistors and swore noisily. (*FG* 252)

Als große Schwäche des Romans wird in den Rezensionen der Mangel an Charakterisierung hervorgehoben. Forsyths Helden sind im Gegensatz zu den Protagonisten von le Carré oder Deighton eindimensionale Figuren, Supermänner ohne Fehl und Tadel. Sie fliegen ihre Jets und werfen Bomben ab, ohne moralische Skrupel zu haben. Es sind keine bedauernswerten Agenten, die von ihren Vorgesetzten verraten werden, sondern gefühllose Technokraten des Krieges, die genauso perfekt sind wie ihre Waffen. Die Alliierten werden zwar insgesamt weitaus positiver charakterisiert als die Irakis, doch Forsyth verteilt Lob und Tadel nicht einfach nach dem Kriterium der Staatsangehörigkeit. Er beschreibt vielmehr all diejenigen positiv, die ihren Job perfekt ausführen. Dies betrifft auch Personen, die auf der Gegenseite stehen. Schon in seinem ersten Roman *The Day of the Jackal* zeigte Forsyth deutliche Sympathie für den namenlosen Profikiller, eben weil er ein Profi war. Und so kann er in *The Fist of God* auch einen Iraki loben, sofern jener ein perfekter Technokrat ist:

> At thirty-seven Rahmani was a trim, handsome, clean-shaven man – he could not be bothered with the affection of a Saddam Hussein-like moustache. He was where he was, and he knew it, because he was good at his job, not because of political clout, a technocrat in a world of politically elevated cretins. (*FG* 50)

Die Stärke des Romans liegt – wie bei Forsyths Büchern üblich – in der Fülle an Informationen, die in das Buch einfließen. Forsyth hat für *The Fist of God* ausgiebig recherchiert und überschüttet den Leser mit Details. „Unternehmen Faktensturm: Frederick Forsyth erklärt den Golfkrieg“[10] heißt es denn auch leicht ironisch in einer Rezension der *Frankfurter Allgemeinen Zeitung*. Wie ist ein Tornado-Kampfflugzeug ausgerüstet? Wie stellt man eine Atombombe her? Wie lautet die korrekte Anrede an Saddam Hussein? Forsyth liefert auf alle Fragen ausführliche Antworten. Der *Daily Telegraph* hat untersucht, inwieweit Forsyths Buch authentisch ist und ist zu dem Ergebnis gelangt, die technischen Details seien sehr genau wiedergegeben worden.[11] Ob aber der Bodenkrieg nur verschoben wurde, weil General Schwarzkopf auf einen britischen SAS-Mann wartete und Saddam wirklich die Bombe hatte, darf bezweifelt werden. Bei den Figuren verhält es sich ähnlich. Bush, Thatcher und Saddam sind zweifellos historische Personen. Auch einen Wiener Banker namens Gemütlich gibt es in der Realität, doch was ist mit dem irakischen Geheimdienstler Rahmani oder dem britischen SAS-Mann Martin? Der Roman besteht aus einer derartig geschickten Mischung aus historischer Realität, Spekulationen und reiner Erfindung, daß jeder Versuch, die Grenzen zwischen *fact* und *fiction* genau zu ziehen, zum Scheitern verurteilt ist. Man kann, so warnt die *Frankfurter Allgemeine Zeitung*, den Roman zwar „genießen, aber man darf ihm nicht über den historischen Weg trauen“[12]. Die Wiener *Presse* hingegen meint, es habe den „Anschein, als ob diesmal die Fakten dominierten und die Phantasie nur Beiwerk wäre“[13], und die *Süddeutsche Zeitung* bescheinigt *The Fist of God* sogar, es sei „eher ein spannendes Sachbuch als ein guter Thriller“[14]. So möchte Forsyth denn wohl auch sein Buch verstanden wissen. Er suggeriert, daß *The Fist of God* zwar ein Roman ist, aber auf Fakten basiert und erstmals die wahren, bisher unbekannten Hintergründe des Golfkriegs enthüllt. Im Klappentext der englischen Bantam-Ausgabe heißt es:

Not until you read *The Fist of God* will you learn why the Allies did not go to Baghdad or eliminate Saddam Hussein; why the ground invasion was delayed; who really destroyed the Scud threat to Israel; who the secret agent was inside Saddam's inner circle; and why Saddam really thought he could win and thus refused to pull out of Kuwait. None of this has ever been revealed – *until now.*

Im Schlußkapitel des Buches kommt Forsyth auf die Lehren des Golfkriegs zu sprechen und fordert ein Zentralregister für alle Exporte in gefährliche Staaten. Hat Forsyth seinen Roman also als ernstgemeinten Aufruf zur Rüstungskontrolle verfaßt? Auf die Frage eines Reporters erklärte er, er habe keine Botschaft für die Menschheit, er schreibe ausschließlich um des Geldes willen.[15] Und Geld benötigte Forsyth gerade in den letzten Jahren mehr denn je: Bei dem Bankrott seines Brokers Roger Levitt verlor er 2,2 Millionen Pfund, und zudem brummte ihm die Steuer eine Nachzahlung von 500000 Pfund auf. Mit der geschätzten Vorauszahlung von 9 Millionen Pfund, die er von Bantam erhielt, dürfte er sich aber wieder saniert haben.

Wenn Nationen als Feindbilder nicht mehr zu finden sind, dann wird auf Individuen zurückgegriffen – Terroristen, Fanatiker, internationale Verbrecher. So schleust sich in Adam Halls *Quiller Solitaire* (1992) der britische Superagent Quiller in die Rote Armee Faktion ein, die – wie bei dem Lockerbie-Attentat – eine Bombe an Bord eines US-Flugzeuges schmuggeln will. Und in John Gardners *Never Send Flowers* (1993) kämpft James Bond gegen einen Bösewicht, der Prinzessin Diana und ihre beiden Söhne bei einem Besuch in Euro-Disney ermorden will. Der Name des Antagonisten, David Dragonpol, und seines Domizils, Schloß Drache, sind im übrigen klare Hinweise darauf, daß er nur eine weitere Variante des üblichen „Drachens" der Bond-Formel ist.

Auch John le Carré hat für seinen neuesten Spionageroman *The Night Manager* (1993) ein Individuum als Feindbild gewählt: den Waffenhändler Richard Roper, "the worst man in the world". (*NM* 12) Somit hat er seine 1989 aufgestellte Forderung endlich selbst eingelöst. Und nach dem Ende des Kalten Krieges hat er sich auch – wie er ebenfalls selbst gefordert hat – neuen Schauplätzen zugewandt. *The Night Manager* spielt u.a. in Zürich, Cornwall, Quebec, den Bahamas, der Karibik und Panama. Von der Kritik wurde der Roman sehr unterschiedlich aufgenommen. Während *Der Spiegel* le Carré

„auf dem Mount Everest seiner Meisterschaft“[16] sah, bewertete die *New York Review of Books* den Roman als “the novel of his post-cold war disorientation”[17]. Besondere Aktualität gewinnt *The Night Manager* dadurch, daß etwa zeitgleich zur Veröffentlichung des Romans die *Scott Inquiry* stattfand, eine offizielle Anhörung, in der untersucht wurde, ob die britische Regierung Waffen an Saddam Hussein verkauft hat – ähnlich wie le Carré es in dem Buch geschildert hat. *The Observer* nahm die Parallelen zwischen Roman und Wirklichkeit zum Anlaß, seinen Lesern zu demonstrieren, “how fact actually mirrors fiction”[18]. In der Berichterstattung über die *Iraqgate*-Affäre baute die Zeitung in das Protokoll der Anhörung eine Textpassage aus *The Night Manager* ein und fragte die Leser: “Spot the difference?”[19] Korruption, Verschwörung, Vertuschung – alles, was die Anhörung über britische Behörden ans Tageslicht bringt, hat le Carré schon vorher in seinem Roman beschrieben. Die Schlußfolgerung des *Observer* lautete daher: “the best way to understand Iraqgate is to read *The Night Manager*.”[20]

Zum Schluß noch ein Blick darauf, wie Deutschland gegenwärtig im britischen Spionageroman dargestellt wird. 1990 veröffentlichte Len Deighton *Spy Sinker*, den Abschlußband seiner zweiten Bernard Samson-Trilogie. Wie mehrere seiner Kollegen liefert auch Deighton einen Rückblick auf den Kalten Krieg. *Spy Sinker* ist keine chronologische Fortsetzung der bisherigen fünf Romane, sondern erzählt die Ereignisse von 1977 bis 1987 noch einmal; jetzt allerdings nicht mehr aus der – logischerweise beschränkten – Perspektive Bernard Samsons, sondern aus der Sicht der anderen Beteiligten. Erst in dieser personalen Erzählsituation wird der raffinierte Plan des Geheimdienstes deutlich, und alle ungelösten Rätsel aus den vorigen Büchern werden aufgelöst. In gewisser Weise muß man Deighton als ein Opfer des Mauerfalls sehen. Als er 1983 mit *Berlin Game* den ersten Band der Samson-Saga vorlegte, stand die Mauer noch, und die Stasi war eine reale Bedrohung. Der Plan, einen Maulwurf in die Stasiführung einzuschleusen, war unter diesen Bedingungen aktuell. Im Jahre 1 nach dem Fall der Mauer jedoch wirkt die ganze Angelegenheit anachronistisch. Deighton bemüht sich, diesen Makel auszugleichen und Aktualität in den Roman einzubringen, indem er die Ereignisse des Jahres 1989 nachträglich auf die Aktivitäten des britischen Geheimdienstes zurückführt. Fionas Überlaufen wird als Teil eines Zehn-Jahres-Plans ausgegeben, der den Zusammenbruch der DDR herbeiführen soll. In einer Szene, die 1978 spielt, prophezeit Bret Rensselaer, die Mauer werde voraussichtlich 1988 fallen – eine Prophezeiung, die sich im nachhinein natürlich leicht machen läßt. Was die Zukunft der ehemaligen DDR betrifft, so bleibt Deighton skeptisch: "'Nothing will ever change,' said Fiona. 'You can't build a capitalist paradise upon a Leninist boneyard.'" (*SSI* 363) Statt blühender Landschaften sieht Fiona verfallende Industrieruinen voraus: "Who is likely to buy decrepit steel works, ancient textile plants or loss-making factories?" (*SSI* 364) – eine Prophezeiung, die sich inzwischen ebenfalls bewahrheitet hat.

Mittlerweile hat Deighton eine neue Samson-Trilogie, *Faith, Hope and Charity*, in Angriff genommen, deren erster Band jetzt vorliegt. *Faith* (1994) schildert eine weitere Episode aus Samsons kompliziertem beruflichen und privaten Leben. Ein KGB-Offizier mit dem Codenamen "Verdi" will in den Westen überlaufen und bietet dem britischen Geheimdienst an, den Stasi-Computer anzuzapfen. Bernard Samson erhält den Auftrag, Verdis Grenzübertritt zu arrangieren, doch kurz nachdem Verdi in London angekommen ist, wird er erschossen. Nebenbei muß Samson sich mit der *public school mafia* herumschlagen und außerdem zwischen seiner Ehefrau und seiner Geliebten entscheiden. Samsons Privatleben und die *office politics* seiner Vorgesetzten werden im Roman ausführlich beschrieben, die zeitgeschichtliche Situation nur kurz. Die Geschichte spielt im Jahre 1987. Die ersten Anzeichen der Wende in der DDR werden sichtbar. Die Sicherheitsorgane reagieren hektisch, und die SED zeigt trotziges Beharren:

> At the bottom of the front page a discreet headline, "Erich Honecker proclaims Wall will still exists in 100 years," was accompanied by a smudgy photo of him. This optimistic expressed view of the General Secretary of the Central Committee of the SED, the party governing East Germany, seemed like the sincere words of a dedicated tyrant. (*F*7)

Wie in *Spy Sinker* führt Deighton auch in *Faith* die Wende in der DDR auf die Aktivitäten des britischen Geheimdienstes zurück. Das Hauptziel von Fionas geheimer Mission in der DDR habe darin bestanden, die Kirchen zur Opposition zu ermutigen. Nur mit Hilfe der Kirchen, so habe der britische Geheimdienst erkannt, könne eine Opposition in der DDR Erfolg haben. Deighton baut so den realen Verlauf der Wende in seine Romane ein. Der Titel des Romans ist doppeldeutig zu verstehen. *Faith* bezeichnet zum einen das Vertrauen in seine Vorgesetzten, das Samson fehlt; zum anderen den religiösen Glauben, mit dessen Hilfe die Ostdeutschen die SED stürzen. Welche Macht der Glaube haben kann, verspürt Samson am eigenen Leib. Auf der Flucht vor der Stasi versteckt er sich in einer Kirche, und später wird er mit einem Kruzifix niedergeschlagen.

Deightons Samson-Romane thematisieren ebenso wie Tim Sebastians *Exit Berlin* (1992) Deutschland immer noch als Schauplatz des – inzwischen beendeten – Kalten Krieges. Andere britische Autoren hingegen befassen sich mit der Zukunft des neuen, größeren Deutschlands. Sie sehen die Gefahr, daß Deutschland zum Vierten Reich werden könnte, das seine europäischen Nachbarn ökonomisch beherrscht. Zwei Romane, die auf diese Furcht anspielen, wurden schon in den vorigen Kapiteln analysiert: Robert Harris' *Fatherland* und Philip Kerrs *A German Requiem*. In diesem Kontext ist noch auf einen Roman von Eddy Shah hinzuweisen. Shah schrieb in den achtziger Jahren Mediengeschichte: Als Besitzer einer kleinen Gruppe von Zeitungen besiegte er in einem harten Arbeitskampf als erster die *Fleet street print unions*. Danach gründete er mit *Today* Großbritanniens erste farbige Tageszeitung.[21] Nach dem Scheitern dieses Projektes begann er eine zweite Karriere als Autor von Spionageromanen. Sein zweiter Roman ist *The Lucy Ghosts* (1992), der der Gruppe der *nightmares* zuzuordnen ist.[22] In diesem Buch planen Nazis in der Bundesrepublik eine Kopie von Hitlers Machtergreifung. Sie wollen die Präsidenten der USA und Rußlands im Reichstag ermorden, Chaos stiften und dann die Herrschaft übernehmen. Bemerkenswert ist vor allem das Vorwort des Romans, in dem Shah seine Befürchtungen offen ausspricht und die Situation nach dem Fall der Mauer mit der Situation Anfang der dreißiger Jahre vergleicht. Shah will seinen Spionageroman ausdrücklich als Warnung verstanden wissen:

> The tearing down of the Wall wasn't a step towards world peace, towards a safe future, as the rest of us saw it.
> To many Germans, it was simply the end of a fifty-year war.
> Since then, the Right Wing of German politics has orchestrated riots in Rostov, Ketzin, Dresden and Berlin. As reunification stumbles along, the scenes are reminiscent of the early days of the 1930's, when the Nazis bullied and fought their way to power.
> Germany is a divided nation, suffering economic gloom, after a period of immense prosperity. Many feel the Germans, in their drive to be the powerhouse of a new united Europe, could easily fall under the influence of a strong, nationalistic and extremist leader. The collapse of the Russian Empire is another barrier removed from any such leader's ambitions.
> This book is a warning to those who say it couldn't happen again.
> And a reminder that there are many who wish it would. (*LG* 9)

Literaturgeschichtlich gesehen kehrt der Spionageroman somit zu seinen Ursprüngen zurück. Wann auch immer man den Beginn des Spionageromans ansetzt, 1871 mit Chesneys *The Battle of Dorking* oder 1903 mit Childers' *The Riddle of the Sands*, beide Romane riefen zu verstärkten Verteidigungsanstrengungen gegen die deutsche Gefahr auf. 89 bzw. 121 Jahre später wird im britischen Spionageroman wieder explizit vor Deutschland gewarnt. Lediglich die Waffen haben sich geändert. Statt vor der preußischen Armee und den Wilhelminischen Schlachtschiffen zittern die Briten jetzt vor der D-Mark und der Bundesbank.

# Schlußbetrachtung

Der britische Spionageroman hat in seiner langen Geschichte viele Themen behandelt: Von den internationalen Spannungen um die Jahrhundertwende über zwei Weltkriege und den Kalten Krieg bis hin zu *glasnost* und dem Golfkrieg. In der vorliegenden Untersuchung von Spionageromanen aus über 100 Jahren konnte nachgewiesen werden, wie sehr die jeweilige historische Situation die Spionageromane beeinflußt hat. Die Autoren beschreiben innergesellschaftliche und internationale Entwicklungen, die die Leser aus ihrer eigenen Erfahrung kennen. Spionageromane sind Spiegelbilder der Zeitgeschichte. Brüche in der historischen Kontinuität führen zwangsläufig auch zu Brüchen in der Geschichte des Spionageromans. So wird beispielsweise nach der Russischen Revolution und der Niederlage des Deutschen Reiches im Ersten Weltkrieg das Feindbild des deutschen Spions durch das des Bolschewiken ersetzt. Ebenso kommt es 1989 im Zuge des sowjetischen Reformprozesses zu einer Abkehr vom Feindbild Sowjetunion.

Die Beziehung zwischen Zeitgeschichte und Spionageroman ist allerdings keine Einbahnstraße. Autoren wie Chesney, Childers oder le Queux beeinflußten mit ihren Romanen die politischen Entscheidungsträger. Spionageromane reagieren also nicht nur auf geschichtliche Prozesse, sondern lösen teilweise selbst Prozesse aus. Außerdem sind in Einzelfällen historische Ereignisse wie der Fall der Mauer oder der Putsch in Moskau in Spionageromanen beschrieben worden bevor sie in der Realität eingetreten sind.

Weiterhin konnte in dieser Arbeit aufgezeigt werden, wie sich der Spionageroman vom Propagandaroman zum gesellschaftskritischen Roman entwickelt. Ende des 19. und Anfang des 20. Jahrhunderts schrieben die Autoren ihre Romane mit eindeutiger propagandistischer Absicht. Sie wollten vor allem zu verstärkten Verteidigungsanstrengungen aufrufen und wählten dazu die Romanform, weil sie sich so eine größere Leserschaft erhofften. Zudem übernahmen die Romane die Funktion, den Lesern die Angst vor sozialen Spannungen zu nehmen. In der Zeit nach 1945 stellt sich eine vollkommen andere Situation dar. Einerseits gibt es Thriller-Autoren wie Ian Fleming oder Frederick Forsyth, die nach wie vor eine manichäische Weltsicht vertreten, aber nicht zu Propagandazwecken schreiben, sondern – wie sie selbst zugeben – nur um des Geldes willen. Andererseits gibt es Autoren, die sich bemühen, die manichäische Weltsicht aufzubrechen und die Handlungsweise der eigenen Seite in Frage zu stellen. Insbesondere John le Carré und Len Deighton üben in ihren Spionageromanen scharfe Kritik am Zustand der britischen Gesellschaft.

Als ein weiteres Ergebnis dieser Untersuchung kann festgehalten werden, daß die Darstellung zeitgeschichtlicher Vorgänge im Spionageroman durch die Sicht der Autoren gebrochen wird. So zeichnen z. B. Ian Fleming, John le Carré und Len Deighton völlig unterschiedliche Bilder der britischen Nachkriegsgesellschaft. Fleming verherrlicht den Konsumrausch und die neue Sexualmoral, le Carré hingegen sieht die Gesellschaft orientierungslos dahintreiben, und Deighton kritisiert die mangelnden Chancen für die Mitglieder der *working class*. Als Konkurrenz zu geschichtswissenschaftlichen Darstellungen kommen Spionageromane daher nicht in Betracht. Aus den Spionageromanen lassen sich aber die Ängste und Befürchtungen der Rezipienten ablesen. Die Tatsache, daß kurz nach der deutschen Wiedervereinigung Spionageromane wie Kerrs *A German Requiem*, Shahs *The Lucy Ghosts* und vor allem Harris' Bestseller *Fatherland* erschienen, läßt z. B. Rückschlüsse darauf zu, wie skeptisch viele Briten dem neuen Deutschland gegenüberstehen.

Aussagen über die weitere Entwicklung des Spionageromans lassen sich nur schwer treffen. Doch eines kann als sicher gelten: Spionageromane werden sich auch in Zukunft mit den Krisen und Konflikten in der internationalen Politik beschäftigen.

# Anmerkungen

## *Einleitung*

[1] James Adams, "Who's Who in the Spying Game", *The Sunday Times* 13.3.1994.

[2] N. N., „Frau ohne Schatten", *Der Spiegel* 27.1.1992, 163.

[3] Julian Symons, "An End to Spying: Or, from Pipe Dream to Farce", *Times Literary Supplement* 12.12.1968, 1411.

[4] Vom 7.10. bis 6.11.1987 veranstaltete der *British Council* „Achtung! Spione in Köln. Eine Reihe britischer Spionageromane mit Filmen und Lesungen". Dabei wurden u.a. Filme nach Romanen von John le Carré, Len Deighton und Eric Ambler gezeigt und Lesungen von Ted Allbeury und Gavin Lyall abgehalten.

[5] Siehe Lars Ole Sauerberg, "Literature in Figures: An Essay on the Popularity of Thrillers", *Orbis Litterarum* 38 (1983), 93–107.

[6] Siehe Harald Husemann, "Booker Prize, Books, Bookies and Megabucks", *anglistik und englischunterricht* 48 (1992), 143–162.

[7] Vgl. etwa Annegret Maack/Rüdiger Imhof (eds.), *Radikalität und Mäßigung: Der englische Roman seit 1960*, Darmstadt 1993. Allan Massie, *The Novel Today: A Critical Guide to the British Novel 1970–1989*, Harlow 1990. Randall Stevenson, *The British Novel in the Twentieth Century: An Introductory Bibliography*, London 1988.

[8] Annegret Maack/Rüdiger Imhof, „Be Prepared: Der englische Roman nach 1945", *anglistik und englischunterricht* 43 (1991), 169–185.

[9] John Atkins, *The British Spy Novel: Styles in Treachery*, London 1984. Leroy L. Panek, *The Special Branch: The British Spy Novel, 1890–1980*, Bowling Green 1981.

[10] Jens-Peter Becker, *Der englische Spionageroman: Historische Entwicklung, Thematik, literarische Form*, München 1973.

[11] John G. Cawelti/Bruce A. Rosenberg, *The Spy Story*, Chicago 1987.

[12] Wesley K. Wark (ed.), *Spy Fiction, Spy Films and Real Intelligence*, London 1991.

[13] Clive Bloom, *Spy Thrillers: From Buchan to le Carré*, London 1991. Bruce Merry, *Anatomy of the Spy Thriller*, Dublin 1977.

[14] Lars Ole Sauerberg, *Secret Agents in Fiction: Ian Fleming, John le Carré and Len Deighton*, London 1984.

[15] Bernd Lenz, *FACTIFICTION: Agentenspiele wie in der Realität*, Heidelberg 1987.

[16] Margaret Drabble (ed.), *The Oxford Companion to English Literature*, Oxford 1985, 269.

[17] Peter Nusser, *Der Kriminalroman*, Stuttgart 1980, 121.

[18] Jens-Peter Becker, „Der englische Spionageroman", Paul G. Buchloh/Jens-Peter Becker, *Der Detektivroman*, Darmstadt 1978, 109.

[19] Julian Symons, *Bloody Murder*, Harmondsworth 1985, 214.

[20] Bruno Schultze, *Studien zum politischen Verständnis moderner englischer Unterhaltungsliteratur*, Heidelberg 1977, 7.

[21] Lenz, *FACTIFICTION*, 18

[22] Andy East, *The Cold War File*, Metuchen 1983. Donald McCormick (ed.), *Who's Who in Spy Fiction?*, London 1977. Myron J. Smith jr., *Cloak and Dagger Fiction: An Annotated Guide to Spy Thrillers*, Santa Barbara 1982.

[23] Merry, *Anatomy*, 1.

[24] Ebd., 235.

[25] Lars Ole Sauerberg, "The Novel of Espionage: An Attempt at Generic Criticism", *Pre-Publications of the English Institute of Odense University* 9 (1977), 13.

[26] John G. Cawelti, *Adventure, Mystery, and Romance*, Chicago 1976.

[27] Sauerberg, *Secret Agents*, 22.

[28] Cawelti/Rosenberg, *Spy Story*, 3.

[29] Ebd., 2.

[30] Ebd., 32f.

[31] Vgl. etwa Heinz-Joachim Müllenbrock, *Literatur und Zeitgeschichte in England zwischen dem Ende des 19. Jahrhunderts und dem Ausbruch des Ersten Weltkrieges*, Hamburg 1967. Paul Goetsch/Heinz-Joachim Müllenbrock (eds.), *Englische Literatur und Politik im 20. Jahrhundert*, Wiesbaden 1981.

[32] Schultze, *Studien*, 10.

[33] Ebd.

[34] Lenz, *FACTIFICTION*, 57.

[35] Ebd., 58.

[36] Ebd., 264.

## *I. Der Spionageroman im Zeitalter des Imperialismus 1871–1914*

[1] I. F. Clarke, *Voices Prophesying War, 1763–1984*, London 1966. Ders., "The Battle of Dorking, 1871–1914", *Victorian Studies* 8 (1965), 309–328.

[2] Clarke, "Battle of Dorking", 316f.

[3] Siehe Harald Husemann, "When William Came; If Adolf Had Come: English Speculative Novels on the German Conquest of Britain", *anglistik und englischunterricht* 29/30 (1986), 57–83. Der Aufsatz ist zuerst in leicht veränderter Form abgedruckt in Manfred Pfister (ed.), *Anglistentag 1984: Vorträge*, Giessen 1985, 335–350.

[4] Die umfassendste Bibliographie der englischen Ausgaben und Übersetzungen liefert Clarke, *Voices*, 228.

[5] Siehe Clarke, "Battle of Dorking", 309.

[6] Die umfassendste Darstellung der Invasionsromane liefert Husemann, "Speculative Novels". Der bislang neueste Roman zum Thema *Battle of Dorking* ist Glen Petries *The Dorking Gap Affair* (1989), in dem Sherlock Holmes' Bruder Mycroft die Invasion verhindert.

[7] Vgl. etwa Becker, „Spionageroman", 109. Atkins, *Spy Novel*, 19–26.

[8] Schultze, *Studien*, 43f.

[9] Zu Erskine Childers liegt eine Biographie vor: Andrew Boyle, *The Riddle of Erskine Childers*, London 1977.

[10] Siehe Paul Kennedy, "Riddle of the Sands", *The Times* 3.1.1981, 7.

[11] Davies bezieht sich hier auf das Buch des U. S. Navy Captain Alfred Thayer Mahan, *The Influence of Sea Power on History* (1890). Schon vorher wird beschrieben, daß Davies dieses Buch an Bord seiner Yacht mitführt. (*RS* 47) Mahans Hauptthese besagt, daß *Sea Power*, Handel und Kolonien untrennbar miteinander verbunden seien und die Grundlage für Wohlstand und Prosperität einer Nation bildeten. Mahans Thesen hatten vor allem auf die deutsche Marinepolitik großen Einfluß: Sein Buch wurde zur Pflichtlektüre für Marineoffiziere, und Wilhelm II und Tirpitz waren von Mahan stark beeinflußt. Siehe M. E. Howard, "The Armed Forces", F. H. Hinsley (ed.), *The New Cambridge Modern History* Vol. XI, Cambridge 1970, 232ff. Ivo Nikolai Lambi, *The Navy and German Power Politics, 1862–1914*, Boston 1984, 65ff.

[12] Zu dieser Wechselwirkung von *fact* und *fiction* siehe Masters, *Literary Agents*, 11f. Nicolas Hiley, "Decoding German Spies: British Spy Fiction 1908–18", Wesley K. Wark (ed.), *Spy Fiction, Spy Films and Real Intelligence*, London 1991, 55–79.

[13] Diese beiden Autoren werden in fast allen Gesamtdarstellungen meist nur kurz erwähnt. Zu le Queux liegt ein guter Aufsatz vor: David Stafford, "Conspiracy and Xenophobia: The Popular Spy Novels of William le Queux, 1893–1914", *Europa* 3 (1982). Zu Oppenheim liegt eine Biographie vor: Robert Standish, *The Prince of Storytellers: The Life of E. Phillips Oppenheim*, London 1957.

[14] Siehe David Stafford, "Spies and Gentlemen: The Birth of the British Spy Novel, 1893–1914", *Victorian Studies* 24 (1981), 489–509.

[15] David Trotter,"The Politics of Adventure in the Early British Spy Novel", Wesley K. Wark (ed.), *Spy Fiction, Spy Films and Real Intelligence*, London 1991, 31.

[16] Siehe Clarke, *Voices*, 109–114.

[17] Zum Deutschlandbild in der englischen Literatur siehe Harald Husemann, *As Others See Us*, Paderborn 1987. Günther Blaicher, *Das Deutschlandbild in der englischen Literatur*, Darmstadt 1992.

[18] Zum britisch-deutschen Verhältnis siehe Paul M. Kennedy, *The Rise of the Anglo-German Antagonism 1860–1914*, London 1980.

[19] Husemann, "Speculative Novels", 65.

[20] Siehe Panikos Panayi, *The Enemy in Our Midst*, New York 1991, 32–36.

[21] Siehe Trotter, "Politics of Adventure", 31f.

[22] Siehe vor allem den materialreichen Aufsatz von Stafford, "Spies and Gentleman".

[23] Ebd., 503.

[24] Ebd., 491.

[25] Mark Girouard, *The Return to Camelot: Chivalry and the English Gentleman*, New Haven 1981, 260.

[26] Vgl. besonders Samuel Hynes, *The Edwardian Turn of Mind*, Princeton 1968.

[27] Stafford, "Spies and Gentlemen", 491.

[28] Ebd., 501.

[29] Ebd., 509.

## *II. Der Spionageroman im Ersten Weltkrieg 1914–1918*

[1] Die Standard-Biographie ist Janet Adam Smith, *John Buchan: A Biography*, Boston 1965.

[2] Einen umfassenden Überblick über die ältere Sekundärliteratur liefert Randolph J. Cox, "John Buchan, Lord Tweedsmuir: An Annotated Bibliographie of Writings about Him", *English Literature in Transition* 9 (1966), 241–325. Zu Buchans Spionageromanen siehe vor allem Becker, *Spionageroman*, 49–85. Schultze, *Studien*, 48–64. Sehr positiv über Buchan äußert sich Richard Usborne, *Clubland Heroes*, London [2]1974. 1979 wurde übrigens die *John Buchan Society* gegründet, deren Ziel darin besteht, das Verständnis und die Würdigung von Buchans Leben und Werk zu fördern. Diese Gesellschaft hat bereits ein John Buchan-Museum errichtet und gibt seit 1980 eine Zeitschrift heraus, das *John Buchan Journal*.

[3] Usborne, *Clubland Heroes*, 82. Smith, *Buchan*, 207 berichtet von einer Episode, die die Qualität von Buchans Werk besonders gut illustriert. Als 1940 ein britisches Evakuierungsschiff torpediert wurde und mehrere Kinder tagelang in einem Rettungsboot auf dem Atlantik trieben, las die Erwachsene, die das Kommando führte, laut aus *The Thirty-Nine Steps* vor, um die Stimmung aufrechtzuerhalten.

[4] Usborne, *Clubland Heroes*, 1.

[5] Siehe David A. T. Stafford, "John Buchan's Tales of Espionage: A Popular Archive of British History", *Canadian Journal of History* April 1983, 1–21.

[6] John Buchan, *Memory Hold-the-Door* (1940), London 321950, 133.

[7] Gertrude Himmelfarb, "John Buchan: An Untimely Appreciation", *Encounter* September 1960, 49.

[8] Vgl. etwa Daniell, *Interpreter's House*, 205–209. James Greig, "Buchan: The Individual and the State", *John Buchan Journal* 8 (1988), 11 f.

[9] Bei Kriegsausbruch verlangte Le Queux von Scotland Yard, zwei Beamte zur Bewachung seiner Wohnung abzustellen, da er ein Attentat befürchtete. Wenn er sein Haus verließ, trug er stets eine Hand am Revolver, um auf einen

Angriff vorbereitet zu sein, der allerdings niemals erfolgte. Siehe Panayi, *Enemy*, 158f. Symons, *Bloody Murder*, 216.

[10] Zu le Queux' Aktivitäten während des Krieges siehe Panayi, *Enemy*, 158–162.

[11] Vgl. etwa Peter Hasenberg, „'The Teuton's inbred mistake ...': Das Deutschlandbild im britischen Agentenroman", *anglistik und englischunterricht* 29/30 (1986), 217–245.

[12] Siehe Geoffrey Powell, "John Buchan's Richard Hannay", *History Today* 37 (1987), 32–39. Kate Macdonald, "Who Was Richard Hannay? A Search for the Source", *John Buchan Journal* 7 (1987), 10–13.

[13] Siehe J. W. H. de l'A Buchan, "John Buchan and the Great War", *John Buchan Journal* 7 (1987), 2–9.

[14] Siehe Smith, *Buchan*, 207.

[15] Ebd., 207f.

[16] Ebd., 208.

[17] Schultze, *Studien*, 64.

## *III. Der Spionageroman in der Zwischenkriegszeit 1918–1933*

[1] Zu Sapper siehe vor allem Becker, *Spionageroman*, 93–104, Schultze, *Studien*, 64–72. Die neueste Untersuchung hierzu stammt von Hans Bertens, "A Society of Murderers Run on Sound Conservative Lines: The Life and Times of Sapper's Bulldog Drummond", Clive Bloom (ed.), *Twentieth-Century Suspense*, London 1990, 51–68.

[2] Atkins, *Spy Novel*, 60.

[3] Siehe Atkins, *Spy Novel*, 46–48.

[4] Siehe Charles Loch-Mowat, *Britain between the Wars*, London 1976.

[5] Schultze, *Studien*, 10.

[6] Warum Sapper bereits 1924 vom Feindbild Bolschewismus abkehrt, bleibt umstritten. Schultze, *Studien*, 71 begründet es mit einer angeblich ab 1924 einsetzenden sozialpolitischen Entspannung. Diese Argumentation wirkt nicht völlig überzeugend angesichts der Tatsache, daß 1924 erstmalig eine Labour-Regierung die Macht übernahm und in diesem Jahr auch der (gefälschte) Zinowjew-Brief veröffentlicht wurde, in dem die russischen Bolschewisten ihre britischen Genossen zur bewaffneten Revolution aufriefen.

[7] Jochen Schmidt, *Gangster, Opfer, Detektive*, Frankfurt 1989, 404. Buchans Zeitgenossen hingegen erschien die Thematik aktuell. So urteilte etwa der anonyme Rezensent im *Times Literary Supplement* vom 21. 8. 1924: "The romance is built up of material at hand".

[8] Stafford, "Buchan's Tales", 11.

[9] Ebd.

[10] Ebd.

## *IV. Zeitgenössische Spionageromane über den Nationalsozialismus und den Zweiten Weltkrieg*

[1] Becker, *Spionageroman*, 113.

[2] Siehe Robert Graves/Alan Hodge, *The Long Week-End: A Social History of Britain 1918–1939*, New York 1963. Julian Symons, *The Thirties: A Dream Revolved*, London 1975.

[3] Graham Greene, *Ways of Escape*, London 1980, 69.

[4] David Stafford, *The Silent Game*, Toronto 1988, 146.

[5] Becker, *Spionageroman*, 62.

[6] Zu Eric Ambler liegt bislang nur eine Monographie vor: Peter Lewis, *Eric Ambler*, New York 1990. Die wichtigsten Aufsätze sind (teilweise gekürzt) in einem Sammelband zugänglich: Gerd Haffmans (ed.), *Über Eric Ambler*, Zürich 1989.

[7] Eric Ambler, *Here Lies*, Glasgow 1986, 120f.

[8] Clive James, "Eric Ambler", *New Review* September 1974, 65.

[9] Joel Hopkins, "Interview with Eric Ambler", *Journal of Popular Culture* 9 (1975), 286.

[10] Michael Denning, *Cover Stories: Narrative and Ideology in the British Spy Thriller*, London 1987, 67.

[11] Becker, *Spionageroman*, 122.

[12] Hopkins, "Interview", 287.

[13] Eric Homberger, "English Spy Thrillers in the Age of Appeasement", Wesley K. Wark (ed.), *Spy Fiction, Spy Films and Real Intelligence*, London 1991, 87.

[14] Siehe ebd., 86f.

[15] Ebd., 88.

[16] Ebd., 83.

[17] Geoffrey Household, *Against the Wind*, London 1958, 94.

[18] Zit. nach Stafford, *Silent Game*, 128.

[19] Ambler, *Here Lies*, 120.

[20] Siehe Loch-Mowat, *Britain*, 536. Vgl. auch Stafford, *Silent Game*, 134f.

[21] Lewis, *Ambler*, 73.

[22] Siehe ebd., 73f.

[23] Ambler, *Here Lies*, 153.

[24] Ebd., 158.

## *V. Retrospektive Spionageromane über den Nationalsozialismus und den Zweiten Weltkrieg*

[1] Rosamund Lehmann, "The Future of the Novel?", *Britain Today* June 1946, zit. nach Randall Stevenson, *The British Novel Since the Thirties*, London 1987, 68.

[2] Peter Nonnenmacher, "The War Is Over", *The Guardian* 4.9.1989, 22.

[3] Diese Begriffe sind Kapitelüberschriften aus John Sutherland, *Bestsellers: Popular Fictions of the 1970s*, London 1981. Zu dem Thema siehe auch Malcolm Humble, "How Trivial is 'Trivialliteratur'? The Exploitation of the Nazi Past in the British and American Bestseller Since 1945", Manfred Pfister (ed.), *Anglistentag 1984 Passau: Vorträge*, Giessen 1985, 206–217.

[4] Zu den Kriegsromanen von Higgins siehe Kurt Bangert/Jürgen Kamm, *Die Darstellung des Zweiten Weltkrieges im englischen Roman,* Frankfurt 1987, Bd. 1, 17–190.

[5] Wenn die Autoren dieser Romane einen Deutschen als Protagonisten benutzen, so stehen sie vor dem Problem, daß sie ihn sympathisch erscheinen lassen müssen. Mehrere der Autoren lösen das Problem auf die gleiche Art: Ihre deutschen Protagonisten stehen dem Nationalsozialismus kritisch gegenüber und haben außerdem enge Verbindungen in die angelsächsische Welt. Steiner beispielsweise legt sich mit der SS an, hat eine amerikanische Mutter und wurde in London erzogen.

[6] Sutherland, *Bestsellers*, 176.

[7] Ebd., 173–175.

[8] Auch Follett hatte – wie er selbst eingesteht – große Probleme, den deutschen Spion sympathisch wirken zu lassen. Siehe Ken Follett, "The Spy as Hero and Villain", Lucy Freeman (ed.), *The Murder Mystique: Crime Writers on Their Art*, New York 1982, 74–81.

[9] Siehe Gina Thomas, „Neue Sehnsucht nach dem Empire", *Frankfurter Allgemeine Zeitung* 6. 1. 1993, 19. Patrick Bahners, "If ...", *Frankfurter Allgemeine Zeitung* 20. 1. 1993, N5.

[10] Alfred Lee/Barrie Penrose, "Hitler's two Dead Doubles", *Sunday Express* 20. 9. 1992, 15.

[11] Zu Texten mit alternativen Geschichtsbildern siehe Jörg Helbig, *Der parahistorische Roman: Ein literarhistorischer und gattungstypologischer Beitrag zur Allotopieforschung*, Frankfurt 1988.

[12] Siehe Husemann, "Speculative Novels". Sutherland, *Bestsellers*, 240–244. Bangert/Kamm, *Zweiter Weltkrieg*, 207–215.

[13] Ralph Giordano, *Wenn Hitler den Krieg gewonnen hätte: Die Pläne der Nazis nach dem Endsieg*, Hamburg 1989, 266–274.

[14] Vgl. auch Sutherland, *Bestsellers*, 240–244.

[15] Siehe Smith, *Cloak and Dagger Fiction*, 140f.

[16] Harris ist ein Journalist, der bereits mehrfach zum Thema Nationalsozialismus veröffentlicht hat. So schrieb er ein Buch über den Skandal mit den gefälschten Hitler-Tagebüchern, *Selling Hitler* (1986). Beachtenswert sind auch einige seiner Zeitungsartikel, z. B. "Dateline Berlin: How Will the Germans Be Celebrating Victory over Europe?", *Daily Mail* 26. 3. 1994, 26f.

[17] Siehe N. N., „Holocaust für Horror-Freunde", *Der Spiegel* 21. 9. 1992, 272–276. Vgl. auch Karen Breslau, "What If Hitler Had Won?", *Newsweek* 27. 7. 1992, 35. John Mortimer, "The Reich's Progress", *Sunday Times* 3. 5. 1992.

[18] March ist ein weiteres Beispiel für den sympathischen, anglophilen Deutschen: Er steht dem Nationalsozialismus kritisch gegenüber, trinkt gerne Whisky, hat einen englisch klingenden Nachnamen und eine amerikanische Geliebte.

[19] Robert Harris, "Nightmare Landscape of Nazism Triumphant", *The Sunday Times* 10.5.1992.

[20] Ebd.

[21] Ebd.

[22] Vgl. auch N. N., „Komplott gegen Europa", *Der Spiegel* 16.7.1990, 108f.

[23] Dominic Lawson, "Saying the Unsayable about the Germans", *The Spectator* 14.7.1990.

[24] Gina Thomas, „Karate-Billis Heimkehr ins Klischee", *Frankfurter Allgemeine Zeitung* 13.5.1992.

[25] John Kay, "*The Sun* Invades Germany", *The Sun* 11.4.1987.

[26] Conor Cruise O'Brien, "Beware of a Reich Resurgent", *The Times* 31.10.1989.

[27] Will Stewart, "Major at War with Germany", *Daily Express* 19.9.1992, 1.

[28] Vgl. auch die Rezension von David Smith, "The Bank That Likes to Say *Nein*", *The Sunday Times* 4.10.1992.

[29] Zum Deutschlandbild in der britischen Literatur nach 1945 siehe Harald Husemann, "Skeletons in Their Cupboards: The Image of Germany in Post-War English Novels", Claus Uhlig/Rüdiger Zimmermann (eds.), *Anglistentag 1990 Marburg: Proceedings*, Tübingen 1991, 519–539. Von den 32 in Husemanns Bibliographie aufgeführten Romanen sind immerhin 21 dem Genre Spionageroman zuzurechnen.

[30] Miller ist ein weiteres Beispiel für einen anglophilen Deutschen. Sein Name klingt eher englisch als deutsch, und er fährt einen Jaguar. Die Tatsache, daß er ein britisches Auto fährt, rettet ihm sogar das Leben. Als ein SS-Killer eine Bombe an dem Auto befestigt, übersieht er nämlich, daß der Jaguar eine weit härtere Radaufhängung als kontinentaleuropäische Autos hat. Ob jemand ein britisches Auto fährt, ist in Großbritannien im übrigen ein wichtiges Thema. So mußte beispielsweise Prinzessin Diana ihren Mercedes gegen ein britisches Auto eintauschen.

[31] Siehe Husemann, *As Others*, 99–102. In Robert Harris' *Fatherland* findet sich eine ähnliche Textstelle: "After Göring had been made Chief Reich Huntsman in 1934, there had been some attempt to lighten the Grunewald. Chestnut and linden, beech, birch and oak had all been planted. But the heart of it – as it had been a thousand years ago, when the plains of northern Europe were still forest – the heart remained the hilly woods of melancholy pine. From these forests, five centuries before Christ, the warring German tribes had emerged; and to these forests, twenty-five centuries later, mostly at weekends, in their campers and their trailers, the victorious German tribes returned. The Germans were a race of forest-dwellers. Make a clearing in your mind, if you liked; the trees just waited to reclaim it." (*F* 79)

[32] Zur Diskussion um den deutschen Nationalcharakter siehe Husemann, *As Others*, 85–102.

[33] Eine Mischung aus *fact* und *fiction* ist charakteristisch für Forsyths gesamtes Werk. In seinem ersten Roman *The Day of the Jackal* (1971) beschreibt er einen Attentatsversuch auf de Gaulle, der in letzter Sekunde scheitert – ähnlich wie Higgins vier Jahre später das Attentat auf Churchill schildert. Forsyths dritter Roman *The Dogs of War* (1974) handelt von einem gescheiterten Putsch in einem afrikanischen Staat – gestaltet nach dem Vorbild eines realen Putschversuches, an dessen Planung und Finanzierung Forsyth persönlich beteiligt war. Vgl. auch Dudley Jones, "Professionalism and Popular Fiction: The Novels of Arthur Hailey and Frederick Forsyth", Clive Bloom (ed.), *Spy Thrillers*, London 1990, 160–184. Grzegorz Moroz, "Frederick Forsyth *The Dogs of War*: Is Africa Presented in this Novel Real or Ficticious?", *Africana Bulletin* 37 (1991), 59–70.

[34] Frederick Forsyth, "Letter to Marion Schnöink", 8. 3. 1990, unveröffentlicht (Kopie des Briefes in meinem Besitz).

[35] Adalbert Rückerl, *NS-Verbrechen vor Gericht*, Heidelberg 1982, 239.

[36] Forsyth, "Letter".

[37] Ladislas Farago, *Aftermath: Martin Bormann and the Fourth Reich*, New York 1974, 168f.

[38] Ebd., 169.

[39] Rückerl, *NS-Verbrechen*, 239.

[40] Erst 24 Jahre nach der Erstveröffentlichung fand der Roman einen deutschen Verleger, während andere Romane von Adam Hall sofort übersetzt wurden. Bei der Filmversion des Romans, *The Quiller Memorandum* (1966, Drehbuch: Harold Pinter), wurden in der deutschen Fassung alle Hinweise auf Nazis wegsynchronisiert. Vgl. auch Richard Falcon, "Images of Germany and the Germans in British Film and Television Fictions", Harald Husemann (ed.), *As Others See Us: Anglo-German Perceptions*, Frankfurt 1994, 7–28.

[41] Blaicher, *Deutschlandbild*, 245.

[42] Ted Allbeury, "Letter to Jost Hindersmann", 24. 3. 1990, unveröffentlicht.

[43] Er steht somit in einer Reihe mit Charakteren wie Kurt Steiner (Higgins), Xavier March (Harris) und Peter Miller (Forsyth).

[44] In den deutschen Übersetzungen der beiden Romane wurden diese Passagen übrigens gestrichen.

[45] Zu den geflohenen Nazis siehe Rückerl, *NS-Verbrechen*. Simon Wiesenthal, *Doch die Mörder leben*, München 1967. Die Rolle der Kirchen untersucht Ernst Klee, *Persilscheine und falsche Pässe: Wie die Kirchen den Nazis halfen*, Frankfurt 1992. Inzwischen sind auch die argentinischen Archive geöffnet worden, was neue Erkenntnisse ermöglicht. Siehe Nathaniel C. Nash, "Argentines Bare Vast Nazi-Web in Just-Opened Files", *International Herald Tribune* 15. 12. 1993, 4.

[46] Sutherland, *Bestsellers*, 179.

[47] Hannah Arendt, *Eichmann in Jerusalem: Ein Bericht von der Banalität des Bösen*, München 1964.

[48] Siehe Jochen von Lang, *Der Sekretär*, Stuttgart 1977.

[49] Zit. nach Sutherland, *Bestsellers*, 184.

[50] Spionageromanautoren sind nicht die einzigen, die den Mythos der geflohenen, aber mächtigen Nazis am Leben erhalten. Immer wieder erklären selbsternannte Nazi-Jäger, sie hätten die Kriegsverbrecher aufgespürt. So behauptet beispielsweise Ladislas Farago in seinem Sachbuch *Aftermath: Martin Bormann and the Fourth Reich*, daß Bormann, Mengele und „Gestapo Müller" in Südamerika bereits ein Viertes Reich aufgebaut hätten. Die Trennlinie zwischen Spionageromanen und Sachbüchern verwischt. Vgl. auch Gerald L. Posner/John Ware, *Mengele: The Complete Story*, London 1986. N. N., "Former Nazi Places Bormann in Brazil", *New York Times* 1. 1. 1968, 31.

[51] Siehe L. L. Snyder, *Encyclopedia of the Third Reich*, New York 1976, 234.

[52] Die Vermutung, daß hohe Nazis kurz vor Kriegsende in U-Booten geflohen seien, ist bis heute aktuell. Im Sommer 1993 wurde vor der dänischen Küste das deutsche U-Boot U-534 geborgen, das am 3. 5. 1945 mit einer ungewöhnlich großen Menge an Proviant aus Kiel ausgelaufen war. In Presseberichten deutscher und ausländischer Zeitschriften wurde vermutet, in dem Wrack lägen die Überreste bekannter Nazis sowie Geheimdokumente und Schätze; bis jetzt wurde allerdings nichts Wichtiges gefunden.

[53] Berhard Heimrich, „Die Angst auf der Sandbank", *Frankfurter Allgemeine Zeitung* 17. 10. 1992.

[54] Das gleiche Motiv benutzt auch Jack Higgins in *Thunder Point* (1993). In diesem Roman flieht Bormann in einem U-Boot nach Südamerika und ist im Besitz eines Verzeichnisses von hochgestellten britischen Nazi-Sympathisanten. Dieses Verzeichnis heißt in Higgins' Roman allerdings nicht *Weiss-List*, sondern *Blue Book*.

[55] Umberto Eco, „Die Erzählstrukturen bei Ian Fleming", Jochen Vogt (ed.), *Der Kriminalroman*, München 1971, Bd. 1, 277.

## *VI. Der Spionageroman im Kalten Krieg 1945–1989*

[1] Zur britischen Geschichte der Nachkriegszeit siehe David Childs, *Britain since 1945: A Political History*, London 1992. Alan Sked/Chris Cook, *Post-War Britain: A Political History*, Harmondsworth 1979. Anthony Sampson, *Anatomy of Britain*, London 1962. Peter Lewis, *The 50s*, London 1978.

[2] Lietta Tornabuoni, „James Bond – Eine Modeerscheinung", Oreste del Buono/Umberto Eco (eds.), *Der Fall James Bond: 007 – ein Phänomen unserer Zeit*, München 1966, 15.

[3] Die Standard-Biographie über Flemings Leben stammt von John Pearson, *The Life of Ian Fleming*, London 1966. Die neueste Biographie ist von Donald McCormick, *17F: The Life of Ian Fleming*, London 1993. McCormick

berichtet vor allem viele neue Details aus Flemings Tätigkeit für den britischen Geheimdienst während des Krieges. So behauptet er beispielsweise, daß Fleming mit Hilfe von schwarzer Magie und gefälschten Horoskopen Rudolf Heß zu dessen Englandflug veranlaßt habe.

[4] Siehe vor allem John Brosnan, *James Bond in the Cinema*, London 1972. Philip Lisa/Lee Pfeiffer, *The Incredible World of 007*, London 1992.

[5] Siehe Tornabuoni, „Modeerscheinung".

[6] Flemings wichtigste Kritiker sind Bernard Bergonzi, "The Case of Mr Fleming", *Twentieth Century* 163 (1958), 220–228. Paul Johnson, "Sex, Snobbery and Sadism", *New Statesman* 5.4.1958, 430–432. Hans Christoph Buch, „James Bond oder der Kleinbürger in Waffen", *Der Monat* August 1965, 39–49. Flemings wichtigste Befürworter sind Kingsley Amis, *The James Bond Dossier*, London 1965. O. F. Snelling, *Double 0 Seven James Bond: A Report*, London 1964. Eine vermittelnde Position nimmt Eco, „Erzählstrukturen" ein. Eine andere Forschungsrichtung geht der Frage nach, inwieweit die Bond-Romane antiken Mythen und mittelalterlichen Sagen entsprechen. Siehe vor allem Ann S. Boyd, *The Devil with James Bond!*, Westport 1975. George Grella, "James Bond: Culture Hero", *New Republic* 30.5.1964, 17–20. Bernice L. Webb, "James Bond as Literary Descendent of Beowulf", *South Atlantic Quarterly* 67 (1968), 1–12. Überblicke über den Forschungsstand liefern Laura Lilli, „James Bond und die Kritik", Oreste del Buono/Umberto Eco (eds.), *Der Fall James Bond: 007 – ein Phänomen unserer Zeit*, München 1966, 201–234. Jens-Peter Becker, „Ian Flemings James Bond-Romane und die Kritiker", ders., *Sherlock Holmes & Co: Essays zur englischen und amerikanischen Detektivliteratur*, München 1975, 47–59.

[7] Siehe vor allem David Cannadine, "James Bond and the Decline of England", *Encounter* September 1979, 46–55.

[8] N. N., „Wie wäre ich, wenn ich er wäre?", *Der Spiegel* 7.8.1989, 145.

[9] Amis, *Dossier*, 111.

[10] Atkins, *Spy Novel*, 75.

[11] Ulrike Holtmann, *Spying on Le Carré: His Heroes of the Sixties and Seventies*, Magisterarbeit Osnabrück, 1991, 20.

[12] N. N., "The Man With the Golden Bond", *TIME* 21.8.1964, 19.

[13] Lewis, *50s*, 49f. betont, daß sich in den fünfziger Jahren dreißig Prozent aller Brünetten die Haare blond färbten. Die beliebtesten Schauspielerinnen jener Zeit kann man in bezug auf Aussehen als Vorläufer der Bond-Girls sehen: Diana Dors, Jayne Mansfield, Marilyn Monroe (*Gentlemen Prefer Blondes*) und Brigitte Bardot zeichnen sich allesamt durch langes blondes Haar und eine üppige Figur aus.

[14] Vgl. etwa Bergonzi, "Case", 226. Cook, "Gentleman", 173f. Vgl. dagegen N. N., "Spies and Charlatans", *Times Literary Supplement* 17.4.1953, 249: "Altogether Mr. Fleming has produced a book that is both exciting and extremely civilized."

[15] Bergonzi, "Case", 225.

[16] Ebd.

[17] Ian Fleming, "If I Were Prime Minister", *The Spectator* 9. 10. 1959, 466f.

[18] N. N., "Playboy Interview: Ian Fleming", *Playboy* December 1964, 102. In diesem Zusammenhang ist der Verweis auf die Bond-Romane von John Gardner interessant. Nach Flemings Tod beauftragte die Firma, die die Rechte an der literarischen Figur James Bond besaß, Gardner, neue Bond-Romane zu schreiben. Um eine größtmögliche Leserschaft zu erreichen, wurde er angewiesen, Bond gemäß neuen gesellschaftlichen Entwicklungen der siebziger und achtziger Jahre zu verändern: Bond sollte ein bescheideneres Auto fahren, Frauen als gleichwertig behandeln und nikotinärmere Zigaretten rauchen. Siehe Per Gedin, "The Book Market", Boris Ford (ed.), *The New Pelican Guide to English Literature: Vol. 8. The Present*, Harmondsworth 1987, 412f.

[19] George Grella, "Ian Fleming", Lesley Henderson (ed.), *Twentieth Century Crime and Mystery Writers*, London 1991, 373.

[20] Bergonzi, "Case", 228.

[21] Johnson, "Sex, Snobbery and Sadism", 432.

[22] Amis, *Dossier*, 95.

[23] Cannadine, "Decline", 48.

[24] Vgl auch Michael Woolf, "Ian Fleming's Enigmas and Variations", Clive Bloom (ed.), *Spy Thrillers: From Buchan to le Carré*, London 1990, 92f.

[25] Fleming, *Thrilling Cities*, zitiert nach Stafford, *Silent Game*, 160.

[26] Fleming, "If I Were", 466.

[27] Bergonzi, "Case", 227.

[28] Peter Beaumont, "Smiley's People Join the Designer Dilettantes", *The Observer* 1. 8. 1993, 6.

[29] Weitere Beispiele bei Lenz, *FACTIFICTION*, 194ff.

[30] John Walsh, "The Perfect Spymaster", *The Sunday Times* 25. 6. 1989.

[31] John Halperin, "Between Two Worlds: The Novels of John le Carré", *South Atlantic Quarterly* 79 (1980), 17.

[32] Bernd Lenz, „'Of tough guys, private eyes and spies': Neuere Tendenzen des Kriminal- und Agentenromans", Annegret Maack/Rüdiger Imhof (eds.), *Radikalität und Mäßigung: der englische Roman seit 1960*, Darmstadt 1993, 103f.

[33] Atkins, *Spy Novel*, 170.

[34] George Grella, "John le Carré: Murder and Loyalty", *New Republic* 31. 7. 1976, 24.

[35] Eric Homberger, *John le Carré*, London 1986, 13.

[36] Peter Lewis, *John le Carré*, New York 1985. David Monaghan, *The Novels of John le Carré: The Art of Survival*, Oxford 1985. Homberger, *Le Carré*. Tony Barley, *Taking Sides: The Fiction of John le Carré*, Milton Keynes 1986. Peter Wolfe, *Corridors of Deceit: The World of John le Carré*, Bowling Green 1987. Lynn Dianne Beene, *John le Carré*, Boston 1992.

[37] Harold Bloom (ed.), *John le Carré*, New York 1987. Alan Bold (ed.), *The Quest for le Carré*, London 1988.

[38] George David Dobler, *The Novels of John le Carré: Children, Women,*

*Religion*, Phil. Diss. Iowa City, 1989. Cheryl C. Powell, *Redemption for the Protagonist in three Novels by John le Carré*, Phil. Diss. Tallahassee, 1991.

[39] David Monaghan, *Smiley's Circus: A Guide to the Secret World of John le Carré*, London 1986.

[40] Eine Biographie zu le Carré liegt noch nicht vor. Le Carrés wichtigste autobiographische Statements sind "Spying on My Father", *The Sunday Times* 16.3.1986, 33f. "Don't Be Beastly to Your Secret Service", *The Sunday Times* 23.3.1986. "My Secret World", *The Sunday Times* 17.6.1990, 31f. Beachtenswert ist außerdem seine Einleitung zu einem Buch über Kim Philby: "Introduction", Bruce Page/David Leitch/Phillip Knightley, *Philby: The Spy Who Betrayed a Generation*, London 1968, 9–24.

[41] Le Carré, "Spying on My Father", 33f. Besonders offensichtlich wird dies gestörte Vater-Sohn-Verhältnis in dem Roman *A Perfect Spy*, den man schon fast als eine fiktionale Autobiographie lesen kann.

[42] Paul Vaughan, "Le Carré's Circus: Lamplighters, Moles and Others of that Ilk", *The Listener* 13.9.1979, 340.

[43] Vgl. etwa Nicholas Wapshott, "Tinker, Tailor, Soldier, Novelist", *The Times* 6.9.1982, 7. Melvyn Bragg, "*The Little Drummer Girl*: An Interview with John le Carré", Alan Bold (ed.), *The Quest for le Carré*, London 1988, 129.

[44] Le Carré, "Secret Service".

[45] Vgl. etwa Rudolf Walter Leonhardt, „Der faire Spion", *Die Zeit* 13.9.1974, 17. James Cameron, "The Case of the Hot Writer", *New York Times Magazine* 8.9.1974, 65.

[46] Le Carré, "Introduction", 15.

[47] Vaughan, "Circus", 340. Melvin Bragg, "The Things a Spy Can Do: John le Carré Talking", *The Listener* 22.1.1976, 90.

[48] Monaghan, *Novels*, 4. Vgl. auch ders., "John le Carré and England: A Spy's Eye View", *Modern Fiction Studies* 29 (1983), 569–582. Thomas Noetzel, *Die Faszination des Verrats: Eine Studie zur Dekadenz im Ost-West-Konflikt*, Hamburg 1989, 196–200.

[49] Le Carré, "Introduction", 23.

[50] Ebd., 22f.

[51] Miriam Gross, "The Secret World of le Carré", *The Observer* 3.2.1980, 35.

[52] Le Carré, "Introduction", 13.

[53] Ebd., 18.

[54] Ebd.

[55] Homberger, *Le Carré*, 18.

[56] Sampson, *Anatomy*, 637f.

[57] Siehe Monaghan, *Novels*, 43–54.

[58] Ebd., 47.

[59] Ebd., 48.

[60] Lewis, *Le Carré*, 44.

[61] Sampson, *Anatomy*, 181.

[62] Le Carré, "In England Now", 34f.

[63] Homberger, *Le Carré*, 66.

[64] Vaughan, "Circus", 340.

[65] Vgl. auch Thomas Michael Stein, „'A world grown old and cold and weary': Intertextuelle Referenzen in John le Carrés Trilogie *The Quest for Karla*", *anglistik und englischunterricht* 37 (1989), 113–130.

[66] Vgl. auch Vaughan, "Circus", 340: "They've invested their loyalty in their country, blindly; they've often been brought up to one ethic and found themselves landed with another, which is a form of historical betrayal which occurs to very many people ... so very many of my characters are the victims of an accelerated history that we live through."

[67] Jens P. Becker, „John le Carrés Smiley-Saga: 'Nostalgia for a lost paradise'", *anglistik und englischunterricht* 37 (1989), 103.

[68] Ebd., 107.

[69] Atkins, *Spy Novel*, 232.

[70] Vgl. etwa Lenz, *FACTIFICTION*, 238.

[71] Edward Milward-Oliver, *The Len Deighton Companion*, London 1988. Von den Aufsätzen sind besonders hervorzuheben: Bernd Lenz, „*Game, Set & Match*: Konstanten und Varianten in Len Deightons geheimer Welt", *anglistik und englischunterricht* 37 (1989), 65–97. Dudley Jones, "The Great Game? The Spy Fiction of Len Deighton", Clive Bloom (ed.), *Spy Thrillers: From Buchan to le Carré*, London 1990, 100–112.

[72] Becker, „Smiley-Saga", 101.

[73] Die Frage, ob alle Proptagonisten die gleiche Person sind, hat Deighton bewußt offen gelassen. Es gibt mehrere Widersprüche in der Biographie der Protagonisten, so daß man davon ausgehen kann, daß es sich zwar nicht um ein und dieselbe Person, aber doch um denselben Typ handelt. Siehe Milward-Oliver, *Companion*, 43.

[74] John Dickson Carr, "Murder Fancier Recommends...", *Harper's Magazine* July 1966, 88.

[75] Dieser Begriff wurde geprägt von Michael Young, *The Rise of the Meritocracy*, Harmondsworth [9]1973.

[76] Sauerberg, *Secret Agents*, 108.

[77] Lewis, *50s*, 158.

[78] Ebd.

[79] Sampson, *Anatomy*, 198.

[80] Siehe Christa d'Souza, "Old Boy Brigade", *The Sunday Times* 13.3.1994.

[81] Zu den Verrätern liegt inzwischen eine Vielzahl von Untersuchungen vor. Siehe vor allem Noetzel, *Faszination*. Nigel West, *Molehunt: The Full Story of the Soviet Spy in MI5*, London 1987.

[82] Atkins, *Spy Novel*, 220.

[83] Cannadine, "Decline", 47,

[84] Amis, *Dossier*, 89.

[85] Ebd., 92.

[86] Adrian Turner, "Sex, Snobbery, Sadism & Style", *The Guardian* 15.8.1992, 5.

[87] Ebd.

[88] Fleming, *Thrilling Cities*, zitiert nach Stafford, *Silent Game*, 160f.

[89] Stafford, *Silent Game*, 194.

[90] Zur Spielmetapher bei le Carré siehe Lenz, *FACTIFICTION*, 256f.

[91] Vaughan, "Circus", 340.

[92] Monaghan, *Novels*, 60.

[93] Ebd.

[94] Sauerberg, *Secret Agents*, 206.

[95] Ebd., 228.

[96] In diesem Zusammenhang ist noch auf Deightons Kriegsroman *Goodbye Mickey Mouse* hinzuweisen, dessen Protagonist der Amerikaner Mickey Morse ist. Der Roman beschreibt die Stationierung von US-Soldaten in Großbritannien während des Zweiten Weltkrieges. Das Verhältnis zwischen Briten und Amerikanern ist das gleiche wie in den Spionageromanen aus den siebziger Jahren: Die Amerikaner verhalten sich arrogant und unsensibel, und die Briten beneiden sie um ihren Wohlstand.

[97] Vgl. auch Hasenberg, „Deutschlandbild", 231f.

[98] Deightons Roman erwies sich in diesem Punkt als prophetisch. In britischen Spionageromanen, die nach der deutschen Wiedervereinigung 1990 veröffentlicht wurden, werden die gleichen Befürchtungen ausgesprochen.

[99] Lenz, *FACTIFICTION*, 245.

[100] Diese Episode berichtet Stafford, *Silent Game*, 171.

[101] Siehe N. N., "007 v. SMERSH", *TIME* 29.9.1962. Ironischerweise trifft dieser Vorwurf umgekehrt zu: Der KGB versuchte nämlich, die Popularität des Spionageromans für seine Zwecke auszunutzen und beauftragte deshalb den bulgarischen Autor Andrei Gulyashki, einen „Anti-Bond"-Roman zu verfassen. Das Ergebnis war *Avakum Zakhov versus 07* (1966), der mit großem Erfolg in der *Komsomolskaya Pravda* serialisiert wurde. Siehe Atkins, *Spy Novel*, 93.

[102] Vgl. etwa Becker, *Spionageroman*, 142f. Lenz, *FACTIFICTION*, 146ff.

[103] Vgl. auch Eco, „Erzählstrukturen", 256–265.

[104] Amis, *Dossier*, 86.

[105] Vgl. etwa Mordecai Richler, "James Bond Unmasked", *Commentary* 46 (1968), 74–81. Margaret Marshment, "Racist Ideology and Popular Fiction", *Race and Class* 19 (1978), 331–344.

[106] Vgl. etwa Grella, "Culture Hero". Boyd, *Devil*. Dies., "Dragonslayer". Lehmann, *James Bond*.

[107] Eco, „Erzählstrukturen", 275.

[108] Ebd., 276.

[109] Ebd., 277.

[110] Der Wechsel von SMERSH zu SPECTRE hat auch Einfluß auf die Verfilmungen gehabt. 1962 wurde *Dr. No* gedreht und 1963 *From Russia, With Love*. In den Romanvorlagen arbeiten die Antagonisten jeweils für den sowje-

tischen Geheimdienst SMERSH. Da Fleming jedoch seit 1961 das Feindbild UdSSR aufgegeben hatte, wurde auch in den Filmen das Feindbild der neuen politischen Situation entsprechend geändert: Die Antagonisten arbeiten nun für SPECTRE. Im dritten Film, *Goldfinger* (1964), arbeitet der Gegenspieler Auric Goldfinger dann für China anstatt für SMERSH.

111 Richard Gant, *Ian Fleming: The Man with the Golden Pen*, zit. nach Sauerberg, *Secret Agents*, 160f.

112 N. N., "Playboy Interview: Ian Fleming", *Playboy* December 1964, 104.

113 Ebd.

114 Ian Fleming, "How to Write a Thriller", *Books and Bookmen* May 1963, 14.

115 Siehe John le Carré, "To Russia, With Greetings", *Encounter* May 1966, 3–6.

116 Crutchley, "Fictional World", 548.

117 Gross, "Secret World", 33.

118 N. N., „Wie wäre ich", 147.

119 Vaughan, "Le Carré's Circus", 340.

120 Le Carré, "To Russia", 5.

121 Becker, *Spionageroman*, 155.

122 Ebd.

123 Le Carré, "To Russia", 5.

124 Becker, *Spionageroman*, 155. Vgl. auch Lenz, *FACTIFICTION*, 76f.

125 Le Carré, "To Russia", 5.

126 Siehe Homberger, *le Carré*, 27.

127 Zu le Carrés Version von Schillers Unterscheidung zwischen dem Naiven und dem Sentimentalen siehe Monaghan, *Novels*, 2–11.

128 Gross, "Secret World", 33.

129 E. M. Forster, *Two Cheers for Democracy*, London 1972, 66.

130 Lenz, *FACTIFICTION*, 240f.

131 Siehe Jones, "Great Game", 108f.

132 Lenz, „Konstanten", 79.

133 Zu den Spielmetaphern siehe Lenz, *FACTIFICTION*, 226–228, 240–243. Jones, "Great Game", 111f.

134 Noetzel, *Faszination*, 191.

135 Siehe Lenz, *FACTIFICTION*, 90–95.

136 Rudolf Walter Leonhardt, „Die geheime Welt des John le Carré", *Die Zeit* 4. 4. 1980, 62.

137 Robert Harling, "Something near the Truth?", *The Sunday Times*, 15. 9. 1963.

138 Francis Iles, "Criminal Records", *The Guardian* 11. 11. 1963, 9.

139 P. S. P., "Smiley vs. the Mole", *Newsweek* 17. 6. 1974, 57.

140 Le Carré, "Secret Service".

141 Günther Nollau, „Nichts ist authentisch", *Der Spiegel* 20. 1. 1965, 77.

142 Zit. nach Homberger, *le Carre*, 27.

[143] John le Carré, „Wieviel Morde sind glaubwürdig?“, *Der Spiegel* 31.3.1965, 136.

[144] Le Carré, “Secret Service“.

[145] So behauptete beispielsweise der Ex-Agent Peter Wright in seinem Buch *Spycatcher*, Sir Roger Hollis, der ehemalige Chef des MI5 sei ebenfalls ein Maulwurf gewesen. Die Regierung Thatcher versuchte, das Erscheinen des Buches zu verbieten, was zu einem öffentlichen Disput führte.

[146] Le Carré, “Introduction”, 9. Für den Fall Philby ist auch seine Autobiographie von Interesse, die er in der Sowjetunion geschrieben hat: *My Silent War* (1968). Die Einleitung zu dieser Autobiographie hat Graham Greene verfaßt. Le Carré und Greene sind bei der Frage nach der Motivation für Philbys Verrat zu unterschiedlichen Antworten gelangt, was die beiden Freunde für einige Zeit entzweite.

[147] Gross, “Secret World”, 33.

[148] James Cameron, “The Case of the Hot Writer“, *New York Times Magazine* 8.9.1974, 67.

[149] Stefan Kanfer, “The Spy Who Came In for the Gold”, *TIME* 3.10.1977, 49.

[150] Barley, *Taking Sides*, 84.

[151] Halperin, “Two Worlds”, 33.

[152] Ebd., 28. *Tinker, Tailor, Soldier, Spy* ist nicht der einzige Spionageroman, der die Philby-Affäre fiktionalisiert. Graham Greene hat in *The Human Factor* (1978) ebenfalls den Fall Philby aufgearbeitet. Zu einem Vergleich mehrerer Philby-Romane siehe Margaret Scanlan, “Philby and His Fictions”, *Dalhousie Review* 62 (1982), 533–553. Zwei Philby-Romane, die Scanlan nicht erwähnt, sind Frederick Forsyths *The Fourth Protocol* (1984), in dem Philby eine Atombombe in Großbritannien zünden will, und Ted Allbeurys *The Other Side of Silence* (1981), in dem Philby ein Tripelagent ist und wieder nach Großbritannien zurückkehren will. Philby wird darüber hinaus noch mit weiteren Romanfiguren in Verbindung gebracht, so z. B. mit Magnus Pym aus John le Carrés *A Perfect Spy*. Siehe David Ignatius, “The Real ‘Perfect Spy’”, *Washington Post* 15.5.1988, B5.

[153] Vgl. etwa David Leigh/Paul Lashmar, “The Secrets Spread by Smiley’s People”, *The Observer* 26.4.1987, 9.

[154] Vgl. auch Becker, „Smiley-Saga“, 103. Stafford, *Silent Game*, 207.

[155] John le Carré, “Unlicensed to Quote”, *The Times* 17.3.1981. Vgl. auch ders., „Gab es George Smiley wirklich? Ja. Nein. Vielleicht Spion?“, *Börsenblatt des deutschen Buchhandels* 6.5.1980, 1082f.

[156] Vgl. etwa Masters, *Literary Agents*, 242f. Stafford, *Silent Game*, 207.

[157] Diese Theorie erscheint nicht zuletzt deswegen glaubwürdig, weil le Carré schon in anderen Fällen Personen aus seinem privaten Umfeld als Modell benutzt hat. Rick Pym in *A Perfect Spy* ist eine nur leicht verkleidete Version seines Vaters Ronnie, und Charlie in *The Little Drummer Girl* trägt eindeutige Züge seiner Halbschwester Charlotte. Vgl. auch Norman Moss, “Charlie: Fact and Fiction”, *Daily Telegraph Sunday Magazine* 15.7.1984, 16f.

[158] Vgl. etwa Daniel Benjamin/James O. Jackson, "Tales of a Master Spy", *TIME* 11.11.1991, 37. Patricia Clough, "Dieter and the Wolf: a German Mystery", *The Independent* 18.4.1989.

[159] John le Carré, „Markus Wolf, Karla und mein Rasenmäher", *Frankfurter Allgemeine Zeitung* 8.5.1993, 27.

[160] Gross, "Secret World", 35.

[161] Bragg, "Things", 90.

[162] Siehe Walsh, "Spymaster". Das *Oxford English Dictionary* nennt allerdings als erste Verwendung des Wortes *mole* in diesem Sinne einen Roman von John Buchan aus dem Jahr 1925.

[163] Walsh, "Spymaster".

## *VII. Zwischenspiel: Der Spionageroman im Zeichen von* glasnost

[1] N. N., „CDU/CSU-Wähler: Gorbatschow besser als Kohl", *Der Spiegel* 5.6.1989, 160–168.

[2] Patrick Stoddart, "Who Will Be the Bad Guys Now?", *The Sunday Times* 15.10.1989, F17.

[3] M. F. „Gorbi als Killer des Spionage-Thrillers", *Bücherpick* 3/89.

[4] Siehe Tom Mathews, "In from the Cold", *Newsweek* 5.6.1989, 42.

[5] Siehe N. N., „Der Spion, der in die Perestroika kam", *Der Spiegel* 7.8.1989, 142.

[6] Vgl. etwa Penny Perrick, "A World without Love", *The Sunday Times* 2.7.1989, G6. Paul Gray, "A Master Hits His Old Pace", *TIME* 29.5.1989, 50. William French, "Glasnost and Its Consequences", *The Globe and Mail* 10.6.1989, C17. Jochen Vogt, „Glasnost und die Zukunft der Spione", *Frankfurter Rundschau* 10.10.1989, B16. Bernd Eilert, „Britannischer Fado", *Frankfurter Allgemeine Zeitung* 10.10.1989, L16.

[7] N. N., „Wie wäre ich", 148.

[8] Barley bezeichnet Thatcher als "a bloody Red" (*RH* 303), weil sie die Masse dem Individuum vorzieht. Zu le Carrés Kritik an der Thatcher-Regierung in diesem Roman siehe Thomas Michael Stein, "'The Imperial Fantasy': John le Carré's *A Perfect Spy* and *The Russia House*", *anglistik und englischunterricht* 48 (1992), 53–64.

[9] Vogt, „Glasnost".

[10] John le Carré, "Will Spy Novels Come In from the Cold?", *Washington Post* 19.11.1989, D4.

[11] H. J. Kirchhoff, "Spymaster", *The Globe and Mail* 10.6.1989, C1.

[12] Le Carré, "Spy Novels", D4.

[13] John le Carré, „Warum ich aus der Kälte kam", *Die Zeit* 29.9.1989, 3.

[14] Ebd.

[15] Thomas J. Price, "The Changing Image of the Soviets in the Bond Saga: From Bond-Villains to 'Acceptable Role Partners'", *Journal of Popular Culture* 26 (1992), 17–37.

[16] Diese Beschreibung Gorbatschows erinnert an die Beschreibung von Deutschen in Romanen von Higgins oder Allbeury. Ausländer sind immer dann ganz besonders symphatisch, wenn sie britisch gekleidet sind und fehlerfreies Englisch sprechen.

[17] Valerie Grove, "Rendezvous with Action Man", *The Sunday Times* 18.2.1990.

[18] Fritz Rumler, „Safari in den Weltuntergang", *Der Spiegel* 12.6.1989, 200.

[19] Grove, "Action Man".

[20] Ebd.

[21] Ebd.

[22] Rumler, „Safari", 200.

[23] Grove, "Action Man".

## *VIII. Ausblick: Der Spionageroman nach dem Ende des Kalten Krieges*

[1] Le Carré, "Spy Novels", D4.

[2] Stefan Kanfer, "When Spies Become Allies", *TIME* 19.8.1991, 50f.

[3] N. N., „Die Arbeit wird wichtiger", *Der Spiegel* 11.11.1991, 186.

[4] Keith Jeffery, "Losing Sight of the Enemy", *Times Literary Supplement* 30.11.1990. 1300.

[5] Tim Warren, „Verrat ist ein Symbol unserer Gegenwart", *Die Welt*, 16.7.1993.

[6] Paul Gray, "Ice Cubes", *TIME* 14.1.1991, 48.

[7] Michael Freitag, „Agent verliert Spickzettel", *Frankfurter Allgemeine Zeitung* 13.5.1991, 32.

[8] N. N., „Requiem für eine Gattung", *Der Spiegel* 19.8.1991, 193.

[9] Karl Wegmann, „Cruise-Missiles zu Bestsellern!", *die tageszeitung* 10.9.1994, 15.

[10] Georg Hensel, „Unternehmen Faktensturm: Frederick Forsyth erklärt den Golfkrieg", *Frankfurter Allgemeine Zeitung* 10.9.1994.

[11] John Keegan, "How Farmer Forsyth Finds His Next Plot", *Daily Telegraph* 23.4.1994.

[12] Hensel, „Faktensturm".

[13] Thomas Chorherr, „Die Faust des Frederick Forsyth", *Die Presse* 17.9.1994.

[14] Michael Althen, „Im Dienste der Wirklichkeit", *Süddeutsche Zeitung* 17./18.9.1994.

[15] Robert Crampton, "The Forsyth Saga", *The Times Magazine* 16.4.1994, 21.

[16] N. N., „Melancholie und Verbrechen", *Der Spiegel* 9.8.1993, 147. Beachtenswert ist auch ein Essay, in dem le Carré auf Fragen des *Spiegel* antwortet: „Wo ist der Löwe, der brüllt?", *Der Spiegel* 9.8.1993, 149–152.

[17] David Remnick, "Le Carré's New War", *New York Review of Books* 12.8.1993, 23.

[18] John Sweeny, "Lost Innocence in a Twilight Zone", *The Observer* 1. 8. 1993, 16.

[19] Ebd.

[20] Ebd.

[21] Siehe Brian Mac Arthur, *Eddy Shah:* Today *and the Newspaper Revolution*, Newton Abbot 1988.

[22] Der Corgi-Taschenbuchverlag warb für diesen Roman mit dem Slogan: "The Fourth Reich is their dream, their dream is our nightmare."

# Auswahlbibliographie

In die Bibliographie sind nur die Primärtexte aufgenommen worden, die in der Arbeit genannt werden (Ausnahme: John le Carré ). Bei den Romanen ist nach dem Titel zuerst das Jahr der Erstveröffentlichung angegeben und dann die benutzte Ausgabe. Bei Romanen, aus denen in der Arbeit zitiert worden ist, ist nach dem Eintrag die verwendete Abkürzung angegeben, ebenso bei den Rezensionen. Bei der Sekundärliteratur sind vor allem die neuesten und wichtigsten Titel aufgelistet.

## *1. Primärliteratur*


Ted Allbeury

*The Only Good German* (1976), London 1978. (*OGG*)

*The Reaper* (1980), Sevenoaks 1992.

*The Other Side of Silence* (1981), London 1981.

*Children of Tender Years* (1985), Sevenoaks $^{4}$1991. (*CTY*)

Eric Ambler

*The Dark Frontier* (1936), Glasgow $^{5}$1988. (*DF*)

*Uncommon Danger* (1937), London $^{2}$1979. (*UD*)

*Cause for Alarm* (1938), London 1984. (*CFA*)

*The Mask of Dimitrios* (1939), London 1984. (*MOD*)

*Journey into Fear* (1940), Glasgow $^{7}$1989. (*JIF*)

Sonstige Veröffentlichungen:

*Here Lies* (1985) Glasgow 1986.

Jeffrey Archer

*Honour among Thieves* (1993), London 1993.

John Buchan

*The Thirty-Nine Steps* (1915), London $^{47}$1988. (*TS*)

*Mr. Standfast* (1916), Harmondsworth 1956. (*MRS*)

*Greenmantle* (1919), Harmondsworth 1956. (*G*)

*The Three Hostages* (1924), Harmondsworth 1953. (*TH*)

Sonstige Veröffentlichungen:

*Memory Hold-the-Door* (1940), London $^{32}$1950.

Tony Cape

*The Last Defector* (1991), Harmondsworth 1991.

G. T. Chesney

*The Battle of Dorking* (1871), Edinburgh 1871. (*BD*)

Erskine Childers

*The Riddle of the Sands* (1903), London 1984. (*RS*)

John Gordon Davis

*The Land God Made in Anger* (1990), Glasgow 1990. (*LGMA*)

Len Deighton
*The Ipcress File* (1962), London [12]1989. (*IF*)
*Horse under Water* (1963), London [14]1989. (*HUW*)
*Funeral in Berlin* (1964), London [12]1989. (*FIB*)
*Billion-Dollar Brain* (1966), London [13]1989. (*BDB*)
*Spy Story* (1974), London [23]1989. (*SS*)
*Yesterday's Spy* (1975), London [14]1990. (*YS*)
*Twinkle, Twinkle, Little Spy* (1976), London [15]1990. (*TTLS*)
*SS-GB: Nazi Occupied Britain, 1941* (1978), London [13]1990. (*SSGB*)
*XPD* (1981), London [11]1990. (*XPD*)
*Berlin Game* (1983), London [7]1988. (*BG*)
*Mexico Set* (1984), London [5]1988. (*MS*)
*London Match* (1985), London [2]1986. (*LM*)
*Spy Hook* (1988), London 1989. (*SH*)
*Spy Line* (1989), London 1990.
*Spy Sinker* (1990), London 1990. (*SSI*)
*City of Gold* (1992), London 1992. (*CG*)
*Faith* (1994), London 1994. (*F*)

Ian Fleming
*Casino Royale* (1953), Sevenoaks [2]1993. (*CR*)
*Live and Let Die* (1954), Sevenoaks [4]1992. (*LLD*)
*Moonraker* (1955), Sevenoaks 1989. (*M*)
*Diamonds Are Forever* (1956), Sevenoaks [2]1990. (*DAF*)
*From Russia, With Love* (1957), Sevenoaks [2]1990. (*FRWL*)
*Dr No* (1958), Sevenoaks [2]1990. (*DN*)
*Goldfinger* (1959), Sevenoaks 1989. (*G*)
*For Your Eyes Only* (1960), Sevenoaks 1989. (*FYEO*)
*Thunderball* (1961), Sevenoaks [2]1992. (*T*)
*The Spy Who Loved Me* (1962), Sevenoaks 1989. (*SWLM*)
*On Her Majesty's Secret Service* (1963), Sevenoaks [2]1992. (*OHMSS*)
*You Only Live Twice* (1964), Sevenoaks [3]1991. (*YOLT*)
*The Man with the Golden Gun* (1965), Sevenoaks [3]1992. (*MWGG*)
*Octopussy & The Living Daylights* (1966), Sevenoaks [2]1992. (*OLD*)
Sonstige Veröffentlichungen:
"How to Write a Thriller", *Books and Bookmen* May 1963, 14–19.
"If I Were Prime Minister", *The Spectator* 9. 10. 1959, 466f.

Ken Follett
*The Eye of the Needle* (1978), London 1990. (*EN*)

Colin Forbes
*The Leader and the Damned* (1983), London 1984. (*LAD*)
*The Greek Key* (1989), London [10]1993. (*GK*)

Frederick Forsyth
*The Day of the Jackal* (1971), London [32]1989. (*DJ*)
*The Odessa File* (1972), London [21]1989. (*OF*)
*The Devil's Alternative* (1979), London [18]1991.
*The Fourth Protocol* (1984), London [13]1990. (*FP*)

*The Negotiator* (1989), London $^{3}$1990. (*TN*)
*The Deciever* (1991), London 1992. (*TD*)
*The Fist of God* (1994), London 1994. (*FG*)

C. Forth
*The Surprise of the Channel Tunnel: A Sensational Story of the Future* (1883), Liverpool 1883.

Nicolas Freeling
*Double-Barrel* (1964), Harmondsworth 1967. (*DB*)

Brian Freemantle
*The Man Who Wanted Tomorrow* (1975), London 1980.
*The Solitary Man* (1980), London 1980.
*The Button Men* (1992), London 1993.

John Gardner
*The Werewolf Trace* (1977), New York 1977. (*WT*)
*Win, Lose or Die* (1989), London 1989. *(WLD)*
*Brokenclaw* (1990), Sevenoaks 1991.
*The Man from Barbarossa* (1991), Sevenoaks 1991.
*Never Send Flowers* (1993), Sevenoaks 1993.

Grip
*How John Bull Lost London: Or, The Capture of the Channel Tunnel* (1882), London 1882.

T. A. Guthrie
*The Seizure of the Channel Tunnel* (1882), London 1882.

Adam Hall
*The Berlin Memorandum* (1965), London 1965. (*BM*)
*Quiller K.G.B.* (1989), London 1989.
*Quiller Solitaire* (1992), New York 1993.

Robert Harris
*Fatherland* (1992), London 1993. (*F*)
Sonstige Veröffentlichungen:
"Nightmare Landscape of Nazism Triumphant", *The Sunday Times* 10. 5. 1992.
"Dateline Berlin: How Will the Germans Be Celebrating Victory over Europe?", *Daily Mail* 26. 3. 1994, 26f.

Jack Higgins
*The Eagle Has Landed* (1975), London 1983. (*EHL*)
*The Valhalla Exchange* (1977), London 1978.
*To Catch a King* (1979), London 1980.
*Luciano's Luck* (1981), London 1982.
*The Eagle Has Flown* (1991), London 1991. (*EHF*)
*Thunder Point* (1993), London 1994.

Geoffrey Household
*Rogue Male* (1939), Harmondsworth 1968. (*RM*)
Sonstige Veröffentlichungen:
*Against the Wind* (1958), London 1958.

William Hunter
*Army Speech to Those Who Have Been Frightened by the Battle of Dorking* (1871), London 1871.

Philip Kerr
*A German Requiem* (1991), Harmondsworth 1992. (*GR*)
*Dead Meat* (1993), London 1993.

John le Carré

*Call for the Dead* (1961), Harmondsworth [28]1988. (*CFD*)

*A Murder of Quality* (1962), Harmondsworth [24]1990. (*MQ*)

*The Spy who Came in from the Cold* (1963), London [39]1989. (*SWCIFC*)

*The Looking-Glass War* (1965), London [32]1989. (*LGW*)

*A Small Town in Germany* (1968), London [32]1989. (*STG*)

*The Naive and Sentimental Lover* (1971), London 1990. (*NSL*)

*Tinker, Tailor, Soldier, Spy* (1974), London 1989. (*TTSS*)

*The Honourable Schoolboy* (1977), London 1990. (*HS*)

*Smiley's People* (1980), London [24]1990. (*SP*)

*The Little Drummmer Girl* (1983), London [21]1990. (*LDG*)

*A Perfect Spy* (1986), London [6]1987. (*PS*)

*The Russia House* (1989), London 1990. (*RH*)

*The Secret Pilgrim* (1990), London 1990. (*SEP*)

*The Night Manager* (1993), London 1993. (*NM*)

Sonstige Veröffentlichungen:

"You Can't Sack a College Boy", *The Spectator* 27. 11. 1964, 699f.

„Wieviel Morde sind glaubwürdig?", *Der Spiegel* 31. 3. 1965, 136.

"To Russia, With Greetings", *Encounter* May 1966, 3–6.

"Dare I Weep, Dare I Mourn", *Saturday Evening Post* 28. 1. 1967, 54–60.

„Der Hut stammt von Bond", *Der Spiegel* 23. 10. 1967, 190–193.

"Introduction", Bruce Page/David Leitch/Phillip Knightley, *Philby: The Spy Who Betrayed a Generation*, London 1968, 9–24.

"What Ritual is Being Observed Tonight?", *Saturday Evening Post* 2. 11. 1968, 60–65.

„Der Kanzler, der in die Kälte kam", *Der Spiegel* 6. 5. 1974, 152f.

"In England Now", *New York Times Magazine* 23. 10. 1977, 34f., 86f.

"An American Spy Story", *New York Times Book Review* 14. 10. 1979, 1, 46–48.

"Tinker, Tailor and the Mole That Never Was", *The Guardian* 7. 11. 1979, 14.

„Gab es George Smiley wirklich? Ja. Nein. Vielleicht Spion?", *Börsenblatt des deutschen Buchhandels* 6. 5. 1980. 1082f.

"Unlicensed to Quote", *The Times* 17. 3. 1981.

"Spying on my Father", *The Sunday Times* 16. 3. 1986, 33f.

"Don't Be Beastly to your Secret Service", *The Sunday Times* 23. 3. 1986.

„Warum ich aus der Kälte kam", *Die Zeit* 29. 9. 1989, 3.

"Will Spy Novels Come in from the Cold?", *Washington Post* 19. 11. 1989, D4.

"My Secret World", *The Sunday Times* 17. 6. 1990, 31f.

"The Unbearable Peace", *Granta* 35 (1991), 11–76.

„Wo ist der Löwe, der brüllt?", *Der Spiegel* 9. 8. 1993, 149–152.

„Schlafende Dämonen", *Der Spiegel* 26. 12. 1994, 114–117.

William le Queux

*The Great War in England in 1897* (1894), London [14]1897.

*The Invasion of 1910* (1906), London 1906.

*Spies of the Kaiser: Plotting the Downfall of England* (1909), London 1909.
*The German Spy: A Present-Day Story* (1914), London 1914.
*The Zeppelin Destroyer: Being Some Chapter of a Secret History* (1916), London 1916.
*Number 70, Berlin: A Story of Britain's Peril* (1916), London 1916.
*The Spy Hunter* (1916), London 1916.
*The Bomb Makers* (1917), London 1917.
Sonstige Veröffentlichungen:
*German Atrocities: A Record of Shameless Deeds* (1914), London 1914.
*German Spies in England: An Exposure* (1915), London 1915.
*Britain's Deadly Peril: Are We Told the Truth?* (1915), London 1915.
*Love Intrigues of the Kaiser's Sons* (1918), London 1918.

Norman Longmate
*If Britain Had Fallen* (1972), London 1972.

Gavin Lyall
*Spy's Honour* (1993), London 1993.

Kenneth Macksey
*Invasion: The German Invasion, July 1940* (1980), London 1980.

David Mason
*Shadow over Babylon* (1993), London 1994.

Maximilian Moltruhn
*The Other Side at the Battle of Dorking: Or, Reminiscences of an Invader* (1871), London 1871.

E. Phillips Oppenheim
*The Secret* (1907), London 1907.
*The Great Impersonation* (1920), London 1920.
*The Wrath to Come* (1925), London 1925.
*Matorni's Vineyard* (1929), London 1929.
*The Spymaster* (1938), London 1938.

Glen Petrie
*The Dorking Gap Affair* (1989), London 1990.

Sapper
*Bulldog Drummond* (1920), London 1985. (*BD*)
*The Black Gang* (1922), London 1983. (*BG*)
*The Third Round* (1924), London 1984.
*The Final Count* (1926), London 1985.

Tim Sebastian
*Exit Berlin* (1992), London 1992.

Eddy Shah
*The Lucy Ghosts* (1992), London 1993. (*LG*)

Michael Spicer
*Prime Minister Spy* (1986), Wallington 1986.

Vindex
*England Crushed: The Secret of the Channel Tunnel Revealed* (1882), London 1882.

Anonym erschienene Texte
*A History of the Sudden and Terrible Invasion of England by the French in the Month of May, 1852* (1852), London 1852.
*After the Battle of Dorking: Or, What*

Anonym erschienene Texte (Forts.)
Became of the Invaders (1871), London 1871.
*The Battle of Dorking a Myth: England Impregnable, Invasion Impossible: Or, The Events That Occured in A. D. 1871, A. D. 1921, A. D. 1971, A. D. 2000* (1871), Exeter 1871.
*What Happened After the Battle of Dorking: Or, The Victory of Tunbridge Wells* (1871), London, 1871.

## 2. *Sekundärliteratur*

### Bibliographien

Hubin, Allen J., *Crime Fiction 1749–1980: A Comprehensive Bibliography*, New York 1984.
Johnson, Timothy W./Julia Johnson, *Crime Fiction Criticism: An Annotated Bibliography*, New York 1981.
Melvin, David Skene/Ann Melvin, *Crime, Detective, Espionage, Mystery and Thriller Fiction & Film: A Comprehensive Bibliography of Critical Writing Through 1979*, Westport 1980.

### Lexika

East, Andy, *The Cold War File*, Metuchen 1983.
McCormick, Donald (ed.), *Who's Who in Spy Fiction?*, London 1977.
Henderson, Lesley (ed.), *Twentieth Century Crime and Mystery Writers*, London 1991.
Smith jr., Myron J., *Cloak and Dagger Fiction: An Annotated Guide to Spy Thrillers*, Santa Barbara 1982.

### Übergreifende Sekundärliteratur zum Spionageroman

Ambler, Eric, "Introduction", ders.(ed.), *To Catch a Spy: An Anthology of Favourite Spy Stories*, London 1966.
Atkins, John, *The British Spy Novel: Styles in Treachery*, London 1984.
Bangert, Kurt/Jürgen Kamm, *Die Darstellung des Zweiten Weltkrieges im englischen Roman*, 2 Bde., Frankfurt 1987.
Becker, Jens-Peter, „Der englische Spionageroman", Buchloh, Paul G./Jens-Peter Becker, *Der Detektivroman*, Darmstadt ²1978, 108–120.
Becker, Jens-Peter, *Der englische Spionageroman: Historische Entwicklung, Thematik, literarische Form*, München 1973.
Becker, Jens-Peter, „Rule Britannia: Der englische Spionageroman", *Die Horen* 148 (1987), 161–170.
Bergonzi, Bernard, "Before 1914: Writers and the Threat of War", *Critical Quarterly* 6 (1964), 126–134.

Bloom, Clive (ed.), *Spy Thrillers: From Buchan to le Carré*, London 1990.

Campbell, Christy, "Spies with Class", *Sunday Telegraph* 21.6.1992.

Cawelti, John G., "The Concept of Formula in the Study of Popular Literature", *Journal of Popular Culture* 3 (1969), 381–390.

Cawelti, John G., *Adventure, Mystery and Romance*, Chicago 1976.

Cawelti, John G./Bruce A. Rosenberg, *The Spy Story*, Chicago 1987.

Clarke, I. F., *Voices Prophesying War 1763–1984*, London 1966.

Denning, Michael, *Cover Stories: Narrative and Ideology in the British Spy Thriller*, London 1987.

East, Andy, "The Spy in the Dark: A History of Espionage Fiction", *The Armchair Detective* 19:1 (1986), 23–40.

Harper, Ralph, *The World of the Thriller*, Cleveland 1969.

Hasenberg, Peter, „'The Teuton's inbred mistake': Das Deutschlandbild im britischen Agentenroman", *anglistik und englischunterricht* 29/30 (1986), 217–245.

Hiley, Nicholas, "Decoding German Spies: British Spy Fiction , 1908–1918", Wesley K. Wark (ed.), *Spy Fiction, Spy Films and Real Intelligence*, London 1991, 55–79.

Hindersmann, Jost, *"Them and Us": Freund- und Feindbilder in britischen Spionageromanen*, Magisterarbeit Osnabrück, 1991.

Homberger, Eric, "English Spy Thrillers in the Age of Appeasement", Wesley K. Wark (ed.), *Spy Fiction, Spy Films and Real Intelligence*, London 1991, 80–91.

Humble, Malcolm, "How Trivial is 'Trivialliteratur'? The Exploitation of the Nazi Past in the British and American Bestseller Since 1945", Manfred Pfister (ed.), *Anglistentag 1984 Passau: Vorträge*, Giessen 1985, 206–217.

Husemann, Harald, "When William Came; If Adolf Had Come: English Speculative Novels on the German Conquest of Britain", *anglistik und englischunterricht* 29/30 (1986), 57–83.

Kanfer, Stefan, "When Spies Become Allies", *TIME* 19.8.1991, 50f.

Keep, C. J., "Fearful Domestication: Future-War Stories and the Organization of Consent, 1871–1914", *Mosaic* 23:3 (1990), 1–16.

Lenz, Bernd, „Popularität und Krise des Agentenromans: Das England der siebziger Jahre und die Nachfolger Ian Flemings", *anglistik und englischunterricht* 19 (1983), 161–178.

Lenz, Bernd, *FACTIFICTION: Agentenspiele wie in der Realität*, Heidelberg 1987.

Lenz, Bernd, „'Of tough guys, private eyes and spies': Neuere Tendenzen des Kriminal- und Agentenromans", Annegret Maack/Rüdiger Imhof (eds.), *Radikalität und Mäßigung: Der englische Roman seit 1960*, Darmstadt 1993, 94–108.

Masters, Anthony, *Literary Agents: The Novelist as Spy*, Oxford 1987.

Merry, Bruce, "The Spy Thriller", *London Magazine* April/May 1976, 8–27.

Merry, Bruce, *Anatomy of the Spy Thriller*, Dublin 1977.

Millar, Peter, "Spies Should Stay out in the Cold", *The Sunday Times* 17. 7. 1994.

Neuse, Steven M., "Bureaucratic Malaise in the Modern Spy Novel: Deighton, Greene and le Carré", *Public Administration* 60 (1982), 293–306.

Neuse, Steven M., "Teaching Political Science with Chillers and Thrillers", *Teaching Political Science* 7 (1980), 153–167.

Noetzel. Thomas, *Die Faszination des Verrats: Eine Studie zur Dekadenz im Ost-West-Konflikt*, Hamburg 1989.

Nusser, Peter, *Der Kriminalroman*, Stuttgart 1980.

Palmer, Jerry, "Thrillers: The Deviant behind the Consensus", Ian and Laurie Taylor (eds.), *Politics and Deviance*, Harmondsworth 1973, 136–156.

Palmer, Jerry, *Thrillers: Genesis and Structure of a Popular Genre*, London 1978.

Panek, Leroy, *The Special Branch: The British Spy Novel 1890–1980*, Bowling Green 1981.

Sauerberg, Lars Ole, "Literature in Figures: An Essay on the Popularity of Thrillers", *Orbis Litterarum* 38 (1983), 93–107.

Sauerberg, Lars Ole, "The Novel of Espionage: An Attempt at Generic Criticism", *Pre-Publications of the English Institute of Odense University* 9 (1977), 1–15.

Sauerberg, Lars Ole, *Secret Agents in Fiction: Ian Fleming, John le Carré and Len Deighton*, London 1984.

Scanlan, Margaret, "Philby and His Fictions", *Dalhousie Review* 62 (1982), 533–553.

Schmidt, Jochen, *Gangster, Opfer, Detektive: Eine Typengeschichte des Kriminalromans*, Frankfurt 1989.

Schultze, Bruno, *Studien zum politischen Verständnis moderner englischer Unterhaltungsliteratur*, Heidelberg 1977.

Stafford, David, "Spies and Gentlemen: The Birth of the British Spy Novel, 1893–1914", *Victorian Studies* 24 (1981), 489–509.

Stafford, David, *The Silent Game: The Real World of Imagenary Spies*, Toronto 1988.

Stoddart, Patrick, "Who Will Be the Bad Guys Now?", *The Sunday Times* 15. 10. 1989, F17.

Sutherland, John, *Bestsellers: Popular Fiction of the 1970s*, London 1981.

Symons, Julian, "An End to Spying: Or, from Pipe Dream to Farce", *Times Literary Supplement* 12. 12. 1968, 1411 f.

Symons, Julian, *Bloody Murder*, Harmondsworth 1985.

Trotter, David, "The Politics of Adventure in the Early British Spy Novel", Wesley K. Wark (ed.), *Spy Fiction, Spy Films and Real Intelligence*, London 1991, 30–54.

Usborne, Richard, *Clubland Heroes*, London ²1974.

Wark, Wesley K. (ed.), *Spy Fiction, Spy Films and Real Intelligence*, London 1991.

Watson, Colin, *Snobbery with Violence: Crime Stories and Their Audience*, London 1971.

Wocker, Karl-Heinz, "Politliterarische Ausflüge unter die Gürtellinie", *Die Zeit* 24. 5. 1974, 22.

## Sekundärliteratur zu einzelnen Autoren

Ted Allbeury

N. N., "I Spy – a Spy Writer's Spy", *The Sunday Times* 17. 12. 1989, E2.

N. N., "Jeder ein Verräter", *Der Spiegel* 1. 2. 1988, 196–199.

Eric Ambler

Ambrosetti, Ronald, "The World of Eric Ambler: From Detective to Spy", Larry Landrum/Pat Browne/Ray Browne (eds.), *Dimensions of Detective Criticism*, Bowling Green 1976, 102–109.

Amory, Mark, "The Ambler Way", *The Sunday Times Magazine* 5. 1. 1975, 30–32.

Haffmans, Gerd (ed.), *Über Eric Ambler*, Zürich 1989.

Hopkins, Joel, "Interview with Eric Ambler", *Journal of Popular Culture* 9 (1975), 285–293.

James, Clive, "Eric Ambler", *New Review* September 1974, 63–69.

Lewis, Peter, *Eric Ambler*, New York 1990.

Steuhl, Wolfgang, „Fremdartige und gewalttätige Menschen: Der britische Kriminalschriftsteller Eric Ambler wird achtzig", *Frankfurter Allgemeine Zeitung* 28. 6. 1989, 31.

Rezensionen:

N. N., "The New Novels", *Times Literary Supplement* 28. 11. 1936, 995. (*DF*)

Geitel, Klaus, „Es geht auch ohne Supermänner", *Die Welt* 27. 2. 1975. (*JIF*)

John Buchan

Bedell, Jeanne F., "Romance and Moral Certainty: The Espionage Fiction of John Buchan", *Midwest Quarterly* 22:3 (1981), 230–241.

Butts, Dennis, "The Hunter and the Hunted: The Suspense Novels of John Buchan", Clive Bloom (ed.), *Spy Thrillers: From Buchan to le Carré*, London 1990, 44–58.

Cox, J. Randolph, "John Buchan, Lord Tweedsmuir: An Annotated Bibliography of Writings about Him", *English Literature in Transition* 9 (1966), 241–325.

Cox, J. Randolph, "The Genie and His Pen: The Fiction of John Buchan", *English Literature in Transition* 9 (1966), 236–240.

Daniell, David, *The Interpreter's House: A Critical Assessment of John Buchan*, London 1975.

Donald, Miles, "John Buchan: The Reader's Trap", Clive Bloom (ed.), *Spy Thrillers: From Buchan to le Carré*, London 1990, 59–72.

Himmelfarb, Gertrude, "John Buchan: An Untimely Appreciation", *Encounter* September 1960, 46–53.

Powell, Geoffrey, “John Buchan’s Richard Hannay”, *History Today* 37 (1987), 32–39.
Smith, Janet Adam, *John Buchan and his World*, London 1979.
Smith, Janet Adam, *John Buchan: A Biography*, Boston 1965.
Stafford, David A. T., “John Buchan’s Tales of Espionage: A Popular Archive of British History”, *Canadian Journal of History* April 1983, 1–21.
*The John Buchan Journal* 1 (1980) ff.

G. T. Chesney
Clarke, I. F., “The Battle of Dorking, 1871–1914”, *Victorian Studies* 8 (1965), 309–328.

Erskine Childers
Boyle, Andrew, *The Riddle of Erskine Childers*, London 1977.
Kennedy, Paul, “Riddle of the Sands”, *The Times* 3. 1. 1981, 7.
Seed, David, “The Adventure of Spying: Erskine Childers’s *The Riddle of the Sands*”, Clive Bloom (ed.), *Spy Thrillers: From Buchan to le Carré*, London 1990, 28–43.

Len Deighton
Erisman, Fred, “Romantic Reality in the Spy Stories of Len Deighton”, *The Armchair Detective* 10 (1977), 101–105.
Jones, Dudley, “The Great Game? The Spy Fiction of Len Deighton”, Clive Bloom (ed.), *Spy Thrillers: From Buchan to le Carré*, London 1990, 100–112.
Kohl, Stephan, „Mittelalterliche Romanze und moderner Spionageroman. Gemeinsamkeiten von *Guy of Warwick* und Len Deightons *Twinkle, Twinkle, Little Spy*“, *anglistik und englischunterricht* 2 (1977), 109–132.
Lenz, Bernd, „*Game, Set & Match*: Konstanten und Varianten in Len Deightons geheimer Welt“, *anglistik und englischunterricht* 37 (1989), 65–97.
Milward-Oliver, Edward, *The Len Deighton Companion*, London 1988.
Rezensionen:
Boucher, Anthony, “Criminals at Large”, *New York Times Book Review* 10. 11. 1963, 44. (*IF*)
N. N., “Victims of Violence”, *Times Literary Supplement* 7. 11. 1963, 913. (*HUW*)
Schober, Siegfried, „James Bonds Widerpart“, *Die Zeit* 7. 3. 1969, 23. (*HUW*)
Boucher, Anthony, “Criminals at Large”, *New York Times Book Review* 17. 1. 1965. (*FIB*)
N. N., “Other Crime”, *Times Literary Supplement* 15. 10. 1964, 944. (*FIB*)
Carr, John Dickson, “Murder Fancier Recommends . . .”, *Harper’s Magazine* July 1966, 84–88. (*BDB*)
N. N., “Other New Novels”, *Times Literary Supplement* 14. 4. 1966, 332. (*BDB*)
Lyons, Gene, “Blood on His Hands, Not Custard on His Face”, *New York Times Book Review* 13. 4. 1975, 5, 10f. (*SS*)

N. N., "Cold Warrior", *Times Literary Supplement* 3.5.1974, 465. (*SS*)
Prescott, Peter S., "I Spy", *Newsweek* 14.10.1974, 55f. (*SS*)
Finger, Louis, "Steve's Way", *Times Literary Supplement* 13.6.1975, 643. (*YS*)
Barnes, Julian, "Nice and Nasty", *New Statesman* 18.6.1976, 822. (*TTLS*)
Binyon, T. J., "Criminal Proceedings", *Times Literary Supplement* 6.8.1976, 998. (*TTLS*)
Demarest, Michael, "Ungreened Isle", *TIME* 12.3.1979. (*SSGB*)
Howard, Michael, "In Occupied Britain", *Times Literary Supplement* 15.9.1978, 1011. (*SSGB*)
Symons, Julian, „Deutschland über England", *New York Times Book Review* 25.2.1979, 1, 37. (*SSGB*)
Binyon, T. J., "History as Hypothesis", *Times Literary Supplement* 13.3.1981, 279. (*XPD*)
Buckley, William F. jr., "Churchill Did Business with Hitler?", *New York Times Book Review* 3.5.1981, 12, 31. (*XPD*)
Binyon, T.J., "Brahms Four Fugue", *Times Literary Supplement* 21.10.1983, 1170. (*BG*)
Fauser, Jörg, „Berlin, das alte bröckelnde Babel", *Der Spiegel* 7.5.1984, 205–209. (*BG*)
Quammen, David, "Second-Generation Spook", *New York Times Book Review* 8.1.1984, 24. (*BG*)
Schmidt, Jochen, „Ein tiefer Zug Berliner Luft", *Frankfurter Allgemeine Zeitung* 23.8.1984, 22. (*BG*)
Vogt, Jochen, „Von Maulwürfen und Schreibtischhengsten", *Frankfurter Rundschau* 3.12.1985, 9. (*BG*)
Binyon, T. J., "The Intelligence Game", *Times Literary Supplent* 14.12.1984, 1457. (*MS*)
Schmidt, Jochen, „Das Überläufer-Duell", *Frankfurter Allgemeine Zeitung* 8.10.1985. (*MS*)
Lester, Julius, "Samson and Mole", *New York Times Book Review* 1.12.1985, 22. (*LM*)
Meid, Volker, „Überläufer und Maulwürfe", *Frankfurter Allgemeine Zeitung* 16.7.1986, 22. (*LM*)
Stewart, J. I. M., "Len Deighton's Tournament of Spies", *Washington Post – Book World* 15.12.1985, 1, 14. (*LM*)
Busche, Jürgen, „Nach Berlin, der Spione wegen", *Frankfurter Allgemeine Zeitung* 9.5.1990, 34. (*SH*)
Hensel, Georg, „Erst geködert, dann gedrillt und nun gelinkt", *Frankfurter Allgemeine Zeitung* 8.6.1991. (*SSI*)
Jeffery, Keith, "Losing Sight of the Enemy", *Times Literary Supplement* 30.11.1990, 1300. (*SSI*)
Pralle, Uwe, „Der Krieg der Agenten im ewigen Frieden", *Frankfurter Rundschau* 6.7.1991. (*SSI*)
Altinel, Savkar, "Impersonating an Officer", *Times Literary Supplement* 2.10.1992. (*CG*)

Matthews, Peter, “Sure Steps on Shifting Sands”, *The Observer* 6.9.1992, 51. (*CG*)

Flintoff, John-Paul, “Fiction”, *Times Literary Supplement* 21.10.1994, 20. (*F*)

Ian Fleming

Amis, Kingsley, *The James Bond Dossier*, London 1965.

Becker, Jens-Peter, „Ian Flemings James Bond-Romane und die Kritiker“, ders., *Sherlock Holmes & Co: Essays zur englischen und amerikanischen Detektivliteratur*, München 1975, 47–59.

Bennett, Tony, Janet Woollacott, *Bond and Beyond: The Political Career of a Popular Hero*, New York 1987.

Bergonzi, Bernard, “The Case of Mr Fleming”, *Twentieth Century* 163 (1958), 220–228.

Boyd, Ann S., “James Bond: Modern-day Dragonslayer”, *Christian Century* 82 (1965), 644–647.

Boyd, Ann S., *The Devil with James Bond!*, Westport: Greenwood Press, 1975.

Brosnan, John, *James Bond in the Cinema*, London 1972.

Bryce, Ivar, *You Only Live Once: Memoirs of Ian Fleming*, London [2]1984.

Buch, Hans Christoph, „James Bond oder der Kleinbürger in Waffen“, *Der Monat* August 1965, 39–49.

Cannadine, David, “James Bond and the Decline of England”, *Encounter* September 1979, 46–55.

Carpenter, Richard, “007 and the Myth of the Hero”, *Journal of Popular Culture* 1 (1967), 80–89.

Cook, Bruce, “007: The Gentleman in Decline”, *Catholic World* 203 (1966), 169–174.

Del Buono, Oreste/Umberto Eco (eds.), *Der Fall James Bond: 007 – ein Phänomen unserer Zeit*, München 1966.

Eco, Umberto, „Die Erzählstrukturen bei Ian Fleming“, Jochen Vogt (ed.), *Der Kriminalroman*, München 1971, Bd.1, 250–293.

Grella, George, “James Bond: Culture Hero”, *New Republic* 30.5.1964, 17–20.

Johnson, Paul, “Sex, Snobbery and Sadism”, *New Statesman* 5.4.1958, 430–432.

Lehmann, Gerard, *James Bond 007: heros mystique*, Odense 1980.

Lilli, Laura, „James Bond und die Kritik“, Oreste del Buono/Umberto Eco (eds.), *Der Fall James Bond: 007 – ein Phänomen unserer Zeit*, München 1966, 201–234.

Lisa, Philip/Lee Pfeiffer, *The Incredible World of 007*, London 1992.

Maibaum, Richard, “James Bond's Girls”, *Playboy* November 1965, 132–141.

Marshment, Margaret, “Racist Ideology and Popular Fiction”, *Race and Class* 19 (1978), 331–344.

N. N., “007 v. SMERSH”, *TIME* 29.6.1962, 16.

N. N., „Laster: Trinkt, aber nicht exzessiv, und Frauen“, *Der Spiegel* 13.10.1965, 124–138.

N. N., "Playboy Interview: Ian Fleming", *Playboy* December 1964, 97–106.
N. N., "The Man with the Golden Bond", *TIME* 21. 8. 1964, 18f.
N. N., "What Has Happened to the Bond Girls?", *Telegraph Sunday Magazine* 17. 9. 1978, 10–12.
Pearson, John, *The Life of Ian Fleming*, London 1966.
Price, Thomas J., "The Changing Image of the Soviets in the Bond Saga: From Bond-Villains to 'Acceptable Role Partners'", *Journal of Popular Culture* 26 (1992), 17–37.
Rosenberg, Bruce A./Ann Harleman Stewart, *Ian Fleming*, Boston 1989.
Rye, Graham, *The James Bond Girls*, New York 1989.
Shone, Tom, "Time to Junk Bond", *The Sunday Times* 27. 9. 1992, 24.
Snelling, O. F., *Double 0 Seven James Bond: A Report*, London 1964.
Tornabuoni, Lietta, „James Bond – Eine Modeerscheinung", Oreste del Buono/Umberto Eco (eds.), *Der Fall James Bond: 007 – ein Phänomen unserer Zeit*, München 1966, 7–36.
Turner, Adrian, "Sex, Snobbery, Sadism & Style", *The Guardian* 15./16. 8. 1992, 4–6.
Webb, Bernice L., "James Bond as Literary Descendent of Beowulf", *South Atlantic Quarterly* 67 (1968), 1–12.
Woolf, Michael, "Ian Fleming's Enigmas and Variations", Clive Bloom (ed.), *Spy Thrillers: From Buchan to le Carré*, London 1990, 86–99.
Young, Terence, "Portrait de Monsieur Bond", *Le Nouvel Observateur* 25. 2. 1965, 33.

Rezensionen:

N. N., "Spies and Charlatans", *Times Literary Supplement* 17. 4. 1953, 249. (*CR*)
N. N., "Progress and Decay", *Times Literary Supplement* 30. 4. 1954, 277. (*LLD*)
N. N., "On the Shady Side", *Times Literary Supplement* 20. 5. 1955, 265. (*M*)
N. N., "Contemporary Pictures", *Times Literary Supplement* 27. 4. 1956, 251. (*DAF*)
Hartley, Anthony, "A Hero of Our Time", *The Spectator* 12. 4. 1957, 493. (*FRWL*)
N. N., "The End of the Affair", *Times Literary Supplement* 12. 4. 1957, 230. (*FRWL*)
N. N., "Old Tricks", *Times Literary Supplement* 11. 4. 1958, 193. (*DN*)
N. N., "On the Seamy Side", *Times Literary Supplement* 3. 4. 1959, 198. (*G*)
N. N., "The Bond Ambience", *Times Literary Supplement* 15. 4. 1960, 246. (*FYEO*)
N. N., "Mighty Nonsense", *Times Literary Supplement* 31. 3. 1961, 206. (*T*)
N. N., "Of Human Bondage", *Time* 13. 4. 1962, 102–104. (*SWLM*)
N. N., "Bond's New Girl", *Times Literary Supplement* 20. 4. 1962, 261. (*SWLM*)
N. N., "Strictly for Thrills", *Times Literary Supplement* 5. 4. 1963, 229. (*OHMSS*)

N. N., "When Clues Give Way to Clobberings", *Times Literary Supplement* 8.4.1965, 280. (*MWGG*)

Lejeune, Anthony, "To Valhalla with Twin Exhausts", *National Review* 7.9.1965, 776f. (*MWGG*)

N. N., "Other New Novels", *Times Literary Supplement* 7.7.1966, 600. (*OLD*)

Frederick Forsyth

Jones, Dudley, "Professionalism and Popular Fiction: The Novels of Arthur Hailey and Frederick Forsyth", Clive Bloom (ed.), *Spy Thrillers: From Buchan to le Carré*, London 1990, 160–184.

Moroz, Grzegorz, "Frederick Forsyth *The Dogs of War*; Is Africa Presented in This Novel Real or Ficticious?", *Africana Bulletin* 37 (1991), 59–70.

Rezensionen:

N. N., „Melone im Fadenkreuz", *Der Spiegel* 26.7.1971, 110f. (*DJ*)

Karasek, Hellmuth, „Angst vorm einstmals Schwarzen Mann", *Die Zeit* 13.4.1973, LIT7. (*OF*)

N. N., „Flusiger Killer", *Der Spiegel* 26.2.1973, 114f. (*OF*)

Raphael, Frederic, "Thrillerman Goes Soft", *The Listener* 28.9.1972, 416f. (*OF*)

Ryan, Allan A. Jr., "On the Verge of Armageddon", *Washington Post – Book World* 3.2.1980, 9. (*OF*)

McLeish, Roderick, "Frederick Forsyth's Finest", *Washington Post – Book World* 26.8.1984, 5. (*FP*)

Grove, Valerie, "Rendezvous with Action Man", *The Sunday Times* 18.2.1990. (*TN*)

Rumler, Fritz, „Safari in den Weltuntergang", *Der Spiegel* 12.6.1989, 200–202. (*TN*)

N. N., „Requiem für eine Gattung", *Der Spiegel* 19.8.1991, 193. (*TD*)

Althen, Michael, „Im Dienste der Wirklichkeit", *Süddeutsche Zeitung* 17./18.9.1994. (*FG*)

Chorherr, Thomas, „Die Faust des Frederick Forsyth", *Die Presse* 17.9.1994. (*FG*)

Harris, Robert, "The Riddle of the Sands", *The Sunday Times* 24.4.1994, 7:3. (*FG*)

Hensel, Georg, „Unternehmen Faktensturm: Frederick Forsyth erklärt den Golfkrieg", *Frankfurter Allgemeine Zeitung* 10.9.1994. (*FG*)

Keegan, John, "How Farmer Forsyth Finds His Next Plot", *Daily Telegraph* 23.4.1994. (*FG*)

Wegmann, Karl, „Cruise-Missiles zu Bestsellern!", *die tageszeitung* 10.9.1994, 15. (*FG*)

Robert Harris

Rezensionen:

Craig, Gordon A., "Good Germans", *New York Review of Books* 17.12.1992, 38–44. (*F*)

Janßen, Karl-Heinz, „Frivoler Politthriller“, *Die Zeit* 5. 6. 1992. (*F*)
Mortimer, John, “The Reich's Progress”, *The Sunday Times* 3. 5. 1992, 7:5. (*F*)
N. N., „Holocaust für Horror-Freunde“, *Der Spiegel* 21. 9. 1992, 272–276. (*F*)

Geoffrey Household
Barber, Michael, “Lives and Times of Geoffrey Household”, *Books and Bookmen* January 1974, 40–42.
Hayes, Michael J., “The Story of an Encounter: Geoffrey Household's *Rogue Male*”, Clive Bloom (ed.), *Spy Thrillers: From Buchan to le Carré*, London 1990, 73–85.

John le Carré
Abley, Mark, “John le Carré's Trail of Terror”, *Publishers Weekly* 19. 9. 1977, 56–58.
Atticus, “Words with the Much-Wooed Spyman”, *The Sunday Times* 21. 6. 1964.
Barber, Michael, “John le Carré: An Interrogation”, *New York Times Book Review* 25. 9. 1977, 9, 44.
Barley, Tony, “‘Loving and Lying’: Multiple Identity in John le Carré's *A Perfect Spy*”, Ian Bell (ed.), *Watching the Detectives: Essays on Crime Fiction*, London 1990, 152–171.
Barley, Tony, *Taking Sides: The Fiction of John le Carré*, Milton Keynes 1986.
Becker, Jens P., „John le Carré's Smiley Saga: ‘Nostalgia for a lost paradise’“, *anglistik und englischunterricht* 37 (1989), 99–111.
Beene, Lynn Dianne, *John le Carré*, Boston 1992.
Bloom, Harold (ed.), *John le Carré*, New York 1987.
Bold, Alan (ed.), *The Quest for le Carré*, London 1988.
Bonfante, Jordan, “The Spy-Master Unmasked”, *Life* 6. 4. 1964, 71–73.
Bradbury, Richard, “Reading John le Carré”, Clive Bloom (ed.), *Spy Thrillers: From Buchan to le Carré*, London 1990, 130–139.
Bragg, Melvin, “A Talk with Le Carré”, *New York Times Book Review* 13. 3. 1983, 1, 23.
Bragg, Melvin, “The Things a Spy Can Do: John le Carré Talking”, *The Listener* 22. 1. 1976, 90.
Bragg, Melvyn, “*The Little Drummer Girl*: An Interview with John le Carré”, Alan Bold (ed.), *The Quest for le Carré*, London 1988, 129–143.
Clough, Patricia, “Dieter and the Wolf: A German Mystery”, *The Independent* 18. 4. 1989.
Cohn, Jack R., “The Watch on Le Carré”, *Studies in the Novel* 20 (1988), 323–337.
Dean, Michael, “John le Carré: the Writer Who Came in from the Cold”, *The Listener* 5. 9. 1974, 306 f.
Dobel, J. Patrick, “The Honourable Spymaster: John le Carré and the Character of Espionage”, *Administration and Society* 20 (1988), 191–215.

Dobler, George David, *The Novels of John le Carré: Children, Women, Religion*, Phil. Diss. Iowa City 1989.
Gehler, Monique/Isabelle Girard, "John le Carré: ce que je crois", *L'Evenement du Jeudi* 2.5.1991, 84–88.
Grella, George, "Murder and Loyalty", *New Republic* 31.7.1976, 23–25.
Halperin, John, "Between Two Worlds: The Novels of John le Carré", *South Atlantic Quarterly* 79 (1980), 17–37.
Hodgson, Godfrey, "The Secret Life of John le Carré", *Washington Post* 9.10.1977, E1, E6.
Holtmann, Ulrike, *Spying on Le Carré: His Heroes of the Sixties and Seventies*, Magisterarbeit Osnabrück 1991.
Homberger, Eric, *John le Carré*, London 1986.
Isaacson, Walter/James Kelly, "We Distorted Our Own Minds", *TIME* 5.7.1993, 32f.
Kanfer, Stefan, "The Spy Who Came in for the Gold", *TIME* 3.10.1977, 48–53.
Kirchhoff, H. J., "Spymaster", *The Globe and Mail* 10.6.1989, C1.
Lasseter, Victor, "John le Carré's Spy Jargon: An Introduction and Lexicon", *Verbatim* 8:4 (1982), 1f.
Leigh, David/Paul Lashmar, "The Secrets Spread by Smiley's People", *The Observer* 26.4.1987, 9.
Leitch, David, "The Ultimate Spy", *The Sunday Times Magazine* 13.9.1987, 50f.
Lelyveld, Joseph, "Le Carré's Toughest Case", *New York Times Magazine* 16.3.1986, 40–46, 79, 90f.
Lewis, Peter, *John le Carré*, New York 1985.
Monaghan, David, "John le Carré and England: A Spy's Eye View", *Modern Fiction Studies* 29 (1983), 569–582.
Monaghan, David, *Smiley's Circus: A Guide to the Secret World of John le Carré*, London 1986.
Monaghan, David, *The Novels of John le Carré: The Art of Survival*, Oxford 1985.
Moss, Norman, "Charlie: Fact and Fiction", *Daily Telegraph* 15.7.1984, 16f.
Most, Glen W., "The Hippocratic Smile: John le Carré and the Traditions of the Detective Novel", Glen W. Most/William W. Stowe (eds.), *The Poetics of Murder: Detective Fiction and Literary Theory*, New York 1983, 341–365.
N. N., "Spymaster Holds the Mirror up to His Own Secrets", *The Sunday Times* 1.11.1987, 16.
N. N., „Wie wäre ich, wenn ich er wäre?", *Der Spiegel* 7.8.1989, 143–148.
Powell, Cheryl C., *Redemption for the Protagonist in three Novels by John le Carré*, Phil. Diss. Tallahassee, 1991.
Rothberg, Abraham, "The Decline and Fall of George Smiley: John le Carré and English Decency", *Southwest Review* 66 (1981), 377–393.
Sanoff, Alvin P., "The Thawing of the Old Spymaster", *U. S. News and World Report* 19.6.1989, 59–61.

Stein, Thomas Michael, "'The Imperial Fantasy': John le Carré's *A Perfect Spy* and *The Russia House*", *anglistik und englischunterricht* 48 (1992), 53–64.

Stein, Thomas Michael, "'A world grown old and cold and weary': Intertextuelle Referenzen in John le Carrés Trilogie *The Quest for Karla*", *anglistik und englischunterricht* 37 (1989), 113–130.

Sweeney, John, "Lost Innocence in a Twilight Zone", *The Observer* 1.8.1993, 16.

Vaughan, Paul, "Le Carré's Circus: Lamplighters, Moles and Others of that Ilk", *The Listener* 13.9.1979, 339f.

Vogt, Jochen, „Halb-Engel gegen Halb-Teufel", *Die Horen* 154 (1989), 49–59.

Wapshott, Nicolas, "Tinker, Tailor, Soldier, Novelist", *The Times* 6.9.1982, 7.

Watson, Alan, "Violent Images", *The Sunday Times* 30.3.1969, 55–57.

Wolfe, Peter, *Corridors of Deceit: The World of John le Carré*, Bowling Green 1987.

Rezensionen:

Boucher, Anthony, "Criminals at Large", *New York Times Book Review* 7.4.1963. (*CFD*)

Boucher, Anthony, "Criminals at Large", *New York Times Book Review* 8.9.1963, 45. (*MQ*)

N. N., "Skills and Thrills", *Times Literary Supplement* 31.8.1962. (*MQ*)

Nettelbeck, Uwe, „Kein Mord erster Klasse", *Die Zeit* 7.10.1966, 31. (*MQ*)

Adams, Robert M., "Couldn't Put It Down", *New York Review of Books* 5.3.1964, 13f. (*SWCIFC*)

Harling, Robert, "Something near the Truth?", *The Sunday Times* 15.9.1963. (*SWCIFC*)

Iles, Francis, "Criminal Records", *The Guardian* 11.10.1963, 9. (*SWCIFC*)

N. N., "Limits of Control", *Times Literary Supplement* 13.9.1963. (*SWCIFC*)

Nollau, Günther, „Nichts ist authentisch", *Der Spiegel* 20.1.1965, 77. (*SWCIFC*)

Wolf, Edmund, „Menschen als Automaten", *Die Zeit* 2.4.1965, 26. (*SWCIFC*)

Elliott, George P., "It's the Spy Who Counts", *New York Times Book Review* 25.7.1965, 5. (*LGW*)

N. N., "Twenty Years After", *Times Literary Supplement* 24.6.1965, 533. (*LGW*)

N. N., „Ohne Seife", *Der Spiegel* 2.6.1965, 114f. (*LGW*)

Nettelbeck, Uwe, „Tödliches Scheingefecht", *Die Zeit* 15.10.1965, XV. (*LGW*)

Symons, Julian, "A Spy Goes out", *The Sunday Times* 20.6.1965. (*LGW*)

Boston, Richard, "What Became of Harting?", *New York Times Book Review* 27.10.1968, 5, 70. (*STG*)

Karasek, Hellmuth, „Ritter, Tod und Teufel in Bonn", *Die Zeit* 29.11.1968, Lit9. (*STG*)

Keating, H. R. F., "From Bonn, a Literary Bundle", *The Times* 2.11.1968, 22. (*STG*)

N. N., "Labyrinthine Ways", *Times Literary Supplement* 31.10.1968, 1218. (*STG*)

N. N., "Wishful Thinking", *Times Literary Supplement* 24.9.1971. (*NSL*)

Raphael, Frederic, "Looking-Glass Hero", *The Sunday Times* 26.9.1971. (*NSL*)

Wolff, Geoffrey, "All Naked into the World of Art", *New York Times Book Review* 9.1.1972, 7. (*NSL*)

Foote, Timothy, "Playing Tigers", *TIME* 24.6.1974. (*TTSS*)

Locke, Richard, "The Spy Who Spied on Spies", *New York Times Book Review* 30.6.1974, 1f. (*TTSS*)

Miller, Karl, "Gothic Guesswork", *New York Review of Books* 18.7.1974, 24–27. (*TTSS*)

N.N., "Hunt the Sleeper", *Times Literary Supplement* 19.7.1974. (*TTSS*)

Prescott, Peter S., "Smiley vs. the Mole", *Newsweek* 17.6.1974, 57. (*TTSS*)

Becker, Rolf, „Circus und Ko", *Der Spiegel* 14.11.1977, 226–228. (*HS*)

Binyon, T.J., "A Gentleman among Players", *Times Literary Supplement* 9.9.1977, 1069. (*HS*)

Burgess, Anthony, "Moscow Drugs, Peking Gold", *New York Times Book Review* 25.9.1977, 9, 45. (*HS*)

Busche, Jürgen, „Der Betrüger wird betrogen, Held und Feigling zerbrechen unterschiedslos", *Frankfurter Allgemeine Zeitung* 11.10.1977, L9. (*HS*)

Crispin, Edmund, "The Sinister Circus", *The Sunday Times* 11.9.1977, 39. (*HS*)

Gelber, Alexis/Edward Behr, "A Stellar Spymaster Returns", *Newsweek* 7.3.1983, 40–45. (*HS*)

James, Clive, "Go Back to the Cold!", *New York Review of Books* 27.10.1977, 29f. (*HS*)

Starkmann, Alfred, „Bürger Ko hütet ein schlimmes Geheimnis", *Die Welt* 12.10.1977, XI. (*HS*)

Alvarez, A., "Half-angels versus Half-devils", *The Observer* 3.2.1980, 39. (*SP*)

Becker, Rolf, „Fair zu Karla", *Der Spiegel* 17.3.1980, 246–249. (*SP*)

Binyon, T.S., "Your Whole Range of Faces", *Times Literary Supplement* 5.11.1982, 1218. (*SP*)

Broyard, Anatole, "Le Carré's People", *New York Times Book Review* 29.8.1982, 23. (*SP*)

Buch, Hans Christoph, „Die schmutzige Poesie des Kalten Krieges", *Frankfurter Rundschau* 26.4.1980, IV. (*SP*)

Busche, Jürgen, „Unglück eines nicht gelebten Lebens", *Frankfurter Allgemeine Zeitung* 2.4.1980, 26. (*SP*)

Caute, David, "It Was a Man", *New Statesman* 8.2.1980, 209. (*SP*)

Leonhardt, Rudolf Walter, „Die geheime Welt des John le Carré", *Die Zeit* 4.4.1980, 62. (*SP*)

Prawer, S.S., "The Circus and Its Conscience", *Times Literary Supplement* 8.2.1980, 131f. (*SP*)

Pritchett, V. S., “A Spy Romance”, *New York Review of Books* 7.2.1980, 22–24. (*SP*)
Ratcliffe, Michael, “George's Black Grail”, *The Times* 7.2.1980, 12. (*SP*)
Starkmann, Alfred, „Mord auf der Heide von Hampstead“, *Die Welt* 29.3.1980, V. (*SP*)
Wood, Michael, “Spy Fiction, Spy Fact”, *New York Times Book Review* 6.1.1980, 1, 16f. (*SP*)
Binyon, T. J., “Theatre of Terror”, *Times Literary Supplement* 25.3.1983, 289. (*LDG*)
Buckley, William F., “Terror and a Woman”, *New York Times Book Review* 19.3.1983, 1, 23. (*LDG*)
Busche, Jürgen, „Das ferngesteuerte Mädchen“, *Frankfurter Allgemeine Zeitung* 24.9.1983, 26. (*LDG*)
Diamond, Julie, “Spies in the Promised Land”, *Race and Class* 24 (1984), 35–40. (*LDG*)
Gray, Paul, “In the Theatre of Deeds”, *TIME* 14.3.1983. (*LDG*)
Leonhardt, Rudolf Walter, „Literatur als Welttheater des Wirklichen“, *Die Zeit* 2.9.1983, 35. (*LDG*)
Quinton, Anthony, “Romance of a Charlie”, *The Times* 31.3.1983. (*LDG*)
Wolcott, James, “The Secret Sharers”, *New York Review of Books* 14.4.1983, 19–21. (*LDG*)
Annan, Noel, “Underground Men”, *New York Review of Books* 29.5.1986, 3–6. (*PS*)
Barnes, Anne, “A Perfect Mess of Spies”, *The Times* 2.5.1987. (*PS*)
Conroy, Frank, “Sins of the Fathers”, *New York Times Book Review* 13.4.1986, 1, 24. (*PS*)
Heald, Tim, “Cracking the Code of the Hidden Shoals”, *The Times* 20.3.1986, 11. (*PS*)
Eilert, Bernd, „Britannischer Fado“, *Frankfurter Allgemeine Zeitung* 10.10.1989, L16. (*RH*)
Freitag, Michael, „Gorbi als Killer des Spionage-Thrillers“, *Bücherpick* 3/89. (*RH*)
French, William, “Glasnost and Its Consequences”, *The Globe and Mail* 10.6.1989, C17. (*RH*)
Gray, Paul, “A Master Hits His Old Pace”, *TIME* 29.5.1989, 50. (*RH*)
Lehmann-Haupt, Christopher, “Le Carré Takes Espionage into the Age of Perestroika”, *New York Times* 18.5.1989, C28. (*RH*)
Mathews, Tom, “In from the Cold”, *Newsweek* 5.6.1989, 42–47. (*RH*)
N. N., „Der Spion, der in die Perestroika kam“, *Der Spiegel* 7.8.1989, 142f. (*RH*)
Perrick, Penny, “A World without Love”, *The Sunday Times* 2.7.1989, G6. (*RH*)
Vogt, Jochen, „Glasnost und die Zukunft der Spione“, *Frankfurter Rundschau* 10.10.1989, B16. (*RH*)
Walsh, John, “The Perfect Spymaster”, *The Sunday Times* 25.6.1989. (*RH*)

Whitney, Craig R., "Russians Warm to le Carré", *New York Times* 22.5.1989, C13, C18. (*RH*)

Boyd, William, "Oh, What a Lovely Cold War", *New York Times Book Review* 6.1.1991, 3. (*SEP*)

Buruma, Ian, "After the Fall", *New York Review of Books* 28.3.1991, 8f. (*SEP*)

Busche, Jürgen, „Die Falschen haben gewonnen", *Süddeutsche Zeitung* 4.5.1991. (*SEP*)

Freitag, Michael, „Agent verliert Spickzettel", *Frankfurter Allgemeine Zeitung* 13.5.1991. (*SEP*)

Gray, Paul, "Ice Cubes", *TIME* 14.1.1991, 48. (*SEP*)

Jeffery, Keith, "The Thoughts of Chairman Smiley", *Times Literary Supplement* 11.1.1991, 24. (*SEP*)

Leonhardt, Rudolf Walter, „Liebe braucht keinen Circus", *Die Zeit* 31.5.1991, 55. (*SEP*)

N. N., „Patchwork der Eitelkeiten", *Der Spiegel* 3.6.1991, 244f. (*SEP*)

Pralle, Uwe, „Der Krieg der Agenten im ewigen Frieden", *Frankfurter Rundschau* 6.7.1991. (*SEP*)

Wordsworth, Christopher, "Carry on, Le Carré", *The Observer* 6.1.1991, 47. (*SEP*)

Iyer, Pico, "Civil Wars in the Soul", *TIME* 26.7.1993, 47f. (*NM*)

N. N., „Melancholie und Verbrechen", *Der Spiegel* 9.8.1993, 147–149. (*NM*)

O'Brien, Sean, "A War Against Principle", *Times Literary Supplement* 2.7.1993, 21. (*NM*)

Ratcliffe, Michael, "Good Hearts, Angry Men", *The Observer* 27.6.1993, 61. (*NM*)

Remnick, David, "Le Carré's New War", *New York Review of Books* 12.8.1993, 20–23. (*NM*)

Vollmann, Rolf, „Rote Papierlaterne", *Frankfurter Allgemeine Zeitung* 15.1.1993, L4. (*NM*)

Warren, Tim, „Verrat ist ein Symbol unserer Gegenwart", *Die Welt* 16.7.1993. (*NM*)

William le Queux

Stafford, David A. T., "Conspiracy and Xenophobia: The Popular Spy Novels of William le Queux, 1893–1914", *Europa* 3 (1982).

E. Phillips Oppenheim

Standish, Robert, *The Prince of Storytellers: The Life of E. Phillips Oppenheim,* London 1957.

Sapper

Bertens, Hans, "A Society of Murderers Run on Sound Conservative Lines: The Life and Times of Sapper's Bulldog Drummond", Clive Bloom (ed.), *Twentieth-Century Suspense: The Thriller Comes of Age*, London 1990, 51–68.

## Zitierte literaturwissenschaftliche Sekundärliteratur

Blaicher, Günther, *Das Deutschlandbild in der englischen Literatur*, Darmstadt 1992.

Falcon, Richard, "Images of Germany and the Germans in British Film and Television Fictions", Harald Husemann (ed.), *As Others See Us: Anglo-German Perceptions*, Frankfurt 1994, 7–28.

Goetsch, Paul/Heinz-Joachim Müllenbrock (eds.), *Englische Literatur und Politik im 20. Jahrhundert*, Wiesbaden 1981.

Helbig, Jörg, *Der parahistorische Roman: Ein literarhistorischer und gattungstypologischer Beitrag zur Allotopieforschung*, Frankfurt 1988.

Husemann, Harald, *As Others See Us*, Paderborn 1987.

Husemann, Harald, "Booker Prize, Books, Bookies and Megabucks", *anglistik und englischunterricht* 48 (1992), 143–162.

Maack, Annegret/Rüdiger Imhof, „Be Prepared: Der englische Roman nach 1945", *anglistik und englischunterricht* 43 (1991), 169–185.

Maack, Annegret/Rüdiger Imhof (eds.), *Radikalität und Mäßigung: Der englische Roman seit 1960*, Darmstadt 1993.

Massie, Allan, *The Novel Today: A Critical Guide to the British Novel 1970–1989*, Harlow 1990.

Müllenbrock, Heinz-Joachim, *Literatur und Zeitgeschichte in England zwischen dem Ende des 19. Jahrhunderts und dem Ausbruch des Ersten Weltkrieges*, Hamburg 1967.

Stevenson, Randall, *The British Novel in the Twentieth Century: An Introductory Bibliography*, London 1988.

## Zitierte geschichtswissenschaftliche und sonstige Sekundärliteratur

Adams, James, "Who's Who in the Spying Game", *The Sunday Times* 13. 3. 1994.

Charmley, John, *Churchill: The End of Glory*, London 1993.

Childs, David, *Britain since 1945: A Political History*, London 1992.

Clarke, Comer, *If the Nazis Had Come*, London 1962.

D'Souza, Christa, "Old Boy Brigade", *The Sunday Times* 13. 3. 1994.

Farago, Ladislas, *Aftermath: Martin Bormann and the Fourth Reich*, New York 1974.

Giordano, Ralph, *Wenn Hitler den Krieg gewonnen hätte: Die Pläne der Nazis nach dem Endsieg*, Hamburg 1989.

Girouard, Mark, *The Return to Camelot: Chivalry and the English Gentleman*, New Haven 1981

Graves, Robert/Alan Hodge, *The Long Week-End: A Social History of Britain 1918–1939*, New York 1963.

Hynes, Samuel, *The Edwardian Turn of Mind*, Princeton 1968.

Kennedy, Paul M., *The Rise of the Anglo-German Antagonism 1860–1914*, London 1980.
Klee, Ernst, *Persilscheine und falsche Pässe: Wie die Kirchen den Nazis halfen*, Frankfurt 1992.
Lang, Jochen von, *Der Sekretär*, Stuttgart 1977.
Lawson, Dominic, “Saying the Unsayable about the Germans”, *The Spectator* 14. 7. 1990.
Lee, Alfred/Barrie Penrose, “Hitler’s two Dead Doubles”, *Sunday Express* 20. 9. 1992, 15.
Lewis, Peter, *The 50s*, London 1978.
Loch-Mowat, Charles, *Britain between the Wars*, London 1976.
Mahan, Alfred Thayer, *The Influence of Sea Power upon History*, London 1894.
Marsh, David, *The Bundesbank*, London 1992.
N. N., „CDU/CSU-Wähler: Gorbatschow besser als Kohl“, *Der Spiegel* 5. 6. 1989, 160–168.
N. N., “Former Nazi Places Bormann in Brazil”, *New York Times* 1. 1. 1968, 31.
N. N., „Frau ohne Schatten“, *Der Spiegel* 27. 1. 1992, 163.
N. N., „Komplott gegen Europa“, *Der Spiegel* 16. 7. 1990, 108 f.
Nash, Nathaniel C., “Argentines Bare Vast Nazi-Web in Just-Opened Files”, *International Herald Tribune* 15. 12. 1993, 4.
Panayi, Panikos, *The Enemy in Our Midst*, New York 1991.
Philby, Kim, *My Silent War*, London ²1990.
Posner, Gerald L./John Ware, *Mengele: The Complete Story*, London 1986.
Rückerl, Adalbert, *NS-Verbrechen vor Gericht*, Heidelberg 1982.
Sampson, Anthony, *Anatomy of Britain*, London 1962.
Sked, Alan/Chris Cook, *Post-War Britain: A Political History*, Harmondsworth 1979.
Snyder, L. L., *Encyclopedia of the Third Reich*, New York 1976.
Symons, Julian, *The Thirties: A Dream Revolved*, London 1975.
Thomas, Gina, „Karate-Billis Heimkehr ins Klischee“, *Frankfurter Allgemeine Zeitung* 13. 5. 1992.
Thomas, Gina, „Neue Sehnsucht nach dem Empire“, *Frankfurter Allgemeine Zeitung* 6. 1. 1993, 19.
West, Nigel, *Molehunt: The Full Story of the Soviet Spy in MI5*, London 1987.
Wright, Peter, *Spycatcher: The Candid Autobiography of a Senior Intelligence Officer*, New York 1987.
Young, Michael, *The Rise of the Meritocracy*, Harmondsworth ⁹1973.

# Personenregister

Allbeury, Ted 63. 74–76. 81. 86f. 102
Allingham, Margery 194
Ambler, Eric 7. 44–47. 49–54. 102
Amis, Kingsley 93. 97. 129
Archer, Jeffrey 102. 196
Atkins, John 4. 34. 102. 118. 125

Barbie, Klaus 80
Barley, Tony 174
Becker, Jens-Peter 3f. 43. 45. 159–161
Bergonzi, Bernard 97
Blake, George 173
Blunt, Anthony 124. 173
Bormann, Martin 57. 60. 69f. 80f. 85. 123
Brandt, Willy 75
Buchan, John 2. 6. 8. 21–33. 36f. 40–44. 46. 49f. 91. 95. 97. 115
Bullock, Alan 60
Burgess, Guy 124. 173
Bush, George 177. 182. 196f.

Cairncross, John 124
Cannadine, David 97. 127
Cape, Tony 195
Cawelti, John G. 6
Chamberlain, Neville 47f. 137
Charmley, John 59. 66
Chesney, George T. 8–11. 14f. 202. 204
Childers, Erskine 4. 8. 11–13. 16–19. 49. 62. 148. 203. 205
Christie, Agatha 194
Chruschtschow, Nikita 153f. 166. 177
Churchill, Winston 56. 59. 61f. 97. 100
Craig, Gordon 68

Davis, John Gordon 82. 88
De Gaulle, Charles 136
Deighton, Len 1f. 4f. 56. 59. 62–64. 76–79. 87f. 90. 102. 118–126. 142–148. 164–171. 194f. 197. 200f. 205
Dulles, Allen 148

Eco, Umberto 88. 152
Egleton, Clive 63
Eichmann, Adolf 80
Erhard, Ludwig 71

Fleming, Ian 1f. 5. 88–102. 105. 118. 124. 127–135. 142. 148–156. 166. 182. 186. 204f.
Follett, Ken 1. 58f.
Forbes, Colin 59–61. 186–188
Forester, C.S. 62
Forster, E.M. 150. 164
Forsyth, Frederick 1f. 4. 66–70. 81. 83. 102. 184–186. 193f. 196–199. 204
Fowles, John 102
Freeling, Nicolas 81
Freemantle, Brian 86. 195
Fuchs, Klaus 147

Gardner, John 85. 182–184. 190. 195. 199
Glücks, Richard 80
Golding, William 102
Gorbatschow, Michail 177. 179. 182–188
Greene, Graham 43. 45. 102
Grella, George 102

Hall, Adam 70–72. 76. 79. 81. 186–188. 199
Halperin, John 102. 174

Hardy, Thomas 23
Harris, Robert 63–66. 84. 86. 202. 205
Higgins, Jack 56–58. 60. 81
Hitler, Adolf 47–49. 52. 58–60. 63. 72. 81. 83. 85. 146. 202
Hollis, Roger 172
Homberger, Eric 47f. 102. 105
Honecker, Erich 201
Household, Geoffrey 7. 44–45. 48f.
Hussein, Saddam 196. 198f.

Kennedy, John F. 143. 148. 153f.
Kerr, Philip 83f. 86. 89. 195. 202. 205
Kipling, Rudyard 115. 139
Kohl, Helmut 64

Lawrence, D.H. 96
Le Carré, John 1f. 5. 56. 72–74. 90. 92. 98. 102–118. 122. 125f. 135–144. 148. 152. 155–165. 168. 170–176. 178–182. 186. 189–194. 197. 199f. 205
Lenz, Bernd 3. 7. 102
Le Queux, William 4. 13. 15. 17–20. 25f. 62. 104. 148. 155. 204
Lessing, Doris 66
Lewis, Peter 52
Lodge, David 66
Longmate, Norman 62
Lyall, Gavin 194

Macksey, Kenneth 62
Maclean, Donald 124. 173
Macmillan, Harold 129. 143
Major, John 122
Mason, David 196
Masters, Anthony 6
Maugham, Somerset 6f.
Mengele, Josef 80
Merry, Bruce 4f.
Monaghan, David 104. 107
Müller, Heinrich 80–85

Nusser, Peter 2f.

Oldfield, Maurice 172. 174
Oppenheim, E. Phillips 13. 18–20. 36. 48. 115
Orwell, George 43. 49

Panek, Leroy L. 4
Philby, Kim 43. 124. 172–174. 178
Price, Anthony 102

Ridley, Nicolas 64f.
Roosevelt, Franklin D. 58f.
Roschmann, Eduard 69
Rosenberg, Bruce A. 5f.

Sampson, Anthony 120
Sapper 2. 6. 34–43. 46. 50. 91
Sauerberg, Lars Ole 5. 143f.
Schultze, Bruno 3. 6–8. 11
Schwarzkopf, Norman 198
Sebastian, Tim 202
Shah, Eddy 202. 205
Speer, Albert 63
Spicer, Michael 85f. 89
Stalin, Josef 58
Sutherland, John 55. 57
Symons, Julian 1. 3. 190

Thatcher, Margaret 64. 68. 177. 179. 182. 185. 187. 192. 197
Trevor-Roper, Hugh 60. 68. 81

Usborne, Richard 21

Vindex 15

Wolf, Markus 175. 190